SOCIALIZATION
REFORM OF
DISABILITY SERVICE

助残服务
社会化改革

合 作 治 理 的 视 角

赵 挺 ——— 著

from the perspective
of collaboration governance

社会科学文献出版社
SOCIAL SCIENCES ACADEMIC PRESS (CHINA)

序

上海是我国较早探索政府购买社会组织服务的城市。1995年，上海市浦东新区社会发展局委托一家社会组织管理罗山市民会馆，以服务来吸引更多的市民参与。这项改革本质上是政府提供公共服务方式方法的创新，对于地方政府改革创新具有划时代的意义。2013年，国务院办公厅发布了《关于政府向社会力量购买服务的指导意见》，全国各级政府购买社会组织服务有了更大的发展。从制度设计的初衷来看，政府购买公共服务能够推动政府职能的转移，同时确保社会组织的发展壮大。然而，实践至今是否实现了预期的目标，这有赖于扎实的研究来进一步分析。

社会服务是政府购买服务的重点领域，助残服务是其中较为重要的服务类别。自我国建立残联体系以来，助残服务主要是由政府和残联两个主体来提供的。随着群团组织改革的推行，以及各类残疾人对公共服务需求的提升，借助社会组织等第三方力量开展服务成为发展的必然趋势。本书关注的助残服务社会化改革就是这样一个案例。作者对助残服务合作供给的治理过程、多元影响与运作机理开展研究，这项研究具有以下三个方面的特点。

第一，案例素材丰富。作者对助残服务社会化改革涉及的各方进行了较为深入的访谈，同时通过参与式观察收集一手数据，为研究观点的提炼提供了扎实的经验资料。

第二，构建了一个由观念、权力和资源三个维度形成的合作治理新框架。助残服务社会化改革是地方政府、残联、社会组织、服务对象围绕服务提供的合作治理过程。合作过程中资源依赖关系、权力关系的分析是较常见的，作者同时将"观念"作为重要的变量纳入其中，发现这项改革本质上是一场在地方政府和残联领导下的社会组织、服务对象、高校专家、社区成员围绕作为新生事物的购买服务展开的共同学习。作者称之为"学习型合作治理"。这具有一定的创新性。

第三，对策建议具有一定的实践应用价值。基于这项研究，作者最后提出以社会组织的培育推动合作治理的制度化建构。从应用角度而言，这个对策建议对当下现实具有启示。从社会组织行业的发展看，这无疑值得各方重视。无论是从政府改革角度，还是从公共服务体系建设角度，培育和扶持社会组织都是一项中长期的任务，只有社会组织高质量发展才能真正推动形成政府和社会组织的合作治理。

我们是全国较早关注这一领域并开展整体性研究的团队之一。早在2010年我们就在上海、北京等地调研政府购买社会组织服务的实践创新，并参与了地方政府相关文件的制定过程，可以说我们团队的研究进展与这一领域的政策变化基本上是同频共振的。赵挺是我在上海交通大学指导的第一个全日制博士生，他在读书期间主要对政府购买服务、行业协会商会开展系统的研究，毕业后围绕社会组织发展持续深耕。本书的出版是他在研究方面取得的阶段性成绩，我很高兴向学界推荐这位年轻学者的成果。

荀子在《劝学》篇中说过："学不可以已。青，取之于蓝，而青于蓝。"2022年慈善管理列入教育部《普通高等学校本科专业目录》的新专业名单。2023年5月28日，国务院学位委员会发布《公共管理学一级学科下属二级学科指导性目录（2023年）》和《公共管理学一级学科下属二级学科简介（2023年）》，配合《研究生教育学科专业目录（2022年）》实施，将社会组织管理列入公共管理学一级学科下属的11个二级学科中。2025年3月，社会组织管理学科建设工作组成立暨第一次工作研讨会召开。中国社会组织的研究和学科建设正进入一个崭新的时代，我们对年轻一代的学者脱颖而出感到欣慰和自豪！是为序！

徐家良

上海交通大学国际与公共事务学院特聘教授

上海交通大学中国公益发展研究院院长

2025年5月20日于上海

目　录

导　论 …………………………………………………………………… 001

第一章　作为地方治理创新的残联购买服务 ……………………… 031
　第一节　助残服务体系的构成与转型 ………………………………… 031
　第二节　地方残联购买社会服务的探索 ……………………………… 038
　第三节　助残服务的项目化运作 ……………………………………… 045

第二章　助残服务合作供给的治理过程 …………………………… 048
　第一节　助残服务项目的立项 ………………………………………… 048
　第二节　助残服务项目的实施 ………………………………………… 058
　第三节　助残服务项目的评估 ………………………………………… 072
　本章小结 ………………………………………………………………… 076

第三章　助残服务合作供给的多元影响 …………………………… 079
　第一节　地方残联角色转变的影响 …………………………………… 079
　第二节　社会组织发展的影响 ………………………………………… 089
　第三节　残障群体及家属的影响 ……………………………………… 095
　本章小结 ………………………………………………………………… 098

第四章　助残服务合作供给的运作机理 …………………………… 100
　第一节　合作提供助残服务的形成机制 ……………………………… 100
　第二节　合作提供助残服务的学习与调适机制 ……………………… 104
　本章小结 ………………………………………………………………… 113

第五章　域外政府购买社会组织服务的启示 …… 115
　第一节　政府资助对社会组织的影响 …… 115
　第二节　美国政府购买社会组织服务的实践 …… 131

第六章　以社会组织培育推动合作治理发展 …… 142
　第一节　助残服务社会化改革的实践经验 …… 142
　第二节　学习型合作治理模式的兴起与价值 …… 144
　第三节　上海市政府培育社会组织发展的模式 …… 149
　第四节　推动地方政府培育社会组织发展的对策 …… 160

附　录 …… 167
　助残服务社会化改革相关人员访谈 …… 167
　政府购买助残服务的相关政策文件 …… 169

参考文献 …… 192

后　记 …… 206

导 论

第一节 问题的提出

社会组织已经登上历史舞台，在社会服务供给、环境保护、社会矛盾化解等方面发挥着积极作用。改革开放以来，我国社会组织的发展总体上经历了从无到有、从弱小到不断发展壮大的过程。特别是20世纪90年代以来，我国的社会组织实现了快速发展。从数量上看，1988年民政部恢复社团登记管理工作时全国登记注册的社会组织是4446个，[①] 截至2024年底，全国登记注册的社会组织达871814个，[②] 是过往的近200倍。在这个过程中，政府对社会组织持有的观念以及采取的行动都在发生变化，社会组织逐渐成为公共管理的主体之一，开始深度介入国家的社会管理和公共服务领域。

目前，社会组织发展进入新的阶段。在推进国家治理体系和治理能力现代化的政策语境下，政府培育社会组织已经成为当前政府与社会组织关系研究最为重要的背景之一。各级地方政府开始探索各种实践，以促进社会组织发展，协助政府实现更好的治理。政府的文件中开始频繁出现"社会建设""社会管理创新""培育社会组织"等表述。从"党委领导、政府负责、民主协商、社会协同、公众参与、法治保障、科技支撑的社会治理体系"[③] 来看，党委和政府处于主导地位，同时鼓励社会组织和人民群

[①] 廖鸿、杨婧：《改革开放以来社会组织的发展与主要成就》，《中国民政》2018年第15期。
[②] 《2024年4季度民政统计数据》，民政部网站，https://www.mca.gov.cn/mzsj/tjsj/2024/2024dssjdtjsj.htm，最后访问日期：2025年6月11日。
[③] 《法治社会建设实施纲要（2020—2025年）》。

众参与其中。

从政策实践来看,如果说政府在早期主要以控制和规制的方式来管理社会组织,那么进入21世纪后各级地方政府开始采取培育和监管并重的策略,并通过多种方式推动社会组织的发展。特别是党的十八大召开后,从党和国家的基本政策来看,对社会组织采取培育发展和监督管理并重的态度,政府推动和培育社会组织发展已经成为各地较为普遍的现象。政府培育社会组织成为重要的政策实践,主要体现在以下三个方面。

第一,政府职能转变必然要求社会力量的壮大来承接相关的职能。政府职能转变一直是我国政府历次改革的重点内容。进入21世纪以来,我国政治体制和经济体制改革是在社会转型过程中国家做出的重要抉择,通过政府职能转变,释放更多社会和经济领域空间,引导社会力量等参与国家治理。[①] 2002年党的十六大明确界定政府职能包括经济调节、市场监管、社会管理和公共服务四方面。研究者认为:"强化公共服务,是中国政府为适应社会主义市场经济发展的要求,继续深入推进政府职能转变的新阶段。"[②] 2013年国务院机构改革和职能转变方案中比较早提出要有重点地培育扶持行业协会商会类、科技类、公益慈善类和城乡社区服务类社会组织。可见,政府改革需要社会力量的不断壮大来承接相关职能。

第二,推动国家治理体系和治理能力现代化必然要求社会组织的参与。2013年中共十八届三中全会通过的《中共中央关于全面深化改革若干重大问题的决定》首次提出推动国家治理体系和治理能力现代化的改革目标,从全面深化改革的视角推进社会力量的发展壮大。2021年《中共中央、国务院关于加强基层治理体系和治理能力现代化建设的意见》出台,其中明确提及力争再用15年时间的努力,基本实现基层治理体系和治理能力现代化,中国特色基层治理制度优势充分展现。从这两份政策文本的具体内容可知,公益慈善力量的发展壮大与积极参与是国家治理现代化的基础条件。

第三,政府培育社会组织政策的出台为社会组织培育工作提供了制度保障。2016年8月,中共中央办公厅、国务院办公厅印发《关于改革社会

---

① 薛澜、张帆、武沐瑶:《国家治理体系与治理能力研究:回顾与前瞻》,《公共管理学报》2015年第12期,第1~12页。
② 朱光磊:《中国政府职能转变问题研究论纲》,《中国高校社会科学》2013年第1期,第145页。

组织管理制度促进社会组织健康有序发展的意见》，明确提出要培育扶持社会组织发展。以社区社会组织的培育为例，2017年和2020年民政部先后印发《关于大力培育发展社区社会组织的意见》《培育发展社区社会组织专项行动方案（2021—2023年）》，很快地方政府也开始出台文件推动政策实施。上海先后印发《关于加快培育发展本市社区社会组织的若干意见（试行）》《关于高质量发展上海社区社会组织的指导意见》，这为后续的社会组织培育工作的开展指明了基本方向，也提供了基本的制度保障。

诸多关于社会治理研究的文献中，有两个经典的研究问题值得进一步探讨。第一个问题是国家能否推动市民社会力量的发展。对此已产生了诸多研究，既有肯定的研究也有否定的研究。其中詹姆斯·C. 斯科特的研究指出，国家推动的社会发展和社会建设往往会失败。[①] 他提出了一个重要的理论问题，即国家和政府在经济社会发展中，特别是在社会发展中应该在多大程度上介入以及扮演什么样的角色才是合适的。通过对苏联的集体化农业、坦桑尼亚的强制村庄化、巴西利亚的城市规划的研究，他发现一些用意良好的领导者设计的社会工程都出现了致命性后果，导致了国家失败。对此，他进行了解释，其中有两个要素值得进一步讨论：一是国家的因素，独裁主义的国家往往有愿望而且也有能力使用它所有的强制权力来使这些设计成为现实；二是软弱的市民社会缺乏抵制这些计划的能力。笔者认为，我国不少地方政府发起的社会管理创新项目，不仅没有惨遭失败，反而取得不俗绩效，这背后是什么原因？詹姆斯·C. 斯科特的分析并不能很好地解释我国的案例。这项研究为作者赢得巨大声誉的同时也引来了大量批评，但富有启发的要点在于国家能力和市民社会都是其中重要的因素。

第二个问题是政府与社会组织究竟是伙伴关系还是伙计关系。我国多数学者基于对中国的案例研究表明两者是伙计关系而非伙伴关系。研究者的证据无非是政府没有向社会组织开放政策过程、社会组织对政府资源的过度依赖、社会组织专业性不足等。早在20世纪90年代，三位美国学者对此有过相关论述，能够进一步推动该问题的研究。根据资金来源与服务提供两个维度，政府与社会组织关系可以分为政府主导模式、双元模式、

---

① 〔美〕詹姆斯·C. 斯科特：《国家的视角：那些试图改善人类状况的项目是如何失败的》，王晓毅译，社会科学文献出版社，2004，第4~6页。

合作模式、社会组织主导模式四种类型。①当政府既是经费的提供者也是服务的提供者时，属于政府主导模式。当社会组织既是经费的提供者又是服务的提供者时，属于社会组织主导模式。当资金由政府与社会组织共同提供，公共服务由政府和社会组织共同递送时，属于双元模式。只有当政府提供资金、社会组织提供服务时，两者之间才是典型的合作模式。其中，合作模式包括合作伙计模式（Collaborative-vendor Model）和合作伙伴模式（Collaborative-partnership Model）。前者是指政府扮演公共服务决策及经费提供的角色，然后由社会组织去具体执行，在政策过程中属于自上而下的执行模式。后者是指社会组织不仅具体提供公共服务，还参与政策过程影响政府关于公共服务的决策，即由政府和社会组织共同就公共服务的内容、范围、资源配置与服务提供进行讨论。也就是说，如果社会组织在提供服务的同时参与政策过程，影响政府关于公共服务的决策，那么两者之间是伙伴关系，否则是伙计关系。

政府购买社会组织公共服务的兴起和发展为研究者讨论伙计关系还是伙伴关系提供了合适的案例。在我国，政府购买社会组织公共服务的实践已经在各级地方政府和职能部门得以快速发展。政府购买公共服务是指政府通过公开招标、定向委托、邀标等形式将原来由自身承担的公共服务转交给社会组织、企事业单位履行，以提高公共服务供给的质量和财政资金的使用效率，改善社会治理结构，满足公众的多元化、个性化需求。② 在实践中，"政府"的概念是广义的，工会、共青团、妇联、残联等人民团体也开始进行购买社会组织服务的改革实践。从公共服务的提供来看，这是政府与社会组织之间的新型合作形态，即政府提供资金，社会组织具体来递送公共服务。目前，政府购买服务已从地方政府的治理创新逐渐成为一项日常性的制度安排。政府购买服务的内容涉及社会服务、环境保护、社区管理、行业标准制定等。

本研究关注地方残联购买社会组织服务的合作治理过程、影响和机制，试图回答以上提及的两个经典问题。通过对上海市 W 区助残服务社会

---

① B. Gidron, R. Kramer, L. M. Salamon, *Government and the Third Sector: Emerging Relations in the Welfare State* (San Francisco: Jossey-Bass, 1992), p. 89.
② 徐家良、赵挺：《政府购买公共服务的现实困境与路径创新：上海的实践》，《中国行政管理》2013 年第 8 期，第 26 页。

化改革的深度剖析，将合作治理作为核心概念工具来分析助残服务提供过程中各个主体之间的合作关系，特别是试图分析合作治理在助残社会服务实践中的本土化特征。具体的研究问题包括：第一，助残服务合作提供过程中地方政府、残联、社会组织和残疾人之间是如何合作的？社会组织在其中扮演什么角色？与传统助残社会服务体系比较，残疾人的角色有何变化？第二，助残服务合作提供的结果和成效如何？对地方残联的角色变化、助残社会组织发展以及残疾人产生何种影响？第三，助残服务合作提供的运行机制包括哪些？助残服务社会化改革的案例对于理解当前地方政府培育社会组织发展有何启示？

第二节　研究述评

助残服务社会化改革是指残疾人公共服务体系的转型，即由政府和残联主导的公共服务体系向与社会力量合作提供的方向发生转变。以下主要围绕助残服务体系改革、服务外包下的合作关系、社会组织培育发展等进行综述。

一　助残服务体系改革研究

（一）助残服务体系的弊端

助残服务体系的弊端主要体现在以下两个方面。第一，以政府和残联为主导的服务体系的保障水平不高，难以覆盖一些较为特殊的残疾人。有研究者通过对深圳、南昌、兰州三市的问卷调查发现残疾人社会保障和公共服务的供给水平整体偏低。[1]政府在残疾儿童和老年残疾人的照顾责任上是缺位的。[2]第二，助残社会服务的专业化水平不高。其中，残联组织的专业化能力受到一些研究者的质疑。随着国家社会服务体系的发展，残联组

---

[1] 周林刚：《残疾人社会保障体系与公共服务体系建设研究》，《中国人口科学》2011年第2期，第93页。
[2] Xiaoyuan Shang, Xiaoming Wu and Yue Wu, (2005), "Welfare Provision for Vulnerable Children: The Missing Role of the State," *The China Quarterly* 181: 122-136; Karen R. Fisher, Xiaoyuan Shang and Zhenggang Li, (2011), "Absent Role of the State: Analysis of Social Support to Older People with Disabilities in Rural China," *Social Policy & Administration* 45 (6): 633-648.

织代表残疾人权益不够充分，社会化工作方法体现得不够突出，过度呈现"官"的特征，而不是"民"的特征。①其他研究也发现了残联的"官"强"民"弱的特征。②就残联的工作绩效看，有研究者采用量表法就广州和兰州两地残疾人对残联福利工作的态度、看法、认同度等进行测评，从功能地位和实际工作效能看不够理想。③由于政府和残联主要依托体制内的机构提供服务，人员的专业化水平有待提高。第三，有些基本公共服务存在供给困境。有研究者以残疾人托养照护服务为例，认为实践中这项基本公共服务存在政府能力有限、市场活力不足与社会组织力量薄弱的多元供给困境。④

从未来发展来看，政府、市场、社会和家庭开展合作是破解问题的基本思路。周沛和曲绍旭认为加快残疾人社会保障和服务体系建设，是当前和今后一个时期我国残疾人工作的中心任务。⑤郑功成认为"应该建立国家、社会与家庭的共同责任观念，未来走以一般性保障制度安排为基础、以残疾人福利为核心、以就业保障及其他措施为补充的官民结合的社会化道路"。⑥周林刚的建议则更为具体，他认为应该"构建政府主导、社会参与、市场运作的残疾人公共服务供给模式"。⑦

（二）助残社会组织的发展

目前我国助残社会组织发展呈现参差不齐的特征，多数处于初步发展阶段。研究者对北京、湖北和广东的助残社会组织开展了经验研究。研究者对北京市民办残疾人康复服务组织的调研发现，这些组织是公办机构的积极补充，但在发展中由于不受重视，在资金、技术、人才、发展方向和

---

① 杨团等：《国家福利扩展与残联组织正位——以北京市残疾人康复工作为例》，《学习与实践》2010年第2期，第88~89页。
② 王名、丁晶晶：《中国残疾人社会管理的创新路径》，《学会》2012年第9期，第13页。
③ 周林刚：《残疾人视野中的残联——一个评价组织福利工作的视角》，《学习与实践》2008年第2期，第142页。
④ 朱戈天、李凌之：《残疾人托养照护服务多元供给困境分析与政策启示——基于"政府-市场-社会组织"三重失灵的理论视角》，《残疾人研究》2024年第6期，第46页。
⑤ 周沛、曲绍旭：《残疾人两个体系建设创新研究》，《西北大学学报》（哲学社会科学版）2011年第6期，第13页。
⑥ 郑功成：《残疾人社会保障：现状及发展思路》，《中国人民大学学报》2008年第1期，第2页。
⑦ 周林刚：《残疾人社会保障体系与公共服务体系建设研究》，《中国人口科学》2011年第2期，第93页。

定位等方面受到限制。①有研究者通过对北京市助残类草根组织进行研究，指出这些组织数量少、规模小、自身不成熟且发展缓慢，合法性和支持性资源状态是影响其发展的两大社会性制约因素。②作者还指出专业化对于这些自组织发展的重要性。③秦琴通过对湖北农村的残疾人社会组织的调研，发现这些组织规模小、缺乏办公场所、组织间联系不多、依赖政府和残联的资金。④唐钧、李敬通过对广州、湛江和韶关助残社会组织的调研，发现社会办的残疾人服务组织主要依赖市场的服务收费，而少有政府资助和社会捐赠。⑤徐成铭、刘川峰以社会组织参与社区残疾人服务为例，发现尽管我国培育和发展残疾人社会组织的政策环境不断优化，但社会组织面临着公共性困境、专业性不足、认同度低等现实挑战。⑥有研究者对助残社会组织面临的困境进行了总结。朱健刚认为助残社会组织存在以下挑战，包括社会组织双重管理体制带来的法律身份问题、运作资金来源渠道相对单一带来的使命漂移问题、自主性建设相对滞后、专业服务水平有待提升、残障公益生态发育程度较低。⑦李健等对助残社会组织内部障碍和外部障碍进行了总结，外部障碍包括机构登记注册困难、社会支持网络缺失、资金筹措渠道有限，以及管理体制机制存在障碍等；内部障碍包括从业人员认知偏差、机构自身能力不足、内部管理水平薄弱、办公活动场地匮乏等。⑧

二 服务外包下的合作关系研究

地方残联属于群众团体，从实践来看，残联具有购买服务的资质。在

---

① 杨团等：《民办残疾人康复服务机构发展状况报告——对北京市的调查》，《学习与实践》2008年第5期，第127页。
② 何欣、霍语涵：《我国残疾人自助组织发展现状及政策分析：基于组织环境视角》，《广东工业大学学报》（社会科学版）2013年第6期，第45页。
③ 何欣、魏雁滨：《专业化：残疾人自助组织发展的影响因素》，《中国人民大学学报》2011年第5期，第115页。
④ 秦琴：《农村残疾人社会组织建设现状分析——基于湖北的调查》，《江西社会科学》2014年第6期，第225~226页。
⑤ 唐钧、李敬主编《广东省残疾人社会服务体系研究》，研究出版社，2010，第176页。
⑥ 徐成铭、刘川峰：《"三重嵌入"：社会组织参与社区残疾人服务的案例研究》，《残疾人研究》2024年第3期，第32页。
⑦ 朱健刚：《慈善组织在我国公共服务体系建设中的参与路径——以残疾人社会组织为例》，《社会保障评论》2023年第5期，第143~144页。
⑧ 李健、李苗苗、马小红：《残疾人社会组织发展现状、问题与对策建议》，《残疾人研究》2020年第3期，第24页。

助残服务社会化改革中，地方残联购买其他社会组织的服务。那么地方残联和社会组织之间呈现什么样的关系？既有的政府购买社会组织公共服务的文献对此已有相关研究，主要有以下两大视角。

（一）委托代理关系与管家关系

在政府购买服务的情景下，政府与社会组织呈现委托代理的关系（Principal-agent Relation）。政府委托社会组织提供特定的公共服务，社会组织作为政府的代理人则按照两者签订的协议开展服务。委托代理关系是现代组织内部治理的重要议题，在企业治理中尤为重要。根据经济学家的解释，委托方和代理方均是理性人，两者的目标并不一致，代理人在开展服务的过程中倾向于满足自身利益。在政府购买社会组织服务的情境下，社会组织倾向于优先满足自身利益，政府则通过合同管理等多种手段来监督社会组织是否提供了符合要求的公共服务。学界反思理性人假设，认为人还具有社会性的特征。不同于委托代理关系，管家关系（Stewardship Relation）开始受到颇多瞩目，有学者认为委托人和代理人的目标在很多情况下是一致的，两者应该通过互相信任的方式开展工作。这两种关系在核心假设和具体论点上具有差异性（见表0-1）。[1]

表0-1 委托代理关系和管家关系的比较

维度	委托代理关系	管家关系
核心假设	基于自利的理性人假设，假设目标的分歧；合作双方初始状态是倾向于不信任；管理哲学是控制导向的；理论假设是经济学	拥有共同的追求和目标成为合作双方的初始状态；管理哲学是参与导向的；理论假设是组织行为学、心理学和社会学
具体论点	主张通过激励和裁定来达到目标的一致性；将部分风险分配给代理人；监管；奖赏；等等	主张通过以下方式运行：责任；自主性；分享的文化和规则；信任；其他治理机制

资料来源：David M. Van Slyke，(2006)，"Agents or Stewards: Using Theory to Understand the Government-Nonprofit Social Service Contracting Relationship," *Journal of Public Administration Research and Theory* 17: 157-187。

通过对深圳市、杭州市上城区和宁波市海曙区购买服务的三个典型个

---

[1] David M. Van Slyke，(2006)，"Agents or Stewards: Using Theory to Understand the Government-Nonprofit Social Service Contracting Relationship," *Journal of Public Administration Research and Theory* 17: 157-187.

案研究，任婉梦发现，在我国存在委托代理关系和管家关系。[①] 以上海市民政局组织的社区服务公益招投标为例，研究者发现市级政府为了抑制基层政府体制内生的管家关系，建立了一种委托代理关系的机制。除了委托代理关系和管家关系之外，实践过程中还存在合谋关系这一类型。[②] 就委托代理关系和管家关系在我国的适用性问题，研究者似乎认为后者更适合政府对社会组织的管理。委托代理关系下产生的是一种计算式的、外在的、经由怀疑而达成的合作，而管家关系强调基于内部控制的合作，是建立在双方相互理解、相互尊重基础上的合作。[③]

在政府购买服务的情景下，购买方对供应商进行委托代理是一种当然的管理选择。但是囿于多种因素，究竟是采用委托代理还是管家的管理思维，与政府自身对于社会组织的认识有很大关系。如果政府比较信任社会组织，那么管家关系无疑更具解释力。这两者是比较抽象的关系形态，在实践中管理者往往同时具有这两种思维，只是程度存在差异而已。

（二）其他合作视角

通过对珠三角某市购买社会服务的研究，顾江霞认为在政府购买服务实践中双方除了法团主义和合谋关系外，还存在互助式合作和孵化式合作两种类型，这是因为契约双方的经济利益、价值观念、关键人物的管理风格、所在组织成熟度的不同，双方关系维系表现也不同。[④]实际上，孵化式合作是当前地方政府培育社会组织发展的一种重要方式。有研究者认为，购买服务下的合作关系管理有两种模式——以信任为基础的合作关系管理和以合同为基础的合作关系管理，这两者是相互补充的，还指出政府购买公共服务的研究只注重合同订立前的关系建立而忽视了合同订立后的关系管理。[⑤]

---

① 任婉梦：《公共服务外包中的政府与社会组织关系：一项多案例比较研究》，硕士学位论文，浙江大学，2013，第39~42页。
② 敬乂嘉：《社会服务中的公共非营利合作关系研究——一个基于地方改革实践的分析》，《公共行政评论》2011年第5期，第5页。
③ 李洪佳：《超越委托代理——以"管家理论"重塑政府购买公共服务行为》，《理论导刊》2013年第12期，第25页。
④ 顾江霞：《政府购买服务契约的权力运作逻辑——基于珠三角B市购买社会服务的研究》，《广东工业大学学报》（社会科学版）2013年第7期，第34页。
⑤ 李洪佳：《政府购买公共服务的合作关系管理模式研究》，《理论月刊》2014年第10期，第170~172页。

研究者认为政府购买服务中政府和社会组织的关系有四种分析视角，分别是法团主义（两者的组织依附性）、合作治理（某些合作关系的伙伴性质）、分类控制（政府依据不同的情景权变地构建两者间关系），以及契约主义视角（关注买家和卖家的市场交易关系）。[①] 当政府借助外在的社会力量来提供服务时，必然涉及对外在社会力量的管理。不管是契约主义视角还是合同管理视角，都指出政府购买服务的有效开展依赖于政府对社会服务市场的充分了解和有效管理。

三　社会组织培育发展研究

助残服务社会化改革的目标之一是培育社会组织的发展，使其成为助残服务的递送主体。培育社会组织发展已经成为全国各地较为普遍的社会现象，学界对此开展了丰富的研究，主要分为以下三个方面。

（一）培育社会组织的政策研究

一是地方政府出台具体政策法规的经验分析。此类研究主要关注社会组织发展相对快的地区，多是从当前社会组织的规模和生态结构出发，通过宏观的政策文本分析地方政府促进社会组织发展的经验。吴津以上海市浦东新区为例，认为作为中国改革开放的先行先试区，浦东新区早在2007年就确定了社会组织的主体地位，在公益服务园区建设、政府购买社会组织服务、社会工作专业化职业化试点等方面出台了政策，有力促进了社会组织的发展。[②]刘国翰以浙江省宁波市为例，认为宁波市在培育社会组织发展方面的主要经验是形成有力的政策推进体系，以及构建合理的社会组织生态系统。[③]赵罗英、夏建中以北京市D区社区社会组织培育为例，认为政府通过购买服务、项目带动、多方参与、资源整合等联动培育机制，促进了社区社会组织发展，提升了社区的社会资本。[④]

[①] 郭小聪、聂勇浩：《服务购买中的政府——非营利组织关系：分析视角及研究方向》，《中山大学学报》（社会科学版）2013年第4期，第155页。
[②] 吴津：《浦东新区培育和发展社会组织的实践与思考》，《学习与实践》2010年第8期，第122页。
[③] 刘国翰：《培育和发展社会组织的政策体系构建：以宁波市为例》，《社科纵横》2014年第6期，第94~96页。
[④] 赵罗英、夏建中：《社会资本与社区社会组织培育——以北京市D区为例》，《学习与实践》2014年第3期，第101页。

二是地方政府培育的政策工具分析。政策的执行在很大程度上是通过政策工具实现的。有少数研究者围绕政策工具开展了研究。王世强认为政府培育社会组织的工具涉及放松管制、建立法规、补贴、税收优惠、政府购买、凭单制、赋能、伙伴关系等要素，并具体归纳为基础型工具、分配型工具、市场化工具和引导型工具。①有研究者依据政策工具本身的特征和培育过程中政府对社会组织的介入程度，将社会组织的政策工具分为强制型工具、激励型工具、市场化工具和引导型工具四种类型。②其中强制型工具的政府介入程度最高，包括登记注册、备案、党建等；引导型工具的政府介入程度最低，包括社会组织孵化器、人才培养等。有研究者划分了以政府为主导的直接培育模式以及政府赋权支持类社会组织的间接培育模式，认为社会组织的发展需要培育主体在系统层次和个体层次上提供多维度的支持。③

总体上，鉴于目前的培育政策，有研究者认为仍需进一步改革，释放更多的政策空间。肖小霞认为我国与社会组织相关的公共政策具有准入政策多而监督政策少、口号性支持多而实质性支持少、软政策多而硬政策少的特点，由于公共政策的限制，社会组织获得合法身份受限，获得各部门支持受限，从而进一步导致社会组织官民二重性的特征。④马立和曹锦清认为我国社会组织过度依赖政府资源，政府必须善于把社会组织的资源依赖转化为政策工具。⑤有研究者认为我国社区社会组织的培育需要基层政府的积极介入，但政府介入需要合理化，关键在于基层政府在社区社会组织培育中的角色应限定为"间接培育者"，而将"直接培育者"的角色交由社区能人和社区精英来担任。⑥

---

① 王世强：《政府培育社会组织政策工具的分类与选择》，《学习与实践》2012年第12期，第78页。
② 谭志福、赵云霞：《社会组织培育的政策工具应用与优化》，《安徽行政学院学报》2021年第6期，第89页。
③ 郁建兴、滕红燕：《政府培育社会组织的模式选择：一个分析框架》，《政治学研究》2018年第6期，第42页。
④ 软政策是指没有做出明确的规定和要求的建议性的政策，硬政策是指做出明确的规定和要求的政策。参见肖小霞《社会组织发展：相关社会政策评析、约束与调整——社会政策视角的分析》，《福建论坛》（人文社会科学版）2012年第1期，第70~73页。
⑤ 马立、曹锦清：《基层社会组织生长的政策支持：基于资源依赖的视角》，《上海行政学院学报》2014年第6期，第71页。
⑥ 方亚琴：《社会资本视角下社区社会组织培育模式探讨——以浙江省H市SC区XY街道为例》，《城市观察》2017年第5期，第120页。

（二）培育社会组织的结果研究

一是政府培育对社会组织的影响分析。地方政府的培育可能强化政府职能部门对社会组织的干预和控制。邓国胜认为一些地方政府培育社会组织的效果并不理想，原因在于在政府与社会组织没有分离的情况下，培育政策反而增强了社会组织的依赖性；政府职能部门直接开展的培育，强化了对社会组织的干预和控制，影响了社会组织的发展。[1]谢菲通过对广州市培育社会组织发展的经验分析，认为地方政府通过政策、经济、关系、结构和目标对社会组织的运作进行政治嵌入，这促进了社会组织的生长发育，同时也强化了政府对社会组织的控制。[2]据此，有研究者认为政府培育社会组织本质上是一种政府有控制地推动社会组织适度发展，以适应国家治理目标的行为。[3]

二是具体的培育机制的效果分析。公益孵化器是政府培育社会组织的重要机制。有研究者对目前地方政府发起的公益孵化器的实际效果进行分析，认为这种机制切实促进了社会组织发展。孙仲勇通过对深圳市龙华新区社会组织培育工作的回顾，认为经过两年多的孵化培育，社会组织在数量上增长迅速，质量上明显提高，作用越来越明显。[4]朱仁显和彭丰民通过对"新厦门人社会组织孵化基地"的案例研究，认为孵化基地培育了社会组织发展，在流动人口城市社区融合方面发挥了积极作用。[5]有研究者进一步分析了各种策略与网络特征的关系及其对社会组织培育效果的影响。[6]

同时，公益孵化器培育社会组织的功能是有限的。有研究者认为作为培育社会组织的一种重要机制，孵化器尽管受到地方政府的欢迎，但由于其内在局限，以及孵化过程中与政府间的冲突，公益孵化器的功能是有限

---

[1] 邓国胜：《政府与 NGO 的关系：改革的方向与路径》，《中国行政管理》2010 年第 4 期，第 35 页。
[2] 谢菲：《地方政府对社会组织培育的政治嵌入：基于广州市级政府层面的实证研究》，《广州大学学报》（社会科学版）2015 年第 6 期，第 31 页。
[3] 许芸：《社会组织培育的历史逻辑和当今实践：基于南京地区的例证》，南京大学出版社，2016，第 93 页。
[4] 孙仲勇：《打造孵化培育社会组织的升级样板——深圳龙华新区探索社会组织监管新路径》，《人民论坛》2015 年第 1 期，第 69 页。
[5] 朱仁显、彭丰民：《公益型社会组织孵化的厦门模式：基于对"新厦门人社会组织孵化基地"的研究》，《国家行政学院学报》2016 年第 4 期，第 41 页。
[6] 王杨：《"元网络"策略：社区社会组织培育效果的理论解释——基于多案例的分析》，《中国行政管理》2022 年第 1 期，第 71 页。

的,甚至有研究者认为这是一个错误的药方。[1]有研究者进一步指出,社会组织培育受到政府责任转移与资源转移不配套、承接培育功能的组织发育不足、培育过程重量轻质和忽视类型特色等困境制约。[2]可见,地方政府培育扶持政策的实施促进了社会组织的发展,但同时对社会组织产生了其他负面影响。

(三) 政府资助对社会组织的影响研究

政府资助是社会组织重要的资金来源渠道之一。在大多数发达的工业化国家,政府资助是社会组织经费的主要来源,社会组织已成为政府资助的公共服务的主要承接主体。政府资助对社会组织产生的消极影响,主要体现在以下两个方面。第一,社会组织自主性和倡导能力下降。政府资助使社会组织的使命与目标扭曲,社会组织成为政府职能的延伸,即按照政府制定的要求去开展服务工作。政府资助使社会组织的最初使命被政府的优先事项所左右。[3] 同样地,政府资助导致社会组织倡导能力降低。政府资助影响非营利组织理事会的代表性,影响非营利组织的民主功能。[4]第二,社会组织的运作更为官僚主义。通过对承接政府购买服务的社会组织的民族志研究,有学者认为政府资助会使原来投入项目服务的努力变为对准备文本资料的关注,本来应该努力投入个案变为收集各种资料以应对评估工作。[5]

不少学者认为政府资助对社会组织的负面影响被夸大了,政府资助对社会组织也存在积极效应。第一,政府资助使社会组织进一步发展。组织的生存与发展是与政府对社会组织的资助紧密相关的,总体上政府资助的优点是盖过缺点的。[6]第二,政府资助使社会组织的收入具有稳定性。美国

---

[1] 谭志福:《公益孵化器:正确的诊断与错误的药方——兼论地方政府在社会组织培育中的角色》,《中国行政管理》2014年第8期,第62页。

[2] 陈友华、祝西冰:《中国的社会组织培育:必然、应然与实然》,《江苏社会科学》2014年第3期,第90页。

[3] Steven Rathgeb Smith and Michael Lipsky, *Nonprofits for Hire*: *The Welfare State in the Age of Contracting* (Cambridge, MA: Harvard University Press, 1993).

[4] Chao Guo, (2007), "When Government Becomes the Principal Philanthropist: The Effects of Public Funding on Patterns of Nonprofit Governance," *Public Administration Review* 67 (3): 458–473.

[5] Susan R. Bernstein, *Managing Contracted Services in the Nonprofit Agency*: *Administrative, Ethical, and Political Issues* (Philadelphia: Temple University Press, 1991).

[6] Kirsten A. Grønbjerg, *Understanding Nonprofit Funding*: *Managing Revenues in Social Services and Community Development Organizations* (San Francisco: Jossey-Bass, 1993).

学者通过对美国、英国、以色列与瑞士4个国家75个助残社会组织的研究发现，政府资金资助的极大稳定性能够促进社会组织的发展。[1] 他进一步指出政府资助对社会组织的影响是与资助方式、社会服务具体领域、绩效标准与监管方式等相关的。[2] 就社会服务领域而言，由于不同领域的差异性很大，政府资助对之的影响也是不同的。就评估标准而言，政府在执行中是严格还是宽松对社会组织具有直接影响。

概括来讲，社会组织是有独特的使命、目标和价值追求的，社会组织的运作逻辑不同于政府和企业。政府资助对社会组织的基本属性产生影响，突出表现为组织的目标替代问题和自主性问题。政府资助还会影响社会组织的倡导能力，以及推动社会组织运作的官僚化。当然，政府资助为社会组织提供了稳定的资金，推动了社会组织服务能力的提升以及组织的可持续发展。

四 文献评论

综述既有研究，发现有以下几个特点。一是从研究内容上，合作论和冲突论是对政府与社会组织关系最基本的概括。有的关注双方属性，有的关注互动的形式，有的关注互动的结果。从研究偏好看，国外学者似乎更关注我国社会组织的自主性与独立性问题，国内学者则提出了一些更具解释力的本土概念。二是从研究方法上，包括规范研究和实证研究。比较而言，定性研究较多，定量研究较少。少有根据社会组织的服务领域开展的有针对性的研究，不同服务领域社会组织与政府间的关系显然是不同的。三是从理论视角上，缺少中观层面的分析概念。压制、竞争、吸纳、互补、合作等微观层面的分析概念开始出现，这些概念有助于理解现实，但研究者基本处于自说自话的状态。研究者在分类时采取不同标准，诸如政府对多元化制度主义的接纳、服务的资金支持和实际递送、是否存在沟通和交往等。这很难进一步进行理论发展。宏观理论在总体上把握社会发展的趋势是有用的，但有其自身的局限性。李友梅指出目前关于社会治理的

---

[1] Ralph M. Kramer, *Voluntary Agencies in the Welfare State* (Berkeley: University of California Press, 1981), p.165.

[2] Ralph M. Kramer, *Voluntary Agencies in the Welfare State* (Berkeley: University of California Press, 1981), p.167.

宏观理论"无力在中观层面揭示出社会管理实践中诸多组织机制间的复杂因果链条和微妙互动关系"。[①]实际上,当代中国转型中经济社会的复杂性很难用单一的宏观理论进行解释,介于宏观和微观之间的中观概念能够有效地推动学术创新。

结合已有的研究成果,笔者认为助残服务社会化改革的研究应该基于以下几点考虑。

第一,购买服务情景下组织间是双向互动的关系而不是静态的关系。在推行政府购买服务的改革之前,政府与社会组织之间基本上处于单向互动或无互动的状态,而在政府购买服务的情景下,两者之间则呈现双向互动的状态。这为合作治理的产生提供了基础性条件。政府对社会组织的培育方式是多元的,比如提供办公场地、资助社会组织的能力建设,打造公益行业的产业链,为社会组织发展创造好的政策环境。多数社会组织,特别是民间性较强的组织并没有被纳入政府培育和合作的范围内,这些组织基本上没有与政府发生接触,也谈不上两者之间的互动。而当社会组织参与政府购买服务后,两者之间的互动明显增多,这是一个容易产生冲突的场域,也是建立感情和信任的场域。合作治理应该从动态过程的视角来进行分析。

第二,购买服务下组织间关系是良性互动的合作关系而非消极的对抗关系。政府与社会组织关系遵循国家与社会关系的理论视角。国家与社会之间大致呈现两种关系:良性互动论和消极对抗论。前者是指两者通过良性互动得以共同成长,后者是指两者之间由于组织属性和目标的差异性,具有不可调和的冲突,难以实现真正的合作。国家与社会的良性互动应该是主旋律,但也不能否认后者在实践中的种种形态。实现政府与社会组织有效合作应该遵循的是国家与社会关系的良性互动论,这也是实现合作治理的理论基础。政府与社会组织的互动存在潜在冲突的可能性,根本上是政府和社会组织不同的属性和运作逻辑导致的,但应该是在可控的范围内。从资源依赖关系上看,社会组织对政府有更强的依赖性,其中政府资金成为社会组织资金的重要来源之一。我国在2020年已基本建立政府购买服务的基本制度,意味着这将成为政府推动社会组织发展的重要举措,尚

[①] 李友梅:《中国社会管理新格局下遭遇的问题——一种基于中观机制分析的视角》,《学术月刊》2012年第7期,第13页。

处于初步发展阶段的社会组织应当抓住这个机遇。在上海，各级政府相对比较开放，善于学习新的理念来推进改革，总体上社会组织的发展也需要政府的扶持和培育。从这个意义上讲，政府与社会组织合作治理的建构对社会组织的发展是至关重要的。

第三，政社合作关系受到国家基本体制、双方属性，以及互动情境的综合影响。具体来讲包括如下三个方面。一是政社合作关系总体上受到国家基本体制的影响。从类型上看，国家的体制运行属于威权主义式的、法团主义式的还是多元主义式的，这直接影响政社之间的关系。国家倾向于管控社会还是推动社会发展直接影响政社合作的可能性。二是政社合作关系受到双方基本属性的影响。政府不是一个笼统的概念，既指不同层级的政府，也包括不同的政府部门，有时候还包括具有中国特色的群团组织。社会组织具有不同的类型，比如倡导类社会组织、社会服务类社会组织，它们与政府之间的关系显然是不同的。不同服务类社会组织由于关注的社会服务领域不同，它们与政府的关系也有可能是不同的。研究政府与社会组织的关系时必须清晰界定所指的政府和具体的社会组织类型。三是政社合作关系受到双方互动方式和互动场景的影响。在购买服务的体制下研究两者关系，实际上已经为这两者之间的关系设定了具体场景。这是一种政府提供资金并进行监管，而社会组织通过承接公益项目进行具体服务递送的模式。两者在公共服务提供的规划、设计和递送等层面进行互动。

第三节　概念工具

一　合作治理概念的起源与发展

（一）合作治理概念的知识谱系

随着公共事务的日趋复杂，组织间的合作不可避免。在公共管理学界，合作型公共管理（Collaborative Public Management）的时代开始到来，意指单一的公共部门组织往往难以很好地解决社会问题，既需要公共部门内的跨组织和跨层级合作，也需要公共部门组织、社会组织和企业之间的合作。有学者从治理的谱系来定位合作治理。作为西方治理研究的领军人物，库曼是通过与政府治理（科层治理）和自治理的区分来界定合作治理的，他认为治理是国家、社会与市场之间通过互动实现的，而不是一种固定的安排，根据治理主体的不同，治理模式划分为三种基本类型：自治理（self-governing）、合作治理（co-governing）和科层治理（hierarchical governing）。[1]政府与其他社会力量之间的合作构成合作治理。这个定义比较简洁。与此类似的是，敬义嘉认为存在国家、市场、社会、网络四种治理模式，其中前三者属于原生模式，网络治理则属于次生模式，根据治理活动中主导性的治理模式，可以分为以国家模式为主的政府治理、以各模式协同为主的合作治理以及以市场模式或社会模式为主的自治理三个领域……其中合作治理是不同治理模式的结合，将不同性质和目的的治理资源汇聚在一起，形成资源与权力的共享与合力。[2]作者认为现实中任何一种治理模式都是以某种原生治理模式为主导的模式，当各治理模式协同运行时，则称为合作治理。这个界定具有启发性。

学界对合作治理的分析框架做了学术努力，美国知名公共行政刊物 *Journal of Public Administration Research and Theory* 分别在2008年和2011年刊发了两篇关于Collaborative Governance的理论性文章，对合作治理的理解是有启发的。其中，前文通过对137篇合作治理经验个案研究的荟萃分析，认为合作治理是一种治理安排，一个或多个公共机构直接与非公共机构利益相关者在集体的公共政策制定的过程中通过正式的、共识达成导向的、协商的方式，执行公共政策或管理公共项目。[3]而后文在整合公共行政、冲突管理、环境治理等领域文献的基础上提出了合作治理的分析框架，认为合作治理是不同政府部门之间、不同层级政府之间以及公共部门和私人部门之间围绕公共事务而进行的公共政策制定和管理的过程和结构。[4]前文对合作治理的界定比较严格，而后文比较宽泛一些，值得一提的是，该文的核心作者出版了合作治理的论著。[5]而在一本关于治理研究的工具手册中，

---

[1] Jan Kooiman, (1999), "Social-Political Governance: Overview, Reflection and Design," *Public Management* 1: 67-92.

[2] 敬义嘉：《治理的中国品格和版图》，载敬义嘉主编《复旦公共行政评论》第七辑，上海人民出版社，2011，第36~45页。

[3] Chris Ansell and Alison Gash, (2008), "Collaborative Governance in Theory and Practice," *Journal of Public Administration Research and Theory* 18 (4): 543-571.

[4] Kirk Emerson, Tina Nabatchi and Stephen Balogh, (2011), "An Integrative Framework for Collaborative Governance," *Journal of Public Administration Research and Theory* 22 (1): 1-29.

[5] E. Kirk, T. Nabatchi, *Collaborative Governance Regimes* (Washington, D. C.: Georgetown University Press, 2015).

Lisa Blomgren Bingham 认为合作治理是通过协商式的、共识型的方式、模式和过程，涉及政策过程以及政府的日常管理。①

通过对以上代表性研究成果的梳理，可知合作治理界定的争论点包括：一是合作治理的主体必然包括公共组织和私人组织，那么不同政府部门之间、层级之间的合作是否构成合作治理？市场和社会的合作是否构成合作治理？二是从合作治理的场景来看，除了政策制定外，是否包括政策执行甚至日常管理？三是从合作治理的运行特征来看，协商式的参与是一种基本要求还是理想期待？治理兴起的根本原因是信奉非国家力量的参与能够有效弥补国家力量的不足。不同政府部门和层级之间的合作，属于合作型公共管理的范畴，但并不构成合作治理。市场和社会合作同样也不构成合作治理。从合作形态来看，合作治理包括政府与社会的合作治理、政府与市场的合作治理，以及政府、市场与社会的合作治理三种形式。治理的过程往往需要结合具体的场景和领域进行分析，既可以是短期的论坛和活动，也可以是长期的服务项目，既可以是政策制定、政策执行，也可以是日常管理。协商固然是公共部门和私人部门合作的重要机制，但这并不是判断合作治理的标准。

（二）合作治理的界定

概念工具是为分析复杂的社会运行提供洞察，而学术概念在发展过程中容易泛化其核心要义。治理（governance）的语义具有模糊性和争议性，② 合作治理的语义也并不清晰。③ 美国行政学家罗森布鲁姆（Rosenbloom）认为合作治理概念的发展更多是实践导向的，而不是理论导向的。④ 李泉就治理话语在我国的演变做了思想史的分析，认为治理的问题本质上是本土实践的问题。⑤ 基于这些考虑，本研究试图对合作治理做出界定，然后在整合国内外相关研究的基础上提出一个初步的合作治理分析

---

① Lisa Blomgren Bingham, "Collaborative Governance," in *The SAGE Handbook of Governance*, ed. Mark Bevir (Los Angeles: SAGE Publications Ltd, 2011), pp.386-401.
② 王绍光：《治理研究：正本清源》，《开放时代》2018 年第 2 期。
③ 王辉：《合作治理的中国适用性及限度》，《华中科技大学学报》（社会科学版）2010 年第 11 期，第 11 页。
④ David H. Rosenbloom, (2013), "Reflections on 'Public Administrative Theory and the Separation of Powers'," *The American Review of Public Administration* 43 (4): 381-396.
⑤ 李泉：《治理思想的中国表达：政策、结构与话语演变》，中央编译出版社，2014。

框架。

在基层治理体系和治理能力现代化的政策背景下，地方政府开始逐渐突破官僚制的局限，培育与动员社会力量，并与之开展合作。有以下三点发展趋势值得关注：一是基层治理不易，政府能力具有很大的局限性；二是随着社会转型，基层已经出现了不少市民社会力量；三是基层政府与社会力量的合作已经成为必然的趋势。当然，有学者认为诸多合作并非建立在平等关系之上，或者本质上是官僚制治理，但公共服务的市场化社会化改革为检验和发展合作治理的基本框架提供了机会。本研究更多是从这个角度来使用合作治理这一概念工具。

从理论分析来看，基层政府与社会力量的合作应该放在国家与社会的关系这一角度来观察。国家与社会的关系是社会科学研究重要的分析范式，大致可以分为国家中心论（State-centered）、社会中心论（Society-centered）和国家社会互动论。传统的研究多数从国家中心论、社会中心论的角度来进行分析，这类研究的特点是研究者持有零和博弈的思维逻辑，认为两者之间是非此即彼的紧张关系。国家和社会互动论的基本观点是国家和社会的关系在互动中建构。研究者认为国家与社会之间的良性互动实质是两者间的赋权（Mutual Empowerment），国家对社会力量的赋权不会弱化国家治理社会的权力；相反，在某些情况下，那些很好地链接国家权力和社会需求的社会组织的发展能够增强国家形塑社会和实现社会目标的能力。[1]

在本研究中，合作治理是指公共部门和私人部门（公民）就共同面临的公共事务问题采取行动，展开多层次合作，避免单一主体治理的失败，实现有效治理的过程。在地方残联购买社会组织服务的情景下，合作治理的基本要素构成包括以下四个方面。(1) 合作治理的主体包括政府、残联、社会组织和残疾人。(2) 合作治理的目标是为残疾人和家属提供专业化和个性化服务，解决残疾人的生存和发展问题，实现残联无法单独完成的服务目标。(3) 合作治理的内容包括助残服务合作提供中的立项、实施和评估，助残服务社会化运行过程中不同利益相关者之间是如何开展合作的，助残服务社会化改革对地方残联、社会组织以及服务对象产生什么影响。(4) 合作治理的形成和运行机制。助残服务社会化改革中，合作治理关系

---

[1] Xu Wang, (1999), "Mutual Empowerment of State and Society: Its Nature, Conditions, Mechanisms, and Limits," *Comparative Politics* 31 (2): 231-249.

是如何形成的、如何运作的,特别是如何推动合作治理的有效运行的。

二 合作治理的分析框架

(一)合作治理的影响因素

1. 政府和社会组织合作的影响因素

已有不少学者做了研究。有研究者将政府与社会组织的关系划分为八种模式,分别是压制(Repression)、敌对(Rivalry)、竞争(Competition)、契约制定(Contracting)、第三方治理(Third-party government)、配合(Cooperation)、互补(Complementarity)与合作(Collaboration)。[1]他的分类标准是政府对制度多元主义是否接受、互动关系中权力的平衡问题等。有研究者根据政府和社会组织的组织利益、对政策目标以及策略的偏好,将政府和社会组织关系分为四种类型,分别是目标和策略都相似的合作关系(Cooperation)、目标和策略都不同的对抗关系(Confrontation)、目标相似但策略不同的互补关系(Complementarity)、目标不同但策略相似的操纵关系(Co-optation)。[2]另外,有研究者以组织身份与相互依赖性为标准,将政府与社会组织关系划分为伙伴关系(Partnership)、合同关系(Contracting)、延伸性关系(Extension)、操纵和吸纳关系(Co-optation & Gradual Absorption)。[3]其中,前两者属于典型的合作关系。

美国知名非营利研究者丹尼斯·R. 杨(Dennis R. Young)通过对美国、英国、以色列和日本的研究,认为政府与社会组织之间的关系表现为补充性(Supplementary)、互补性(Complementary)和抗衡性(Adversarial)。[4] 他认

---

[1] J. M. Coston, (1998), "A Model and Typology of Government-NGO Relationship," *Nonprofit and Voluntary Sector Quarterly* 27 (3): 358-382.

[2] A. Najam, (2000), "The Four-C's of Third Sector-Government Relations: Cooperation, Confrontation, Complementarity, and Co-optation," *Nonprofit Management and Leadership* 10 (4): 375-396.

[3] Jennifer M. Brinkerhoff, (2002), "Government-Nonprofit Partnership: A Define Framework," *Public Administration and Development* 22: 19-30.

[4] 美国19世纪后期的私人慈善与政府的作用比较,起到的是补充的作用。20世纪60年代和70年代,政府向社会组织购买公共服务的持续增长,政府与社会组织属于互补关系,但是20世纪60年代发生的美国对基金会的限制以及各种社会运动要求改变公共政策则反映的是两者的对抗关系。这样的形态同样出现在英国、日本和以色列。详见Dennis R. Young, (2000), "Alternative Models of Government-Nonprofit Sector Relations: Theoretical and International Perspectives," *Nonprofit and Voluntary Sector Quarterly* 29 (1): 149-172。

为补充性是指社会组织可以补充政府无法满足的社会需求，互补性是指社会组织和政府是伙伴关系并协助政府执行政策，抗衡性是指社会组织的倡导性功能与政府对社会组织管理之间存在抗衡。有意思的是，这三种不同的关系形态出现在这四个国家的不同历史发展时期。有研究者以非洲和东欧的个案，专门研究政策执行过程中政府和社会组织的合作，认为目标的一致性、合力促成、角色与责任的决定和付诸实现等对合作至关重要。[①] 通过文献整理，汪锦军试图总结政府和社会组织合作的影响因素，他主要从制度环境（历史环境变迁、制度多元主义）、组织因素（权力平衡性、互相依赖性、组织身份）、共同目标三方面来分析。[②]

2. 经典文献对合作治理影响因素的讨论

关于合作治理影响因素的讨论。克里斯·安赛尔（Chris Ansell）和艾莉森·盖升（Alison Gash）认为合作治理是一种治理安排，一个或多个公共机构直接与非公共机构在公共政策制定的过程中通过正式的、协商的、共识导向的方式，执行公共政策或管理公共项目，并总结了影响合作治理的因素（见表0-2）。[③] 不同的是，柯客·埃默森（Kirk Emerson）、蒂纳·娜芭齐（Tina Nabatchi）和斯蒂芬·巴洛格（Stephen Balogh）从更广的意义上看待合作治理，在对前者等相关研究的评述基础上，认为合作治理研究的相关知识和概念来自公共行政、冲突管理和环境治理，提出合作治理的理论框架及其影响因素（见表0-3）。[④]

表0-2 狭义合作治理的影响因素

因素	子因素
初始条件	权力-资源-知识的不对称、参与的激励和限制、过去的合作和冲突
制度设计	可参与性、合作论坛的包容性、清晰的规则、过程的透明
领导力	领导、赋权

---

① Derick W. Brinkerhoff, (1999), "Exploring State-Civil Society Collaboration: Policy Partnerships in Developing Countries," *Nonprofit and Voluntary Sector Quarterly* 28: 59-86.
② 汪锦军：《走向合作治理：政府与非营利组织合作的条件、模式和路径》，浙江大学出版社，2012，第51页。
③ Chris Ansell and Alison Gash, (2008), "Collaborative Governance in Theory and Practice," *Journal of Public Administration Research and Theory* 18 (4): 543-571.
④ Kirk Emerson, Tina Nabatchi and Stephen Balogh, (2012), "An Integrative Framework for Collaboration Governance," *Journal of Public Administration Research and Theory* 22 (1): 1-29.

续表

因素	子因素
合作过程	信任建立、承诺、理解、初步结果、面对面的沟通、加深信任

资料来源：Chris Ansell and Alison Gash,（2008），"Collaborative Governance in Theory and Practice," *Journal of Public Administration Research and Theory* 18（4）：543-571。

表0-3　广义合作治理的影响因素

因素	子因素
外部制度环境	政治性的、法治性的、社会经济性的环境
合作驱动力	领导力、结果驱动的激励
合作过程	有原则性的参与、分享的动机、集体行动的能力、合作行动

资料来源：Kirk Emerson, Tina Nabatchi and Stephen Balogh,（2012），"An Integrative Framework for Collaboration Governance", *Journal of Public Administration Research and Theory* 22（1）：1-29。

有研究者直接将合作的公共管理作为出发点，以文献评述的方式对组织间合作的影响因素进行了分析，包括组织初始条件、合作过程、合作结构、限制性因素、结果和问责五大因素（见表0-4）。[1] 在此，组织间的合作适用于政府、企业、社会组织、社区和媒体之间。这项研究发表于公共行政知名国际刊物 *Public Administration Review*。有意思的是，该刊物十年后发表了这三位学者的跟踪研究，可见跨部门合作研究在公共行政研究领域的重要性。研究者除了对一些影响因素有修正外，还特别提及合作是复杂的并具有挑战性的，合作各方基于目标、绩效测量的共同学习是重要的。[2]

表0-4　组织间合作的影响因素

因素	子因素
初始条件	外部的总体环境、单一部门的失败、直接的现存条件
合作过程	建立初步的合作意向、建立领导力、建立合法性、建立信任关系、防止冲突、规划

---

[1] John M. Bryson, Barbara C. Crosby and Melissa Middleton Stone,（2006），"The Design and Implementation of Cross-Sector Collaborations: Propositions from the Literature," *Public Administration Review* 66：44-55.

[2] John M. Bryson, Barbara C. Crosby and Melissa Middleton Stone,（2015），"Designing and Implementation Cross-Sector Collaborations: Needed and Challenging," *Public Administration Review* 75（5）：647-663.

续表

因素	子因素
合作结构	情景下的结构、物体组合的结构、治理机制
限制性因素	合作类型、权力的不平衡、不同的制度逻辑
结果和问责	公共价值、三个层次的影响、弹性和重估

资料来源：John M. Bryson, Barbara C. Crosby and Melissa Middleton Stone, (2006), "The Design and Implementation of Cross-Sector Collaborations: Propositions from the Literature," *Public Administration Review* 66: 44-55。

对上述研究进行分析可知，合作治理的影响因素是多元的，包括宏观制度环境、合作实践的限制性因素、历史发展轨迹、合作历史、目标一致性、领导和权力关系、资源依赖关系、信任关系等。各个学者从不同的标准去分类，也很难对标准进行统一的整合，但不可否认的是标准本身就是影响组织间合作的重要因素。从综述性的文献来看，不少学者试图从过程的视角去论述组织间的合作，也就是说，过程研究是组织间合作的重要方面。从组织和环境的视角来看，组织间合作的影响因素分为两大方面：外在环境对组织间合作的影响和组织因素对组织间合作的影响。从前者来看，这些因素包括宏观制度环境、合作实践的限制性因素、历史发展轨迹。从后者来看，包括组织间合作历史、领导力、目标一致性、资源依赖性、权力关系、信任关系等。

（二）知识和学习对合作治理各方主体观念的影响

学习机制在国家治理和社会治理中的重要性已引起一些学者的注意，但仅从学理上探讨是不够的。学习机制的内容主要来自组织学习与政策学习。组织学习是指一个组织通过学习获取新知识以提升组织能力，最终实现组织目标。刘霞认为："组织学习指的是按照一定的目的、任务和形式编制起来的人类群体（两个人以上的组合）或社会集团作为一个整体，能够像个体的人那样，因生存环境变化不断地主动或被动地对自身及其知识做出调整与修正，从而发生相对持久的行为改变并获得新行为的过程。"[1]组织学习往往是常规性的，依赖于过往历史，又具有目标导向的行为……关注组织是如何从直接的经历中学习的、组织是如何从他者的经历中学习的、组织又是如何发展出一套概念体系来理解和内化

---

[1] 刘霞：《公共组织学习理论》，中国社会科学出版社，2005，第3页。

这些经历的。[1]学习是指个人认识层面的变化，而组织学习是通过多个个体学习集中实现的。[2]

政策学习是政策的利益相关者围绕某一具体的公共政策展开的学习过程。政策学习以政策为标的，通过学习的方式进行知识交换和经验分享。[3]萨巴蒂尔等指出政策学习是以政策为导向的学习过程，由一定经历引起，是相对持久的想法和行为目的的改变，一般包含三个方面的内容：一是提高人们对于自己信念体系中其他重要变量的理解；二是提炼一个人对信念系统内部逻辑和因果关系的理解；三是识别和回应对信念体系的挑战。[4]政策学习研究的兴起表明知识在公共政策过程中的角色和重要性引起了学者的注意。政策学习理论将为丰富社会政策理论、分析政策的形成和变迁过程、增加决策合理性和政策效率做出贡献。[5]有研究认为政策评估研究、经济发展模式的扩散、议程设置都是政策学习研究的新视角，从而使得政策过程中权力和知识发挥互补作用。[6]研究表明政策变化的学习过程很多是在政治和社会领域。[7]政策学习在一些领域较为普遍。德国学者鲁思来认为由于全球化时代社会政策和知识体系的扩散，中国在社会政策领域的学习是很明显的，自改革开放后，"举国上下开始接受西方转移的文明成果，但这是一个自我辨认后的、比较谨慎的、有条件的、然而又不间断地广泛接受的过程……改革年代的中国无疑是非常开明好学的……在建设社会保障制度上，中国在发展中国家中呈领先之势"。[8]也有研究者以我国互联网内容监管政策变迁为例，讨论政府面对一个全新事物时如何吸取教训、遴

---

[1] Barbara Levitt and James G. March, (1988), "Organizational Learning," *Annual Review of Sociology* 14: 319-340.

[2] Jack S. Levy, (1994), "Learning and Foreign Policy: Sweeping a Conceptual Minefield," *International Organization* 48 (2): 279-312.

[3] 陈琳：《关于政策学习的理论探索》，《学习月刊》2010年第12期下半月，第72页。

[4] 〔美〕保罗·A. 萨巴蒂尔、汉克·C. 詹金斯-史密斯编著《政策变迁与学习：一种倡议联盟途径》，邓征译，北京大学出版社，2011，第13页。

[5] 干咏昕：《政策学习：理解政策变迁的新视角》，《东岳论丛》2010年第9期，第153页。

[6] Claudio M. Radaelli, (1995), "The Role of Knowledge in the Policy Process," *Journal of European Public Policy* 2 (2): 159-183.

[7] Peter A. Hall, (1993), "Policy Paradigms, Social Learning, and the State: The Case of Economic Policy Making in Britain," *Comparative Politics* 25 (3): 275-296.

[8] 鲁思来：《全球化视野中的社会政策学习和知识扩散——兼论福利政策的借鉴》，《社会保障研究》2005年第1期，第38、51~52页。

选工具，进而在学习中完成政策改进的问题。[1]全球化时代跨国家层面的政策学习是一个较为普遍的现象。[2]

合作主体的知识学习是至关重要的，直接影响合作治理的有效性。王绍光认为国家治理中的学习能力和适应能力十分重要，甚至认为学习能力和适应能力是衡量政治体制优劣的标准。他以农村合作医疗体制改革为例，表明20世纪80年代以前学习的推动者主要是决策者，他们通过各级卫生行政部门、媒体的报道了解各地的实践；80年代后，学习的推动者开始包括政策倡导者，他们在政策和体制变迁中发挥的作用越来越大。[3]美国学者通过对我国北京、江苏、四川与云南的社会组织进行调研，认为社会组织能够快速发展并协助政府提供大量的公共服务，是因为地方政府官员通过自身的经历和观察学习关于社会组织发展所可能带来的益处和危险，从而使政府和社会组织之间产生一种协商式的治理模式（Consultative Authoritarianism Model），这是一种既鼓励相对自主的市民社会的发展，又保持国家的间接控制的社会治理模式。[4]

（三）基于观念、权力与资源视角的合作治理分析框架

本研究试图以主体间的权力关系和资源依赖关系为标准对合作治理进行分类，将合作治理划分为三种理想类型：参与型合作治理、互依型合作治理和伙伴型合作治理。具体来看，如果在治理过程中合作双方在资源上互相依赖，那么两者构成互依型合作治理关系；如果社会组织参与公共服务的政策过程，那么两者构成参与型合作治理关系；如果社会组织参与公共服务的政策过程，同时双方在资源上互相依赖，那么两者构成伙伴型合作治理关系。这三种类型的比较见表0-5。

---

[1] 李永刚：《中国互联网内容监管的变迁轨迹——基于政策学习理论的简单考察》，《南京工业大学学报》（社会科学版）2007年第2期，第44页。
[2] 王程韡：《政策学习与全球化时代的话语权力——从政策知识到"合法性"的寻求》，《科学学研究》2011年第3期，第321页。
[3] 王绍光：《学习机制与适应能力：中国农村合作医疗体制变迁的启示》，《中国社会科学》2008年第6期，第132~133页。
[4] Jessica C. Teets, *Civil Society Under Authoritarianism: The China Model* (Cambridge: Cambridge University Press, 2014), p. 15.

表 0-5　合作治理的分类

合作治理分类	地方政府和残联	社会组织、残疾人
伙伴型合作治理	开放公共服务政策过程、资源上互相依赖	参与公共服务政策过程、资源上互相依赖
参与型合作治理	开放公共服务政策过程	参与公共服务政策过程
互依型合作治理	资源上互相依赖	资源上互相依赖

资料来源：笔者自制。

已有学者对合作治理的分类有过研究，对本研究具有启发。张康之从政治哲学的角度论证了合作治理出现的必然性，并对其权力分享的特征进行了分析。[①]唐文玉将合作治理划分为权威型合作治理和民主型合作治理，前者是指权威型国家与臣民型社会之间的合作，后者是民主型国家与公民型社会之间的合作。[②]敬乂嘉在《治理的中国品格和版图》一文中将合作治理分为依附型合作治理、权力分享下的合作治理和伙伴关系下的合作治理三个类型。[③]其中依附型合作治理的产生是改革开放后政府向市场与社会不完全地释放相关职能所致。合作治理过程中政府权力会出现适度的分享，这就是权力分享下的合作治理。当合作治理的主体具有平等的交换关系时就是伙伴关系下的合作治理。

资源依赖关系主要讨论组织与环境之间的重要关系。合作治理中主体之间，特别是政府和社会组织之间呈现很强的资源依赖关系，这些资源包括资金、专业服务、政治支持和合法性等。[④]不少研究表明社会组织对政府是强依赖，而政府对社会组织是弱依赖，这也是学者使用依附型合作治理的原因。但现实中政府与社会组织之间存在对策性的相互依赖关系，所以互依型合作治理是一个更为客观的表述。如果社会组织参与公共服务的政策过程（服务规划、服务设计、服务评估等环节），分享政府的公共权力，

---

① 张康之：《合作的社会及其治理》，上海人民出版社，2014。
② 唐文玉：《权威型合作与民主型合作——合作治理的政治社会学类型分析》，《广东行政学院学报》2011年第5期，第43页。
③ 敬乂嘉：《治理的中国品格和版图》，载敬乂嘉主编《复旦公共行政评论》第七辑，上海人民出版社，2011，第40~43页；敬乂嘉：《合作治理——再造公共服务的逻辑》，天津人民出版社，2009，第173页。
④ Judith R. Saidel, (1991), "Resource Interdependence: The Relationship Between State Agencies and Nonprofit Organizations," *Public Administration Review* 51 (6): 543-553.

那么两者构成参与型合作治理关系。权力关系本质上是命令和服从关系，在政府购买社会组织公共服务的具体场景中，不少研究表明社会组织只是服务的递送者而没有参与公共服务的决策过程，那么这两者之间不构成参与型合作治理关系。

伙伴型合作治理是合作过程中双方追求的一种理想类型。那么如何从学理的角度来具体区分伙伴关系和伙计关系呢？笔者认为包括以下三点。一是资源依赖视角。伙伴关系是合作双方在互相依赖基础上的较为平等的关系，伙计关系则是社会组织对政府单向度的依附关系。[1]二是权力分享视角。如果社会组织参与公共服务的政策过程，则两者呈现更多的伙伴关系。以上国外学者的分类已经很清晰地说明了这点。三是合作治理过程中主体的观念变化。这点也很重要，直接影响双方的互动形式，进而影响合作治理的最终成效。合作治理是一个过程，人是其中关键的行动者，在这个过程中人与人会发生互动，人的观念会发生变化。知识和学习促使关键行动者的观念变化，进而推动合作治理各方的有效合作。

第四节　方法、资料与章节安排

一　研究方法

本书关注残联推动的助残社会服务体系改革，探讨残联在改革实践中是如何与其他社会组织、残疾人及其家属开展合作的，遇到什么困难，又是怎么克服的，改革产生何种社会影响，这些研究问题都比较适合用个案研究方法进行分析。个案研究方法的使用还基于以下两点考虑。

第一，上海W区助残服务社会化改革具有一定的典型性。2010年区残联开启改革，当时购买服务作为一项制度安排并非像现在这样为社会所知晓，区残联的改革更多是从实际工作需要而推进的。该区助残社会服务体系的改革在上海乃至全国产生较大的社会影响力。中国残疾人联合会（简称"中国残联"）办公厅印发的《政府购买残疾人服务试点工作实施方案》要求各省（自治区、直辖市）在2014年12月底前全面启动试点工

---

[1] 赵挺：《非营利组织的独立性、绩效与合作机制——评〈公共服务中的伙伴——现代福利国家中政府与非营利组织的关系〉》，《中国第三部门研究》2011年第2期，第116~122页。

作，W区的改革被纳入中国残联关于购买服务的少数试点单位之一。在这个意义上，对典型改革进行个案研究是具有价值的。

第二，上海W区助残服务社会化改革具有较长的历时性。从2010年区残联开启改革到2021年，助残服务社会化改革分为两个不同的阶段，大体上分为治理创新改革阶段（2010~2017年）和制度化日常化运作阶段（2018年至今）。本研究聚焦于创新试点阶段。笔者试图跟踪残疾人公共服务提供的后续变化。2020年初开始的新冠疫情对我国经济社会产生影响，对地方残联公共服务体系产生冲击。笔者于2020年重返田野，对相关主体进行访谈，特别是对草根自组织在疫情防控中的角色进行了研究，自组织发挥的积极作用在一定程度上说明助残服务社会化改革在推动社会组织发展方面取得成效。

比较研究是本书的另一研究方法。如果说个案研究的优点在于通过描述揭示复杂的社会现实，那么比较的视角更能为复杂现实的认知提供客观的立场。本书运用比较研究方法，主要体现在以下三个方面。第一，不同社会组织的比较。由于这些组织同时承接了残联公益项目，有些组织甚至承接同样的项目，在论述时必然会涉及比较。第二，同一社会组织的纵向比较。残联资助的不少项目连续三年甚至五年由同一个社会组织承接，那么这必然涉及社会组织公益项目管理的纵向比较。此外，社会组织的内部治理、专业化水平等都在发生变化，也涉及历时比较。第三，经验资料和理论工具间的比较。在进行论述和分析时，数据和理论之间的对照实际上也属于比较的范畴。作为一种分析的路径，比较研究更像是一种思维方式，揭示大量的事实细节并与现有理论之间产生对话。

二 资料来源

本书的数据和资料主要来自实地调研，调研时间主要集中在2014年7月、11月，2015年1月，2020年5月、10月、12月，2021年8月。具体来看，数据来源包括以下四个部分。

第一，对W区残联官员和社会组织负责人的深度访谈。在W区某政府官员的介绍下，笔者于2014年7月正式进入田野现场。在区残联的帮助下，笔者对具有较大社会影响力的8家社会组织进行了参访，其间对社会组织负责人和（或）公益项目负责人进行了深度访谈，主要是了解组织的基本情况以及购买服务中与残联的互动，访谈时间一般在两小时左右。同时，尽量去现场体验正在运作的公益项目。笔者对研究个案有较为深入的了解后，先后于2014年11月25日和2015年2月10日与区残联理事长甲进行了开放式的交流，每次都长达两小时，主要围绕改革的背景、探索的过程、遇到的问题、国内外的学习过程、未来的发展思路等。

对W区残联购买服务改革有了解的官员的访谈。包括上海市残联前理事长丙、W区社团局副局长丁等。对这些官员进行访谈，主要是为了全面了解上海市助残社会服务体系的现状、残疾人工作委员会和残联的运作、民政推动的购买服务和残联推动的购买服务的异同等。这主要是为了更加全面了解W区的改革实践，同时在研究助残服务社会化改革时有一个可比较的参照物。这些访谈整理成的文字记录稿达20余万字。

第二，参与区残联和社会组织承办的各类活动。在2014年7月与社会组织建立初步联系后，与其中3~5家保持紧密的联系，主要是了解项目运作的进展，同时为这些组织提供力所能及的帮助。这些社会组织大致可以分为街镇残疾人服务社、其他服务类社会组织、支持类社会组织，笔者在日常联络中也有意识地与不同类别的社会组织保持联系。在区残联举办的活动中，笔者全程参加了公益项目捐赠汇报会、2015年度助残公益项目开评标，以及2014年助残公益项目总结会暨2015年项目启动会。以公益项目开评标为例，笔者了解了市残联、区残联、区财政局、区监察局、区民政局、区社建办等政府部门，以及前来参与活动的各种社会组织和残疾人，各方是如何互动的，是如何看待公益项目欲解决的社会问题的。笔者在这些活动中所获取的信息与深度访谈同样多。

第三，收集的各类二手资料。包括区残联主办的31期简报（2005~2015年）、部分社会组织年度总结、部分项目评估报告、购买服务的相关制度文本、《W区残联助残公益项目案例集》（2011年、2012年和2014年）、上海市残疾人联合会主编的《上海残疾人事业发展报告》（2008~2013年）等。

第四，新冠疫情发生后调研助残服务体系的运行。笔者于2020年5月、2020年10月、2020年12月、2021年8月赴W区调研，试图对这项改革进行跟踪研究。调研目的主要是了解疫情对助残社会服务体系的影响，笔者发现尽管疫情对社会服务体系产生冲击，但该区的助残服务具有一定的韧性。

从这个意义上看，助残服务社会化改革总体上产生了较为积极的影响。

三　章节安排

本书正文共分为六章。第一章是作为地方治理创新的残联购买服务。具体内容包括 W 区残联为什么开启购买服务的改革、在推进改革过程中遇到了什么样的问题、购买服务中设立的公益项目及其产生的社会影响。从治理创新到日常化制度化运作的过程中，残联购买服务的实践在不断发生一些变化。第二章是助残服务合作供给的治理过程，主要包括助残服务项目的立项、实施和评估三个环节。助残服务项目设立的政策依据是什么？社会组织和残疾人在项目立项中扮演何种角色？在具体的项目实施过程中，残联与社会组织、社会组织和残疾人是如何开展合作的？助残服务项目的评估环节包括评估主体的变化，以及指标体系的研发和运用。第三章是助残服务合作供给的多元影响。包括助残服务社会化改革对地方残联、社会组织、残障群体及家属的影响。第四章是助残服务合作供给的运作机理。重点探讨了合作供给助残服务的形成机制、学习与调适机制。第五章是域外政府购买社会组织服务的启示。第六章是以社会组织培育推动合作治理发展。研究认为一种具有浓厚学习特征的合作治理（学习型合作治理）正在兴起，学习型合作治理与既有合作治理的类型并不相同，对于当前地方政府购买服务下的合作关系具有较好的解释力。同时，本章就上海市政府培育社会组织发展的模式、推动地方政府培育社会组织发展的对策进行探讨。

第一章
作为地方治理创新的残联购买服务

第一节 助残服务体系的构成与转型

一 助残服务体系的主体构成

残疾人是指在心理、生理、人体结构上，某种组织、功能丧失或者不正常，全部或者部分丧失以正常方式从事某种活动能力的人，包括视力残疾、听力残疾、言语残疾、肢体残疾、智力残疾、精神残疾、多重残疾和其他残疾的人。[①]残疾人的管理和服务体系由残疾人相关职能部门组成，同时依赖基层社区为残疾人提供服务。具体来看，助残服务体系的主体包括残疾人工作委员会及其成员单位、残联体系、专门协会、基层协会、企业、家庭等。这些主体为残疾人及其家属提供康复、教育、劳动就业、文化体育、社会保障等服务，同时也包括无障碍环境、扶贫、维权、科技信息化应用、残疾预防等服务。以下从组织结构、资金来源、主要功能三个维度对各个主体进行简要介绍。

（一）残疾人工作委员会

残疾人工作委员会是国务院与各级地方政府管理残疾人事业的议事和协调机构。其前身是残疾人工作协调委员会。据记载，1988年国务院确定由一名国务委员负责残疾人工作；1993年国务院残疾人工作协调委员会成立，34个部门和团体的负责人担任委员。[②] 2006年，残疾人工作协调委员

[①] 见《残疾人保障法》第2条。
[②] 陆德阳、（日）稻森信昭：《中国残疾人史》，学林出版社，1996，第408页。

会更名为国务院残疾人工作委员会。以上海市人民政府残疾人工作委员会为例，主要职责包括综合协调有关全市残疾人事业方针、政策、法规、计划的制定与实施工作；协调解决全市残疾人工作中的重大问题；指导各区县人民政府残疾人工作委员会工作；组织协调中国残联和国际残疾人组织在本市的重大活动；接受国务院残疾人工作委员会的指导并贯彻落实相关工作部署。[①]残疾人工作委员会往往由地区的副职行政首长担任主任，成员由相关部门负责人组成。一般来看，涉及的相关部门包括民政、教育、人力资源和社会保障、司法等。残疾人工作委员会不是实体化运行的机构，其日常运行的办公室设在残联。从实际运行来看，涉及残疾人的重大决策一般先通过残疾人工作委员会的讨论，然后由相应的职能部门负责具体实施。残疾人工作委员会的日常事务由残联负责，所以残联实际上成为管理和服务残疾人工作中最为重要的机构之一。

（二）残联系统

残联是助残社会服务体系最为重要的主体之一。1986年9月，上海市残联成立，这是全国第一个残联组织。1988年3月，中国残联在北京正式成立。中国残联是由邓朴方先生等推动在全国范围内成立的助残组织。它由1984年成立的中国残疾人福利基金会、中国盲人聋哑人协会和联合国残疾人十年中国组织委员会秘书处共同组建。[②]根据《中国残疾人联合会章程》的规定，中国残联是国家法律确认、国务院批准的由残疾人及其亲友和残疾人工作者组成的人民团体，是全国各类残疾人的统一组织，是党和政府密切联系残疾人的桥梁纽带。中国残联具有代表、服务、管理三大基本功能。自此，全国各级地方政府开始组建残联组织，逐渐形成全国性的残疾人的组织网络体系。

上海市残联成立之前，上海市的残疾人工作是由当时的上海市盲人聋哑人协会承担的。根据上海市残疾人联合会官网的资料介绍，上海市盲人聋哑人协会是中国聋哑人福利会上海分会和中国盲人福利会上海分会于1961年1月4日合并成立的。新中国成立后，上海于1957年4月27日成

---

① 上海市人民政府残疾人工作委员会机构概况，详见上海市残疾人联合会官网，https://www.shdpf.org.cn/clwz/clwz/zzjg/jggk/clgzwyh/index.html，最后访问日期：2024年7月31日。

② 陆德阳、〔日〕稻森信昭：《中国残疾人史》，学林出版社，1996，第182页。

立了中国聋哑人福利会上海分会,这是全国第一个地方性残疾人组织。1958年4月24日,中国盲人福利会上海分会成立。1959年,中央人民政府内务部发出通知,要求各地方不再分别成立盲人福利会和聋哑人福利会。根据通知精神,上海于1961年1月4日将盲人福利会与聋哑人福利会合并,正式成立上海市盲人聋哑人协会,该协会在"文革"期间被撤销,于1979年8月24日恢复。[1]

从组织结构来看,作为人民团体的残联由各个业务科室、各类事业单位组成。以上海市残疾人联合会为例,除了办公室、人事处、计划财务处等日常管理处室外,还包括康复、教育就业、组织联络、宣传文体、权益保障等负责具体业务的处室。如果说各个业务处室是残疾人管理和政策制定工作的主体,那么各类事业单位则是为残疾人服务的最为重要的主体。上海市残联隶属的事业单位包括上海市残疾人就业服务中心、上海市特殊儿童康复中心、上海市残疾人文化体育促进中心、上海市残疾人联合会信息中心和上海市养志康复医院。除了事业单位以外,残联还投资兴建一些服务设施和机构,涉及康复、教育、就业、辅具配置等不同领域。杨团认为"残联系统兴办的这些助残组织和机构,至今是助残组织中资源最丰富、实力最雄厚的队伍,是我国助残组织的主力军"。[2]她认为这些残疾人服务机构多数兴建于改革开放时期,而且大都遵循计划体制时期国家对于事业单位的管理方式和财政拨款方式。当然这些机构与计划体制下的事业单位以及当前由社会资本兴办的社会服务机构(或称为"民办非企业单位")是不同的。

上海市残联的日常工作是由市残联执行理事会负责的,理事会由理事长、副理事长和理事组成。由市残联代表大会选举产生市残联主席团,由主席团选举产生主席与副主席。执行理事会的理事长由主席提名,主席团选举产生;副理事长则由理事长提名,主席团通过。市残联代表大会的代表乃是残疾人和残疾人工作者选举产生,权力的第一委托方乃是残疾人和残疾人工作者。

从基本功能来看,残联的属性是人民团体,主要发挥管理、服务、代

---

[1] 详见上海市残疾人联合会官网,http://www.shdisabled.gov.cn/clinternet/platformData/info-plat/pub/disabled_132/lsyg_7726/,最后访问日期:2014年12月31日。
[2] 杨团称之为"新事业单位",全国究竟有多少这样的"新事业单位",并无任何统计数据。

表三大功能。残疾人工作委员会就残疾人重要事务制定各种政策，残联主要是作为执行残疾人工作委员会政策的机构，具有管理职能。从这个意义上看，残联与残疾人工作委员会的行政逻辑类似，残联是按照政府内部的运作逻辑开展工作的。与此同时，残联作为人民团体又具有服务和代表职能。残联本质上是政府主导的机构，在现实中如何平衡管理职能与服务代表职能是各级残联工作的重要任务。残联组织的经费主要来自政府财政拨款与社会捐助等渠道，其中以前者为主。

（三）专门协会

残联领导五大专门协会的工作。这些协会包括盲人协会、聋人协会、肢残人协会、智力残疾人及亲友会和精神残疾人及亲友会。据统计，在助残服务社会化改革开启之初，即2010年，全国省级以下共设立各类残疾人专门协会15500多个，其中盲人协会3123个、聋人协会3113个、肢残人协会3168个、智力残疾人及亲友会3113个、精神残疾人及亲友会3013个。[1]

专门协会主席由专门协会委员选举产生，而专门协会委员则由同级残联主席团委员中的残疾人、残疾人亲属按残疾类别组成。以上海市盲人协会为例，其属于上海市盲人的群众性组织。从组织结构来看，协会设主席、副主席和秘书长，均由盲人协会委员会选举产生。盲人协会委员则由上海市残联代表大会中盲人代表选举产生。

从实际运作来看，多数专门协会以残联的内部机构身份运作。[2]中国残联和一些省市残联的专门协会已经以社会组织法人形式正式注册。在上海，市级层面的专门协会尚没有进行社会组织法人登记注册，但是区县的少数专门协会已进行社会组织法人登记注册。

（四）基层组织

根据《中国残疾人联合会章程》的规定，社区居民委员会、村民委员会、残疾人集中的企事业单位，建立残疾人协会或残疾人小组。从基层的助残服务体系来看，全国各地的情况不尽相同。在上海，街镇层面残疾人事务一般由街镇负责民政或相关事务的科长负责。在村一级已建立残疾人

---

[1] 中国残疾人联合会编《中国残疾人事业统计年鉴（2011）》，中国统计出版社，2011，第14页。
[2] 张熠欣：《我国残疾人专门协会发展现状与改革方向》，《学会》2021年第11期，第33页。

协会1725个，社区已建立残疾人协会3529个，已建残疾人活动室4815个。[①]其中，残疾人服务社、"阳光之家"、"阳光心园"和"阳光基地"等在残疾人服务提供中发挥着积极作用。2002年，上海在全市各个街镇推行成立残疾人服务社，主要由街道残联的理事长兼任负责人，经费主要来自残联体系。从组织属性来看，残疾人服务社属于非正规劳动就业组织，这个组织的建立在很大程度上是受当时上海"万人就业"项目的推动，组织成员主要是残疾人专职干部、专职委员、助残员等。从工作内容来看，主要是执行上级残联相关政策，比如残疾证的申请、残疾人辅助器具的申请、残疾人补助金的发放等。所以，残疾人服务社在具有服务性的同时也具有浓厚的管理色彩。

除了残疾人服务社，上海各个街镇还设立"阳光之家""阳光心园""阳光工坊"等机构。其中，"阳光之家"的服务面向智力障碍人群。早在2005年，上海市人民政府将"智障人士阳光行动"列为当年为民办实事项目之一，要求在各街镇建立"阳光之家"，组织1万名智障人士参与技能培训、康复训练、简单劳动，以提高其日常生活能力和社会适应能力，主要针对的是持有残疾证的16~35周岁智障人士。[②]政府之所以将其纳入实事工程，一方面是鼓励智障人士走出家庭，融入社会；另一方面是由于2007年世界特殊奥林匹克运动会在上海举行，这是一个展示我国残疾人精神面貌的重要契机。这一点从具体的规定中可以看出，比如"开展适合智障人士的各类培训，引导他们从事简单劳动和进行特奥活动"，[③]"'阳光之家'开展的各项培训要适合智障人士生理、心理的特点并同特奥活动项目有机结合"[④]等。2007年，上海市人民政府又将推进完善全市240所"阳光之家"建设，包括建立50所接纳轻度智障人士从事非正规就业的"阳光工场"列入当年市政府实事项目。[⑤]

---

① 中国残疾人联合会编《中国残疾人事业统计年鉴（2011）》，中国统计出版社，2011，第234页。
② 《上海市残疾人联合会关于印发〈关于开展"智障人士阳光行动"实施方案〉的通知》。
③ 《上海市杨浦区人民政府办公室转发区残联关于开展智障人士"阳光行动"实施方案的通知》。
④ 《上海市静安区人民政府办公室关于转发区残联〈静安区开展智障人士"阳光行动"的实施方案〉的通知》。
⑤ 《关于推进"完善全市240所'阳光之家'建设，包括建立50所接纳轻度智障人士从事非正规就业的'阳光工场'"市政府实事项目的实施方案》。

"阳光心园"的服务面向精神障碍人群。"阳光心园"是专门为精神障碍患者提供日间照料、心理疏导、娱乐康复、简单劳动、社会适应能力训练的机构。"阳光基地"面向具有一定身体能力的残疾人,通过培训推动就业。从组织属性来看,各区的做法不一,多数作为地方残联在基层的机构进行运作,少数通过登记注册成为社会组织进行社会化运作。[1]

(五)福利企业

福利企业是集中安排残疾人就业的具有福利性质的特殊生产单位。福利企业解决部分残疾人的就业问题、生产残疾人辅助器具等。与残疾人相关的各类企业的发展差异较大。20世纪80年代,在优惠政策的推动下,全国福利企业得以快速发展。据统计,截至1988年3月,福利企业数量达2.4万多个,安排了38.5万名残疾人就业,比1980年分别增加了2.2万多个和33万人。[2] 2010年,由上海市各级残联参与创办的企业数量是153个,解决就业的职工是4741人,其中残疾职工是4479人[3]。目前,多数残疾人福利企业基本上处于破产状态。

二 助残服务体系的改革

20世纪90年代以来,既有的助残社会服务系统在推进残疾人事业中发挥很大作用。但随着残疾人对社会服务个性化需求的增加,助残社会服务体系的弊端逐渐凸显。2008年《中共中央 国务院关于促进残疾人事业发展的意见》(中发〔2008〕7号)明确要求健全残疾人社会保障制度,加强残疾人服务体系建设,缩小残疾人生活水平与社会平均水平的差距,实现残疾人事业与经济社会协调发展。2010年国务院办公厅转发的《关于加快推进残疾人社会保障体系和服务体系建设的指导意见》明确了残疾人社会保障体系和服务体系建设的指导原则和目标任务。

中国残联第七届主席团副主席、执行理事会副理事长程凯撰文指出:

---

[1] 上海市残疾人联合会汇编《发展中的上海残疾人事业之实情调研篇(2008—2013)》,第196页(未出版物)。
[2] 中国残疾人联合会编《中国残疾人事业年鉴(1949—1993)》,华夏出版社,1996,第21页。
[3] 中国残疾人联合会编《中国残疾人事业统计年鉴(2011)》,中国统计出版社,2011,第116页。

"我国残疾人社会保障体系和服务体系建设正处在起步阶段,还面临着很多困难和问题。最突出的矛盾就是残疾人的特殊困难和需求往往被普遍化、平均化的要求所掩盖或忽视,现有的社会保障和公共服务基本缺乏针对残疾人特殊需求的内容和有效措施……"①总体上,不管是公共服务提供的人员数量,还是服务提供的方式都难以跟上社会发展的快速需求。助残服务体系面临改革和重建,以进一步完善残疾人的社会保障体系和服务体系。从目前改革的动态来看,主要表现为以下两个方面。

第一,社会组织的发展为地方残联的社会化转型提供了可能。《关于加快推进残疾人社会保障体系和服务体系建设的指导意见》规定:"各级残联受政府委托,承办和管理残疾人康复、就业、职业教育、托养等服务项目……乡镇(街道)、社区(村)残疾人组织和残疾人协会专职委员要深入开展调查摸底工作,建立残疾人需求与保障档案,做好残疾人需求分析和转介服务,促进各项社会保障和服务措施的落实。"社会组织的发展为解决残疾人的相关问题提供了新的可能。基层的残疾人协会登记注册为社会组织法人。部分残疾人服务社由原来作为残联的附属机构转变为社会组织法人。部分"阳光心园""阳光家园""阳光基地"已经以社会组织的形式登记注册。

第二,地方残联通过购买社会组织服务创新服务提供方式。残联购买服务的推行使助残社会服务体系开始发生变化,成为残联社会治理的创新之处。②在全国政府购买残疾人服务试点会议上,时任中国残联理事长鲁勇认为:"政府购买残疾人服务是一项全新的实践,没有现成的经验可循,要求各地积极探索、大胆实践,争取在试点地区探索创新一套长效工作机制、孵化一批急需社会服务组织、形成一批品牌项目……要求各地残联善于借鉴其他成功经验和善于总结鲜活的探索实践。"③可见,政府购买残疾人服务的改革并非易事。有研究者以2013年社会组织"双重登记管理体制"的突破为界限,对政府、残联和助残社会组织的新型合作关系进行了

---

① 程凯:《我国残疾人社会保障和公共服务状况与发展对策》,《红旗文稿》2010年第9期,第31页。
② Karen R. Fisher, Jing Li and Lei Fan, (2012), "Barriers to the Supply of Non-Government Disability Services in China," *Journal of Social Policy* 41 (1): 161-182.
③ 2014年12月9日,时任中国残联党组书记、理事长在"全国残联政府购买服务培训班"上的讲话(根据录音整理,由区残联提供)。

研究。① 作者认为政府和残联的关系是一种"政府部门主导成立自己管辖下的社会组织，并通过为其提供正常运转所需的各种资源而建立的依附和被依附的关系"。就残联和社会组织的关系而言，在购买服务后，两者间开始出现共赢性互惠关系。作者虽然没有具体指明这个"政府"是谁，实际上所指的就是残疾人工作委员会。总体上，购买服务后呈现一种以残联为主导的多种关系模式并存的格局。

第二节　地方残联购买社会服务的探索

一　政府购买社会组织公共服务的源起

政府购买社会组织公共服务是指政府将原本由自身承担的公共服务转交给社会组织承担，以提高公共服务供给的质量，满足公众的多元化、个性化需求。在理解政府购买公共服务时需要注意以下三方面内容：第一，政府购买社会组织公共服务的主体主要是政府，既包括各级政府、政府相关部门，也包括群团组织；第二，政府购买公共服务的客体包括社会团体、民办非企业单位、基金会等；第三，公共服务不同于私人服务。一般来说，政府购买的服务可以分为两大类：一是政府机构及其工作人员自身消费的服务；二是政府机构及其工作人员为社会所提供的服务。前者属于政府内部的服务，服务对象是政府机构和政府官员自身，后者属于公共服务，服务对象是除政府以外的其他社会机构和公众。②

从当时的制度框架来看，政府购买公共服务不同于政府采购。根据《政府采购法》第 2 条的规定，政府采购是指各级国家机关、事业单位和团体组织，使用财政性资金采购依法制定的集中采购目录以内的或者采购限额标准以上的货物、工程和服务的行为。可见采购对象包括货物、工程和服务，其中服务并不包括公共服务。《政府采购法》中尽管规定

---

① 作者认为 2013 年召开的十二届全国人大一次会议，宣布行业协会商会、科技类、公益慈善类和城乡社区服务类社会组织登记放开，社会服务领域将迎来新的发展时期，故称之为新社会政策。详见秦琴、曾德进《政府、残联和残疾人民间组织的关系研究》，《社会科学》2014 年第 4 期，第 90 页。
② 徐家良、赵挺：《政府购买公共服务的现实困境与路径创新：上海的实践》，《中国行政管理》2013 年第 8 期，第 26 页。

了包括服务在内的采购范围，但对于服务的理解只限于政府自身运作需要的服务，如政府后勤服务、政府信息化建设与维护，政府为公众提供的公共服务并没有被纳入政府采购的范围。

简单回顾政府购买社会组织公共服务的发展历程。1995年，上海市浦东新区开始尝试政府购买社会组织公共服务，浦东新区社会发展局委托基督教青年会管理罗山市民会馆，这是我国最早的政府购买服务的实践。[①] 2003年，为了确保上海的经济稳定与社会和谐，市禁毒委员会办公室、市司法局社区矫正工作办公室、市社区青少年事务办公室通过定向委任形式分别向上海市自强社会服务总社、上海市新航社区服务总站、上海市阳光社区青少年事务中心购买为药物滥用人员、矫正人员、"失学、失业、失管"社区青少年提供的专业社工服务。[②] 2009年，上海市民政局与区县民政局从两级福利彩票公益金中共同出资，以上海市社区服务中心为招投标平台，面向已登记注册，满足一定条件的社会团体、民办非企业单位和公益性非营利事业单位三类组织，按比例配套使用福利彩票公益金购买社区安老、济困、扶幼、助残服务以及其他社区公益服务。

根据苏明、贾西津、孙洁、韩俊魁的研究梳理，[③] 进入21世纪以来，地方政府开始探索购买公共服务。在地方层面，2005年，上海市浦东新区政府出台《关于促进浦东新区社会事业发展的财政扶持意见》，其后相继出台《关于着力转变政府职能建立新型政社合作关系的指导意见》、《关于促进浦东新区民间组织发展的若干意见》及《关于政府购买公共服务的实施意见（试行）》。2005年，无锡市下发《关于政府购买公共服务的指导意见（试行）》，提出"政府承担、定项委托、合同管理、评估兑现"的公共服务提供方式，鼓励政府将直接举办的公共服务事项通过一定程序委托给非营利组织完成。2006年，宁波市财政局下发《关于大力推进公共服务实行政府采购的工作意见》，将教科文体、社会保障等纳入政府采购范围。2008年，上海市静安区下发《关于静安区社会组织承接政府购买（新增）公共服务项目资质的规定》，对购买服务的流

[①] 杨团主编《非营利机构评估：上海罗山市民会馆个案研究》，华夏出版社，2001。
[②] 赵挺：《公共冲突治理中的社会组织参与：一项案例比较研究》，《中国第三部门研究》2019年第1期，第151~152页。
[③] 苏明、贾西津、孙洁、韩俊魁：《中国政府购买公共服务研究》，《财政研究》2010年第1期，第12~13页。

程、评估和标准做了规范。

从全国来看，不少地方根据该地政府购买公共服务的发展制定了相关的地方性规范文件，如《北京市海淀区人民政府关于政府购买公共服务的指导意见（试行）》（2006年）、《成都市人民政府关于建立政府购买社会组织服务制度的意见》（2009年）、《广州市政府购买社会服务考核评估实施办法（试行）》（2010年）、《杭州市人民政府关于政府购买社会组织服务的指导意见》（2010年）等。在上海，浦东新区人民政府发布《关于着力转变政府职能建立新型政社合作关系的指导意见》（2007）、静安区人民政府发布《关于政府购买社会组织公共服务的实施意见（试行）》（2011）、闵行区人民政府发布《关于规范政府购买社会组织公共服务的实施意见》（2011）。

2013年9月26日，国务院办公厅《关于政府向社会力量购买服务的指导意见》正式出台。这是全国第一份关于政府购买社会力量服务的重要文件。2014年，财政部、民政部、中国残联等部门联合发布《关于做好政府购买残疾人服务试点工作的意见》，工作目标是"以探索和完善政府购买残疾人服务的服务内容、购买方式、标准规范、监管机制、绩效评价和保障措施等为重点，通过试点，总结经验，摸索规律，完善措施，逐步实现残疾人服务资源的优化配置，提升广大残疾人享受公共服务的满意度。力争到2020年，在全国基本建立比较完善的政府购买残疾人服务机制，形成残疾人公共服务资源高效配置的服务体系和供给体系，显著提高残疾人公共服务水平和质量"。原则上，每个省、自治区、直辖市都要选择一两个地区或城市开展试点工作，取得经验后再逐步扩大范围。

从政府购买社会力量公共服务在全国范围以及上海的发展来看，W区的改革属于地方政府的治理创新，具有以下三个特点。其一，2010年前后，在上海其他地区政府购买公共服务尚处于零星的探索时期，该区残联率先在上海开启了向社会组织购买服务的改革。这项改革不仅在全市残联体系内是比较领先的，而且在W区民政之外的其他职能部门也是尚未实现的，所以当时推行的这项改革无疑具有社会治理创新的特点。其二，对残疾人提供社会服务的方式发生了变化，由原来依托助残服务体系的主体，到现在通过社会组织来提供。其三，对于残联而言，在推进购买服务中主要使用的是残疾人就业保障金，[1]同时动员社会资金来运作。在这一点上与其他地方政府购买公共服务是不同的，比如2009年上海市民政局委托上海市社区服务中心运作的公益招投标项目运用的是福利彩票公益金，而其他开展此类创新的地方政府运用的则是公共财政资金。

二 地方残联购买服务的现实背景

W区地处上海西北部，面积为464.4平方公里，户籍人口有56.5万人，属于江南历史文化名城。该区下属有12个街镇，包括3个街道、7个镇、1个新区和1个市级工业区。据统计，截至2014年11月，全区残疾人总数为6.7万余人，其中持证残疾人有17198名，约占户籍人口的3.04%。[2] 总体上，该区在上海并非属于经济社会最为发达的区县，却率先于2010年在上海推行残联购买社会组织公共服务。那么，W区为什么会发起这项针对残疾人的社会服务体系改革？这与以下三大因素紧密相关。如果说前两者是客观因素的话，后者则是主观因素。

第一，传统助残服务体系的弊端逐渐显现。从既有组织结构来看，由于残疾人工作委员会并不是一个实体部门，具体协调工作也是因人因事而异，中国残联更多承担着提供残疾人社会服务的职责。在中央推行进一步完善残疾人的社会保障和社会服务体系的背景下，更好地为残疾人提供服务的职责不可避免地落在各级残联身上，W区残联[3]同样面临类似问题。此外，既有社会服务系统中的街镇残疾人服务社和"阳光之家""阳光心园"等机构中的人员素质有待提高，这些机构和人员在贯彻落实上级残联的具体政策方面还算有效，但在提供公共服务的专业能力方面还有很大的提升空间。而残联自身普遍缺乏为残疾人直接提供服务的人力，更缺乏为

---

[1] 根据《残疾人就业保障金管理暂行规定》，"残疾人就业保障金"是指在实施分散按比例安排残疾人就业的地区，凡安排残疾人达不到省、自治区、直辖市人民政府规定比例的机关、团体、企事业单位和城乡集体经济组织，根据地方有关法规的规定，按照年度差额人数和上年度本地区职工年平均工资计算交纳用于残疾人就业的专项资金。

[2] 见W区残联提供的内部资料。

[3] 根据《中国残疾人联合会章程》的规定，中国残联以及地方各级残联属于人民团体，残联同时也是国务院批准可以免予登记的社会团体。W区残联由区政府和区残疾人工作委员会领导，残疾人工作委员会的办公室设在残联。同时在访谈中残联工作人员将残联购买服务等同为政府购买服务。在本研究中，笔者将残联与在民政部门正式登记注册的社会组织予以区分。

残疾人提供服务的专业技能。W区残联只有22名员工，其中18人具有公务员和事业单位的正式编制，另外4人属于合同制外聘人员，而全区共有持证残疾人14498人。[①] 如果不寻求外在机构的协助，为这么多残疾人提供服务无疑是一个巨大的挑战。

第二，残疾人对社会服务的多元化需求无法得到满足。进入21世纪以来，残疾人对于社会服务的需求在不断增加，既包括对社会服务和社会福利总量上的需求，也包括对个性化和专业化助残社会服务的需求。正是在这个意义上，不管是中央政府之前推行的基本公共服务均等化，还是目前正在推行的残疾人社会保障和社会服务政策，都直指当前各级地方政府在满足残疾人的服务需求方面尚有很大的差距。另外，社会服务的缺失带来的是社会不和谐和社会不稳定因素的增加。残疾人信访时有发生，对于地方政府而言成为必须面对的棘手问题。

第三，领导人具备改革意识，且具有社会治理创新经验。2010年，W区残联的改革正式启动，这与新任领导的战略眼光和改革魄力有关，本质上也与这个时代残疾人事业的发展方向息息相关。区委、区政府和残疾人工作委员会成员单位的支持是残联购买服务得以推行的重要前提。由于区委、区政府和残联系统的重视，区残疾人事业发展一直走在全市前列。在社会管理创新的大背景下，地方政府的领导也在寻求突破点。残联购买服务的理念和实践得到当时主要领导的支持。在实践过程中，也得到财政局、民政局、社建委等残疾人工作委员会成员单位的大力支持。

概括来讲，随着残疾人对社会服务需求的总体性增长，特别是各类残疾人个性化需求的提出，传统的社会服务体系已经不能满足残疾人的需求。残联一方面必须增加残疾人社会服务的提供，另一方面又面临人手不足等问题，这成为难以调和的矛盾。所以，残联必须突破体制的局限进行改革创新，核心是通过何种方式为残疾人提供服务。区残联新任理事长甲上任后为这些问题的解决带来了新的思路。区委、区政府全力支持，残疾人工作委员会主要成员单位通力合作，助残服务社会化改革正式启动。

[①] 见W区残联提供的内部资料。

三 地方残联购买服务的初步探索

W区残联新任理事长甲上任后面临三大问题,分别是助残社会组织少、社会组织专业服务能力弱、购买服务制度安排没有现成的模式可参考。那么W区残联是如何克服这些问题,并初步实现预期目标的呢?

第一,针对承接公益项目的社会组织少的问题,残联充分利用已有的组织资源,同时扶持成立新的社会组织。主要通过以下三件事来推进这场改革。一是对全区12家街镇残疾人服务社进行改革。该区原来12家街镇的残疾人服务社中有11家是由街镇的民政科科长兼任法人,组织内部没有专职人员,组织名不副实。2010年6月,区残联下发了《关于加强残疾人服务社的指导意见》,全面实施"做实街镇残疾人服务社,逐步实现角色转换",要求法人变更为社会人,建立章程,设立理事会,充实专业人才。二是扶持成立3家社会组织登记注册。2010年1月18日,在街道层面推动社工机构成立,这是该区第一家专门为残疾人提供服务的社会组织。2010年3月18日,第二家社工机构成立。后来区残联将下属事业单位改制并注册为民办非企业单位,这就是现在的一家支持类社会组织。三是逐渐从外区引进具有专业性和影响力的社会组织。主要目的是为本区社会组织的发展提供一定的示范。

第二,针对社会组织专业服务能力弱的问题,残联主要通过人才引进和专业技能提升两方面来应对。具体包括以下三点。一是当社会组织正式登记注册后,残联通过提供人员招聘经费、办公经费等形式扶持起步发展阶段的社会组织,使其得以正常运作。从2010年开始,区残联每年资助街镇残疾人服务社10万元,其中8万元用于专业人才的招聘,2万元用于日常管理运作。资助3家社工机构每家每年20万元,其中10万元是开办经费,10万元是人头费用。连续资助了三年,然后"断奶"。同时,鼓励社会组织工作人员考取社工从业资格证书,对取得证书者给予一定的奖励。二是残联从本区外引进专业的社会工作机构来提升助残社会组织的服务能力。在推进改革初期,残联很快发现社会组织对于服务残疾人没有任何经验。后来,残联邀请深圳市、上海市浦东新区有社会影响力的机构先后入驻,试图通过能力培训和一对一辅导等多种形式,运用社会工作赋权、增能等基本理念,以及小组、个案、社区的方法提升助残社会服务的专业化和个性化。三是 2011 年 6 月，区残联推动成立了全市第一个助残社会组织孵化园，主要是为社会组织提供免费的场地和各种能力支持。从外区先后引进社会工作机构入驻孵化园，承接专门对社会组织进行能力支持的项目。2012 年，上海市残联与上海大学建立的"上海市助残社会化实验基地"落户该区，基地聘请社会工作专家团队进行实地调研和专业指导。社会工作介入的方式包括培养督导助理和一线社工。社会工作介入助残事业，是为了提高社会服务递送的专业化和个性化，根本上是为了挖掘残疾人潜能和关注人本身价值观、态度、个人能力的改变。

第三，作为新生事物的购买服务改革，残联面临如何进行制度设计来指导实践。购买服务的制度设计是多方面的，包括购买方式、公益项目发起方式、公益项目评估，以及社会组织的培育和支持等。当残联开始推进购买服务时，如何对社会组织进行资助，如何对公益项目进行评估，这是实践之初最为基本的制度设计难题。第一年开启改革之时，尽管名义上公益项目以公开招投标的形式运行，但囿于各种限制性条件实际上残联主要是通过定向委托的方式进行购买的，公益项目的评估也主要是由残联内部科室人员进行的。后来，购买程序逐渐规范化。从公益项目的发起来看，除了一般性的公益项目外，还增加了公益创投的项目。前者是指社会组织根据残联项目的目标和要求，设计公益项目实施方案前去参加竞标，一旦中标获得资助就开始实施。后者是指社会组织通过调研社区需求，设计公益创投项目，然后由残联进行评审，获得资助后开始实施。

概括来讲，这些制度设计包括如何发起公益项目（公益招投标还是公益创投）、如何进行购买（公开竞标还是定向委托）、如何进行公益项目的评估（体制内评估还是第三方评估）、社会组织培育与支持（孵化园、实验基地等）。以购买方式为例，残联的招投标平台发生了很大变化，由原来自行组织到现在由区政府采购中心和第三方招标代理公司组织。根据《区助残公益服务项目招投标的实施意见》，关于招标方，按《政府采购法》和当年 W 区政府发布的《区政府采购集中采购目录和限额标准》的规定，纳入集中采购目录的项目（集中采购项目），区残联配合区政府采购中心做好招标文件的编制，区政府采购中心根据《政府采购法》等法律法规的要求，负责具体组织实施。纳入政府采购限额标准内的项目（分散采购项目），由区残联委托招标代理人按照本意见实行招投标。

第三节 助残服务的项目化运作

助残服务社会化改革的一大特点是服务的项目化运作。2010~2015年，残联投入购买服务的资金从114万元增加到1400万元，增加了11.3倍，累计4700万元。在这个过程中设置了不少公益项目，从2010年的10个增加到2015年的23个（见图1-1）。这些项目都是针对不同类型的残疾人设置的，为他们提供了个性化和专业化的社会服务，满足残疾人对社会服务的需求，提升其生活质量。与2010年前该区残疾人所接受的服务水平比较，不管在量的增加还是质的提升上无疑都是显著的。

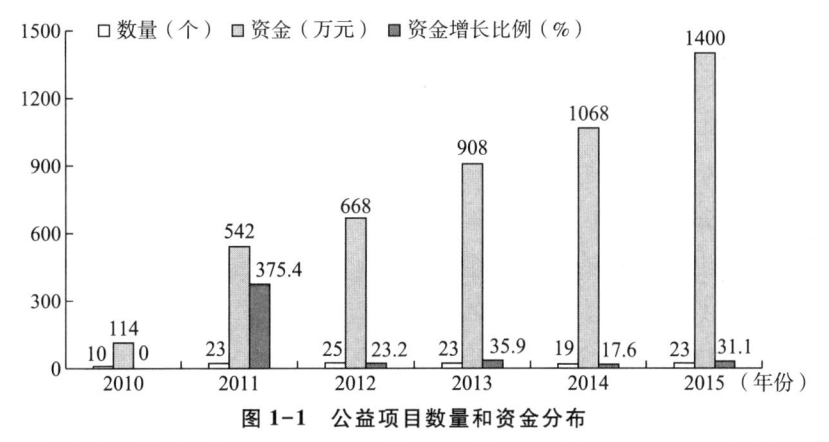

图 1-1 公益项目数量和资金分布

年份	数量（个）	资金（万元）	资金增长比例（%）
2010	10	114	0
2011	23	542	375.4
2012	25	668	23.2
2013	23	908	35.9
2014	19	1068	17.6
2015	23	1400	31.1

资料来源：关于公益项目数量的数据，2010年、2011年公益项目数据来自《中国残联简报》刊载的区残疾人联合会《区残疾人工作社会化的探索与实践》。2012年公益项目数据来自区残疾人联合会编《2012年区助残公益服务项目案例集》。2013年数据来自区残疾人联合会编《公益服务项目2013版》。其他数据全部由访谈获得。

概括来看，助残服务的项目化运作具有以下特点。

第一，项目基本覆盖视力残疾、听力残疾、言语残疾、肢体残疾、智力残疾、精神残疾和多重残疾等七类残疾人及其家属。具有较大社会影响力的项目包括针对盲人的"点亮光明"项目、针对重度脊髓损伤者的"中途之家"项目、针对社区残疾人的"睦邻点"项目、针对家属的"残疾人照顾者"项目等。本研究的分析也主要针对这些实施多年的公益项目。

第二，从公益项目资金来源来看，2015年公益项目增加到了23个，是2010年的2倍多，项目的资金规模达到了1400万元，比2010年增加了11.3倍。很明显，每年项目资金增长比例高于项目增加比例，说明一些项目的资金量有所增加。从改革启动的第二年开始这些项目的运作资金除了残疾人就业保障金外，开始有社会捐赠资金进入，[①] 2011~2014年累计达到326万元，占总资金的6.9%。

第三，承接残联公益项目的组织包括社会组织、企业和事业单位。2010年，解决残疾人就业的阳光就业项目立项，由企业承接，主要是提供残疾人就业指导和支持，完成20名就业指标。2011年，企业承接了区残联新设立的残疾人实训基地项目，主要是为残疾人提供劳动技能培训。从2011年开始这两家企业一直承接这两大项目。事业单位从2010年开始承接项目，一直到2013年正式中断，包括W区实验幼儿园、法律援助中心、精神卫生中心、中心医院等。需要说明的是，本研究只关注残联和社会组织的关系，所以并没有将这些企业、事业单位与残联之间的关系纳入其中。

第四，从承接残联公益项目的社会组织类型来看，有W区的社会组织和外区的社会组织。本区的社会组织以街镇残疾人服务社为主，多数是以残联为业务主管单位的社会组织，外区的社会组织以支持类社会组织为主。根据2015年承接公益项目的情况，23个公益项目由2个企业和17个社会组织承接。在这17个社会组织中，有3个外区的社会组织和14个本区的社会组织，本区的社会组织占较大比重（82.4%）。这3个外区的社会组织中，有2个社会组织负责服务类社会组织的支持和培育，分别承接了1个项目，另外1个社会组织承担2个项目。

在本研究中，社会组织分为服务类社会组织和支持类社会组织两大类，前者主要是指直接为各类残疾人及其家属提供具体的服务、服务于特定街镇辖区范围内残疾人及其家属的残疾人服务社。后者是指对助残社会服务体系，以及对购买服务制度安排起辅助和支持作用，间接服务于残疾人及其家属的社会组织。与服务类社会组织不同，支持类社会组织主要发挥行业研究、信息咨询、行业监督等作用。[②] 有研究者将支持类

[①] 随着公益项目影响力的增加，一些企业开始关注这些项目，向区残联捐赠资金用于这些公益项目的运作。比较而言，较少有企业直接向社会组织捐赠资金。

[②] David Brown and Archana Kalegaonkar,（2002），"Support Organizations and the Evolution of the NGO Sector," *Nonprofit and Voluntary Sector Quarterly* 31（2）：231-258.

社会组织分为资金支持、能力支持、智力支持、信息支持、综合服务五种类型。[1]在本研究中,服务类社会组织包括残疾人服务社、阳光艺术团、社工机构等;支持类社会组织包括本土和外地的,涉及的服务内容包括能力建设、督导、评估等方面,其中多数是外地引进的社会组织。残联、服务类社会组织、支持类社会组织、残疾人及其家属的主体间关系如图1-2所示。

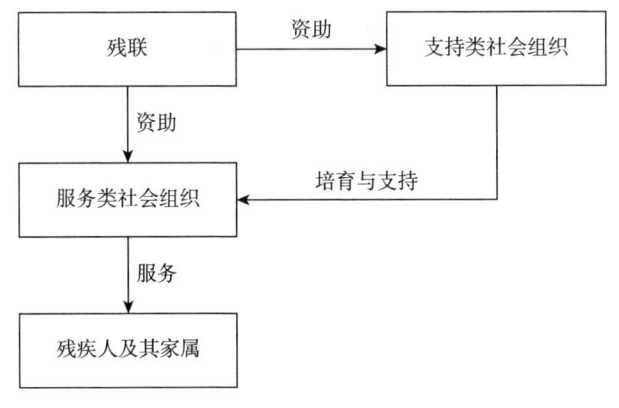

图 1-2 主体间关系

资料来源:笔者自制。

---

[1] 丘仲辉主编《支持性社会组织概览》,社会科学文献出版社,2019,第21页。

第二章
助残服务合作供给的治理过程

第一节 助残服务项目的立项

一 助残服务项目立项的政策依据

公共服务的过程可分为公共服务的政策过程和公共服务的提供过程。前者是指关于公共服务资源配置的权力分配过程和服务管理过程，后者则是一个更为具体的生产、递送和接收过程。一般地，完整的政策过程包括政策的民意收集、政策制定、政策执行和政策终结。[①]相应地，公共服务的政策过程包括公共服务的需求调研、公共服务的政策制定、公共服务的政策执行、公共服务的政策终结和评价。其中，公共服务的需求调研主要是指社会各类人群需要什么样的服务。公共服务的政策制定主要是对服务对象需求的合理性进行分析，决定哪类群体优先获得公共服务、提供什么样的服务、提供多少福利程度的服务的过程。公共服务的政策执行主要是对公共服务提供过程的日常管理。当公共服务按照规定完成生产和递送，公共服务的提供过程终结，同时预示着政策过程的终结。政策过程的评价也成为下一轮政策过程启动的重要参考。

在政府购买服务情境下，公共服务的政策过程是复杂的，这是一个包括原有日常决策和购买服务决策的双重过程。政府一方面必须关注原有的日常决策和管理，另一方面应注意对购买服务的决策和管理。当政府开始通过购买的形式提供服务时，政府的权力界限和职责在一定程度上并不明

[①] 胡伟：《政府过程》，浙江人民出版社，1998。

确，所以政府的管理范围和方式也在不断地变动和调整。有研究者认为当政府通过外在主体提供服务时，政府必须对外在主体进行管理，这涉及合同管理、市场和社会赋权、社会平衡和合法性四个核心领域（见表2-1）。[①] 政府必须关注这些核心议题，才能真正使政府购买服务的实践运作起来并取得预期的绩效。在本研究中，笔者着重关注合同管理、市场和社会赋权，这是实现购买服务有效管理的关键。

表2-1 购买服务中政府管理的四大能力维度

四大领域	合同管理	市场和社会赋权	社会平衡	合法性
核心内容	合同管理人员、文本、程序、委托代理等	规范市场、促进竞争、培育社会组织等	防止腐败、保护消费者权益等	明晰权力分享的边界等
政府目的	目标获取	目标获取	环境控制	环境控制
风险属性	非系统风险	系统风险	非系统风险	系统风险

资料来源：敬乂嘉《合作治理：再造公共服务的逻辑》，天津人民出版社，2009，第39~40页。

在助残服务社会化改革的背景下，残联的决策过程和公共服务管理发生了一些变化。第一，残联的调研制度发生了变化。公益项目的有效性在很大程度上取决于项目设计是否符合残疾人的需求。从这个意义上说，项目立项之前对残疾人需求进行调研是至关重要的。第二，残联政策制定过程中加强与残疾人工作委员会成员单位的沟通。购买服务的大部分资金来自残疾人就业保障金。由于涉及的资金量大，残联通过理事会确定年度项目后，报批区财政局、审计局就项目价格进行核算，然后确定拟立项公益项目的价格。同时，在项目的日常管理以及一些重要的场合会邀请民政局和社工委等相关职能部门的人员参与。除了沟通的功能之外，这也是为了获取一些关于政府购买服务管理和操作上的最新要求，完善残联购买服务的具体运作。第三，获得区级分管领导的支持以保障社会化改革的合法性。残疾人工作委员会是残疾人的议事协调机构，由财政局、民政局、教育局、司法局、残联等成员单位的代表组成，副区长担任主任。在W区，残疾人事业得到党委、政府的大力支持。残联协调残疾人工作委员会各成员单位以获取各种支持来推动改革。

---

① 敬乂嘉：《合作治理：再造公共服务的逻辑》，天津人民出版社，2009，第39~40页。

在推行助残服务社会化改革过程中，首要任务是将助残服务项目化，那么项目的立项就成为改革面临的第一项重要工作。W区残联一方面需要关注既有的法律法规体系，为创新改革寻求合法性，另一方面需要突破一些既有规定，并进行因地制宜的制度设计。大体上，与残疾人相关的法律法规和公共政策包括三大类：第一类是围绕残疾人权益的相关法律法规和重要文件，包括《残疾人保障法》（2008）、《中共中央 国务院关于促进残疾人事业发展的意见》（2008）、《关于加快推进残疾人社会保障体系和服务体系建设的指导意见》（2010）等；第二类是与政府购买社会力量服务相关的具体规定，涉及供应商资质、资助方式、监督管理、廉洁自律等方面，这些法律法规与文件包括《政府采购法》（2002）、《上海市政府采购管理办法》（1998）、《关于加强W区社会组织建设的实施意见》（2011）、《W区促进社会组织发展财政资金扶持办法（试行）》（2013）等；第三类是与残疾人特定服务群体设立项目相关的规定。

助残服务项目立项的依据有较为具体的规定。根据区残联和区财政局颁布的《W区助残公益服务项目招投标实施意见》，项目的立项大致包括开展服务对象的需求调查、确定项目、发布招标公告、受理投标申请、开展初选审查、公开评标程序、组织开标评审、面向社会公示、签订合同和拨付资金。对残疾人的需求进行调查是项目设立最为基础的环节。项目设立必须"经区残联理事会批准，并符合财政、审计部门要求，方可委托招标代理人开展项目招投标"。可见，项目设立只是第一步，其并不必然意味着社会组织能够拿到这个针对特定群体的项目，因为还有后续的招投标环节和专家论证环节等。根据《W区助残公益服务项目招投标实施意见》的规定，建立专家评审委员会，评审委员以熟知助残公益服务项目管理的市、区残联和区政府残疾人工作委员会成员单位有关专家、社会知名人士等为主体，并吸纳部分服务对象和具有责任感的残疾人代表共同参加。项目评审时还会邀请区人大代表、政协委员、政府采购监督员等参加，实施招投标的全程监督。

二 地方残联的民情调研制度

（一）下基层收集民意民情

民情调研制度是残联开展工作的一项重要制度，指导思想是深入基层听民声、察民情、解民忧。民情调研是政策制定前民意收集的重要方式，保障公益项目设计符合残疾人及其家属的真实需求。从制度规定来看，"调研方式包括下基层，开展民情调研既可以单独进行，也可以组成调研组进行；既可以集中专题问题下基层，也可以分情况多次下基层，还可以利用基层开会等机会开展调研活动，对涉及全局性的问题，要注意联合和吸取相关科室人员的参加，集体攻关解决"。① 自从采取购买服务的方式来提供服务，残联更为重视民意收集的方式方法，民情调研的制度化程度逐渐提高。残联理事长这样告诉笔者：

> 民情调研制度是我们工作的一个制度，要求机关每个同志下基层开展民情调研次数每月不少于三次，领导干部每周一次。我们有一个民情日记本，一个季度后我们是要汇总的，共性的问题集中起来，调研时能解决的马上解决。我们三个领导——理事长和两个副理事长，每周必须走访一个残疾人的家庭。②
>
> 在2013年时，我们搞了一次全区残疾人全覆盖的需求调研，16000多名，每家每户都去。了解他们对康复、文化体育、就业、教育等方面的需求，设想是两三年来一次。再一个就是组团调研。我们三个分组进行一年两次的残疾人的调研。一次是街镇层面，另一次是村社区层面，今年由于践行党的群众路线又走出去了一次。这个从2010年就开始做了，成为一种机制在运作。购买服务讲究的是对残疾人需求的调研，要的是真正的需求。③

（二）自下而上反馈民意民情

如果说上述方式是一种残联主动下基层收集信息的方式，那么残联有意设立的"议事厅"项目则是希望社会组织通过承接项目将残疾人和一线服务的社会组织的意见建议主动反映给残联。残联于2011年设立了"议事厅"公益项目，由残疾人服务社承接，该项目主要是为了促进残疾人和社会组织的参与。负责该公益项目的社工认为：

---

① W区残联《民情调研制度》。
② 见访谈记录20141125甲。
③ 见访谈记录20141125甲。

从社会工作的理念来看，主要是采用社区工作的地区发展模式，基于几个基本假设，一是认为社区居民应该愿意参与社区事务，二是认为社区问题的主要成因是缺乏沟通和合作，三是认为社区应当也可以实现和谐，社区内不同人群的利益不是对立的，他们有共同利益，社区本身有潜力和资源解决社区问题。所以社区发展模式的实施策略包括促进居民之间的交流、团结邻里、社区教育、提供服务和发展资源、社区参与。①

从该残疾人服务社项目实施的内容来看，首先，在村社设置议事箱，分片设置流动议事点，搭建议事平台，引导和组织残疾人各专门协会及广大残疾人积极参与，表达自己的意愿。其次，在正式的活动过程中，社会组织的负责人、项目负责人、残疾人及其家属会受邀参加，大家围绕残疾人遭遇的社会问题，以及公益项目进行交流。正式的活动场景往往是：专家与领导出席，该服务社介绍公益项目和此次活动目标，然后是经验交流和问题讨论，以及专家点评和领导解答。最后，由残疾人服务社项目组向残联反映讨论的问题，以期残联在未来的政策设计中给予考虑。

"议事厅"是各方协商的平台，残疾人表达自己的想法，各社会组织也表达自己的想法。在这个过程中，不管是残疾人和残联之间的交流、社会组织项目组之间的互相支持，还是各公益项目服务的规范性都有所推进。该项目取得了初步的效果：其一，与会人员围绕 W 区助残公益项目的现状与发展开展讨论，工作人员引导大家讨论，使各方对这些公益项目有更为深入的了解；其二，各项目负责人进行经验交流，对助残公益项目提出看法，促使资源需求对接和问题解决；其三，通过定期会议、负责人联络群等方式建立公益项目组之间的正式联系。②

在"议事厅"公益项目设立之初，残联希望通过自下而上的方式收集民意民情，但在项目开展过程中也遇到了不少问题。两年后该项目不再由残疾人服务社承接，而是由专门协会负责运作，项目不再采取公开招投标的购买方式，而是作为专门协会每年负责的常规工作。这在一定程度上说

---

① 助残服务项目案例汇编。
② 助残服务项目案例汇编。

明由社会组织承接的这个项目并未取得预期的效果。那么该公益项目在运作中究竟遇到了什么问题呢？2011年，当时社会组织能力以及项目服务水平普遍不高，尽管每次活动的主题多元，但各方诉求不一，问题要么难以解决，要么最后的解决方案难以落实。尽管这种通过社会组织自下而上收集民意的方式暂时受到了质疑，但对于残联而言这仍是一次重要的尝试。

专门协会本质上是残联体系的一部分。实际上，专门协会把残疾人和社会组织的意见和想法传递给残联也并非易事。以项目某次活动为例，2014年6月6日下午，W区残疾人专门协会在区残联举办了"议事厅"上半年议事活动。主要议题是"如何发挥协会作用，进一步加强专门协会建设"，来自各个街道的40位区协会委员、街镇专门协会主席参加了此次活动。与会人员畅所欲言，提出了进一步加强专门协会建设的真知灼见，比如加强培训提升素质、组织开展丰富多彩的活动和开展一协会一品牌建设等。区残联副理事长和区残联相关科室人员参加了会议，并结合区残联重点工作现场解答了相关问题。[①]这是专门协会与残联之间沟通的重要平台，但由于讨论的问题过于宏观，从项目管理的视角看，如果没有专业人员的引导和参与，实际上难以将残疾人的心声完全表达出来，并整合成建议，纳入残联的政策议程。无论是残联下基层调研还是"议事厅"项目都是残联收集民情民意的重要方式。这些来自残疾人、专门协会、社会组织的意见和建议为残联决策提供了参考。

三　助残服务项目设立的五种情况

一般地，公益项目的发起和设立包括自上而下和自下而上两种方式。前者是指政府发起的，后者是指社会组织或者服务对象发起的。在政府改革背景下，公益项目的发起和设立更多是自上而下的。政府之所以购买社会组织的服务，是因为政府在改革过程中有部分职能转移或转变了，而社会组织能够承接与政府职能相关的公共服务，满足政府在提供公共服务方面的需求。与一般项目不同，公益创投项目的发起往往是自下而上的。一般而言，政府发现需求的项目往往是通过定向委托或招投标方式由社会组织来具体承接，社会组织发现需求然后设立项目的情况往往是通过公益创投的方式获得政府资助。从购买流程来看，公益创投的项目评审相对简

---

① W区残疾人简报，2014年第4期。

单,且没有竞争。不同的是,招投标存在一定程度的竞争性。

上海一些区县也设立了公益创投的制度,社会组织自身发起的一些项目也能得到政府资助。以W区为例,为了推动社会组织发展,区民政局、财政局和社建办制定了《W区促进社会组织发展财政资金扶持办法》,对于从事或参与市区民生服务项目的社会组织,由区和街镇促进社会组织发展专项资金进行扶持。社区民政服务项目包括社区就业服务、社区救助服务、社区公共卫生服务、社区文化服务、社区安全服务等。从具体流程来看,每年初政府向各方征集社区民生服务需求,经相关政府职能部门认定后形成社区民生服务需求目录,社会组织结合自身实际,通过创投的方式设计并承接社区民生服务项目。

在助残服务体系中,公益项目的发起和设立也包括自上而下和自下而上两种方式。前者主要是指各级政府和地方残联基于对残疾人需求的了解设立的项目。具体分为三种情况:一是残联根据民意调研发现需求然后设立的项目,大部分项目都是这种情况;二是在上级残联和政府影响下设立的项目,既包括中国残联和上海市残联要求的项目,又包括同级政府职能部门希望设立的项目,如市残联要求进行试点的"中途之家"项目,以及本级政府领导要求设立的针对重残瘫痪人员的项目;三是残联根据自身职能履行和业务提升需要设立的项目,比如艺术团项目。后者主要是指社会组织、残疾人及其家属提出需求,然后设立的项目。具体分为两种情况:一是残疾人及其家属提出需求(积极参与建言或消极参与建言)而设立的项目,包括由于残疾人信访等因素残联不得不发起的项目,如"聋人之友"项目;二是由社会组织建议而设立的项目,有社会组织发现低度近视的人夜间出行困难,所以建议设立项目并以公益创投方式获得资助。以下结合具体案例进行分析。[①]

(一) 残联根据调研发现需求而设立的项目

案例2-1 服务盲人的项目

点亮光明项目是为全区有需求的220名一级盲人提供服务的项目。具体来看,在街道层面开展以下活动:每月组织开展黑白棋活动,每

[①] 助残服务项目案例汇编。

季度组织观看一次无障碍电影，每年举行外出交流活动。除此以外，这一项目也推动形成了低龄老人志愿者与盲人结对关爱的长效机制。志愿者每周两次为盲人提供个性化服务，比如陪医陪购物、陪同参与社区活动、心理疏导和精神慰藉等活动，满足他们的基本需求。残疾人服务社 X 于 2002 年成立，主要为残疾人提供社区康复服务、文体活动、实施帮困救助等。

（二）在上级残联和政府影响下设立的项目

案例 2-2　服务残疾人照顾者的项目

2011 年，上海市残联党组书记去外地考察时，发现残疾人照顾者服务公益项目是一个很好的项目，希望 W 区能够设置这样一个项目。2011 年 6 月，区残联委托本地社工机构 G 以公益创投项目的形式设计，第二年开始就变成政府购买服务的项目。机构对全区 80 名长期瘫痪在床的重残人员家庭照顾者的现状和具体需求进行了为期三个月的调研，发现家庭照顾者由于长期琐碎而无成就感的工作而存在身心不良的情况，有时候甚至有厌世倾向。这一专门服务残疾人照顾者的项目填补了上海市在该项服务领域的空白。

项目经过三年的实施，产生了积极的效果。项目负责人告诉笔者：这个项目从 2011 年 6 月开始，是区残联的创投项目，主要是为残疾人的照顾者（多数是家人）提供服务。从项目实施来看，第一年是吸引他们过来，第二年是他们自己想过来，第三年是培育了一些骨干，尝试自己服务自己。现在照顾者俱乐部的活动已经常规化，在全区设了三个点。加起来共六七十人，每个月举行一次活动。我们是比较早做的，后来有一些地方也开始做，但是跟我们的模式不一样。[①]

该社工事务所是上海较早成立的助残社会工作机构，获全国助残工作先进集体称号。截至 2024 年 7 月，机构共有 6 名工作人员，平均年龄 30 岁，均为具有社会工作相关专业背景的社工，其中 3 名是注册社工师，4 名是社会工作专业的社工。现有各类稳定的志愿者 100 多

---

① 见访谈记录 20140724G。

名。过去五年，机构共争取到上海市级公益服务项目 2 个、区级公益服务项目 4 个，获得项目资金 232 万元，服务受益家庭 1300 多户，受益对象 20000 多人次。

针对脊椎重度损伤患者的"中途之家"项目也是基于外地的学习而设立的。根据访谈者的回忆：自从上海市残联的领导去外面学习后，我们和浦东新区就开始实施这个项目，这个项目其实是很难做的。当时浦东新区残联的领导也专门到我们这边来学习。你可以想象，浦东新区有这么多社会组织，他们还是到我们区来学习。[1]

（三）残联根据自身职能履行和业务提升需要设立的项目

残联历来重视残疾人的文体活动。地方残联通过残疾人的运动会以及各类文艺演出来展示我国残疾人事业所取得的成绩。组织残疾人进行文体演出成为残联工作的重要内容。艺术团项目是与残联工作内容紧密相关而设立的项目。

案例 2-3　艺术团项目

该项目主要是开展残疾人文艺活动，以身边的人和事为素材创编优秀艺术作品，每年定期进行残疾人艺术巡演活动，挖掘和培育残疾人艺术人才，展示新时代残疾人的精神风貌。W 区残联将残疾人艺术团的服务外包给两个不同的社会组织。残疾人艺术团 F 成立于 2008 年，主要演员来自中国残疾人艺术团以及上海本地的残疾人艺术爱好者，由肢残人、聋人、盲人组成。团内共有 8 人，其中团长 1 人、副团长 1 人、社工 1 人、会计 1 人，外聘 4 名专业艺术指导老师。另一家艺术团成立于 2013 年，在团长和盲人音乐人的推动下，成为由专业的萨克斯老师和专业社工为艺术梦想而努力的专业音乐社团。

残疾人艺术团 F 成员告诉笔者："一是艺术团的工作与残联的要求有时是会发生冲突的，因为艺术讲究的是真善美，残联会从成本收益的角度去看待项目的设计，包括演出次数、节目编排等。二是一些艺术演出的奖

---

[1]　见访谈记录 20150722C。

项是残联获得的，而不是社会组织，有种收编的感觉。"

（四）由残疾人及其家属提出而设立的项目

案例2-4　服务聋人的项目

当时聋人信访的情况比较多。主要原因是聋人能够工作，但沟通障碍较大。该项目致力于为394名听障人士搭建一个沟通、交流、学习和活动的平台，丰富他们的精神文化生活，使他们更好地融入社会。同时，这个项目成为听障人士与社会之间沟通的重要纽带。服务内容包括：每月开设2次手语培训班、组建一支摄影队、开展一次才艺展示等。社会组织A成立于2004年，开展残疾人康复服务需求调研和业务培训。该机构共9人，其中具有社会工作背景的社工有4人，一半以上的员工是本科及以上学历。项目主管分享说：2012年设立"聋人之友"项目，当时是创投项目，2013年就变为招投标项目。我们机构的手语老师负责这个项目，是南京特殊教育学院手语专业毕业的。

（五）由社会组织建议而设立的项目

案例2-5　为失独残疾人家庭服务的项目

我国从1971年开始实行计划生育政策，首批独生子女的父母已年迈。2013年，上海市妇联与复旦大学社会发展与公共政策学院围绕失独家庭展开调研，调研结果显示，目前上海失独家庭总量约为3.9万户，主要是中老年群体，50岁以上约为2.4万户，占总量的61.5%。[①] 养老问题成为失独家庭最为重要的问题。社会组织发现W区部分残疾人家庭也有这样的情况。2013年，项目组为全区25名失独残疾人家庭成员提供服务，具体包括为家庭解决一些实际困难、开展心理辅导等，重塑生活的信心和勇气。

---

① 《上海失独家庭约3.9万户　养老问题日益突出》，http://m.bjnews.com.cn/detail/155146759314077.html，新京报，最后访问日期：2024年12月10日。

项目的发起和立项实质上决定哪类残疾人可优先获得公共资金的资助，这是一个公共资源分配的过程。残疾人及其家属都认为各自提出残疾人的真实需求，希望由政府部门和残联立项资助。由于各方对服务需求的理解是不一样的，所以这五种情况之间是存在张力的。残疾人及其家属的真实且合理的需求政府未必能够完全满足。官办社会组织由于经常与基层政府接触，其对社会需求的研判与政府比较接近，开展工作的立场往往与政府也比较一致。

概括来看，多数公益项目是残联通过调研和相关政府部门要求而设立的，部分公益项目是基于自身业务需要设立的。残联在设立项目前也部分地从社会组织中了解到社区的需求。由残疾人提出而设立项目的情况在现实中存在但不多。由社会组织建议而设立项目的情况在实践中开始增加。社会组织具有发现社会需求的比较优势。随着公益项目的开展，社会组织对社区的需求也逐渐了解，社会组织尝试设立公益项目并得到残联的资助。

第二节 助残服务项目的实施

本节首先研究残联和社会组织在项目实施过程中的合作递送，特别是围绕社会组织在其中的角色展开。接着对社会组织和残疾人之间的合作关系进行探讨。与传统的助残社会服务体系相比，自从社会组织参与其中后，残疾人的角色开始发生变化，这是值得关注的现象。在此，社会组织直接服务于残疾人及其家属，大多由残疾人服务社构成，少数来自本区和外区其他服务类社会组织。

一 残联与社会组织的合作

（一）社会组织作为服务生产者

公共服务的生产是通过公益项目的实施得以体现的。在购买服务的情景下，残联主要提供资金，社会组织主要负责项目具体执行，这是既有的对于公共服务合供（Co-production）的初步认知。但这对于认识当前的助残社会服务体系正在发生的变化是不够的，实际的状况往往比我们想象的复杂得多。

公共服务递送过程开始于项目立项后。作为服务的直接递送者，社会组织在服务实施中的具体工作至少包括三个方面。（1）根据公益项目目标，进行服务对象需求调研，撰写实施方案。在残联发布公益项目的具体目标后，前来参加投标的社会组织一般会深入社区进行服务对象的需求调研，然后结合组织自身的优势进行实施方案的撰写。（2）根据具体实施方案，为服务对象直接提供服务。直接为各类残疾人及其家属提供具体的服务，比如为瘫痪在床的肢体残疾人定期上门擦身，为残疾人照顾者提供喘息服务等。（3）在支持类社会组织的指导下，撰写公益项目实施进程报告和特殊服务对象的个案报告。报告的撰写成为社会组织工作人员的常规性工作，以期不断解决服务对象的问题，真正提高社会服务的质量。

在公共服务的合作递送过程中，残联在其中的角色包括以下三个方面。

第一，提供公益项目设计时的基础数据。当残联设定公益项目的基本目标后，在一些社会组织进行公益项目需求调研时，残联会提供残疾人的基础数据。到目前为止，全国残疾人抽样调查只进行过两次，分别是在1978年和2006年。这些数据对于宏观上了解残疾人的生存状况是有价值的，但对于残疾人最新的状况，特别是详细的社区数据，是存在显著缺陷的。正是基于这点，各级地方残联每年有意识地收集和整理该地区残疾人的相关数据。如果社会组织缺少这些基本的业务数据，很多项目实施方案是很难设计的。

第二，提供公益项目执行之初的社区资本。社区服务的开展主要依赖居委会、村委会以及职能部门在社区的各个条线，当前社区成员对于社会组织和公益项目并不了解。社会组织的进入可能会引起以上这些单位的警惕，当社会组织在社区进行宣传和资源动员时尤其明显。笔者的调研表明，当社会组织借助区残联的名义介入后情况大有改观。为盲人提供服务的公益项目的负责人是这样告诉笔者的：

> 我们刚开始与居委会进行沟通，要求在社区招贴公告招聘志愿者加入我们的公益项目，居委会对我们组织是表示怀疑的，后来在我们的耐心解释下，说明这实际上是残联的项目，才允许我们在社区招聘志愿者。社会对残联的信任和对社会组织的信任是远远不一样的……企业老板在社会捐赠时，往往愿意捐给残联，而不是社会组织。①

---

① 见访谈记录20140711X。

从公益项目的志愿者招募来看，社会组织往往会借助区残联和社区居委会（村委会）的名义进行志愿者的招募工作，否则难以获得社区居民的信任。一位项目负责人这样告诉笔者：志愿者往往住在同一幢楼房，与盲人结对，平时会陪伴盲人去购物和散步，很显然这样的邻里志愿者对于社区社会资本增加是非常重要的。①

第三，提供公益项目执行时的服务网络。在社会组织出现之前，残联完全是依托体制内的助残社会服务网络开展服务的，包括五大专门协会、残疾人服务社、助残服务社、助残员等。社会组织在具体实施中不得不依赖这些组织和人员，因为他们更为了解本社区残疾人的生存与发展状况。一位项目负责人告诉笔者：

> 开展活动时，每个街镇一个志愿者和一个助残员，我们没有其他待遇，开展活动产生交通费，我们就给报销了。联络员基本上是助残员，对社区残疾人的情况比较熟悉，哪些人愿意出来参加活动，哪些人不愿意出来，他们都知道。②

（二）社会组织作为中介者

在公益项目的递送过程中，社会组织除了是直接的服务提供者之外，还是残联与残疾人之间的中介者。在公益项目实施的过程中，有一年两次的项目沟通总结会为各方的沟通提供机会。除此之外，社会组织本身就能发挥沟通平台的作用。当被问及社会组织是不是专门在一年两次的沟通会上反映服务对象的意见和建议时，一家社会组织的负责人这么告诉笔者：

> 会马上反映的，不可能等到项目总结会的。一般残联也会回复，比如这个问题残联正在考虑中，比如这个问题不属于项目的内容，比如这个问题属于街镇处理。我们不管做不做得到，首先要告诉相关部门，不能推托，我们是起中介作用的，他们的意见和建议没有地方去说，我们就反映，但不保证能否最终得以解决。③

---

① 见访谈记录 20140711X。
② 见访谈记录 20140703A。
③ 见访谈记录 20140711X。

可见，自从社会组织参与社会服务体系后，残疾人反映诉求的渠道增加了，而且他们能得到更快的回应。当然有时残疾人的诉求也会让社会组织为难，此时社会组织往往会站在残联的立场予以解释。残疾人对于服务的需求是变化的，容易提一些超出项目服务范围的需求。比如有残疾人朋友提出残联能否出面解决小孩上学问题、能否提供电动轮椅等。这时社会组织就会耐心地解释，残联可能无力解决这样的问题。[1]

（三）社会组织作为社会创新的试验者

以上是社会组织在合作递送过程中的常规性工作。有些服务类社会组织还是社会创新的试验者，社会企业的探索就是一个例证。残疾人就业一直是社会难题，在该区也是如此。自从2010年依托公益项目来提供服务后，残联就委托一家企业进行残疾人就业的探索，希望企业为残疾人就业探索出一条道路。但这一项目的成效并不理想。"阳光工坊"项目和"阳光食府"项目的推行，不仅是残疾人就业的良好探索，也开始实现社会组织自身的"造血"功能。

"阳光工坊"项目是2011年由残联设置的，由残疾人服务社承接。这是一个探索残疾人培训就业模式的项目，主要是通过依托该区传统特色黄草编织、竹刻来帮助残疾人创业。根据笔者的参与式观察，"阳光工坊"一楼是展示关于残疾人作品的门店，二楼用于残疾人的现场制作。据统计，截至2014年11月底，"该项目累计培训门店学员32人，其中已有12名门店学员通过2年的专业培训，在草编及竹刻老师全日制的指导下，熟练掌握技能，能够独立完成创作作品，并予以毕业。6名学员顺利进入指定加工场所工作，1名学员在家制作，还有1名学员进入私人竹刻工作室；4名优秀学员继续留任门店，他们作为'非遗'候选人跟随带教老师学习技能。在社会各界爱心人士的支持下，售卖金额累计达25万元"。[2]

尽管该项目的运作主要是残联的主意，但一旦社会组织承接项目后，项目管理和运作模式的探索则成为社会组织的任务。[3]该公益项目取得了良好成效，获得不俗的社会影响力。这不仅探索了一种可持续的残疾人就业

---

[1] 见访谈记录20140722C。
[2] 助残服务项目案例汇编。
[3] 见访谈记录20140718H。

方式，具有较大的示范性，为社会组织自身也提供了一个可持续的发展模式。"阳光食府"也是一个探索残疾人就业的项目，残疾人在小笼包师傅的带教下获得一技之长，实现自我生存与发展。社会组织承接了该项目，如何寻求外界的社会资源，如何找到合适的项目管理模式，这些都是社会组织正在努力解决的。

二 社会组织与残疾人合作的理想类型

在公共服务提供的情景下，合作治理的探讨必然涉及服务对象在其中的角色。本研究借用"合供"的概念分析服务对象在助残服务合作提供中的角色变化。合供意指公共服务的消费者参与公共服务的递送当中，最终改进服务质量。[1] 这是公共服务领域出现的一种发展趋势。

在埃莉诺·奥斯特罗姆（Elinor Ostrom）提出这个概念后，不少学者发展了这个概念。[2] 有学者通过综述性的分析发现合供有以下三种类型：消费者参与服务的最终生产、消费者参与服务的设计、消费者作为服务的创新者。其中第一种最为常见。[3] 实际上，这与斯蒂芬·奥斯本（Stephen P. Osborne）等的分类是类似的，通过整合公共管理文献与服务管理文献，他们提出了消费者式合供（Consumer Co-production）、参与式合供（Participation Co-production）与创造性合供（Enhanced Co-production）三种类型。[4] 消费者式合供是由服务生产与消费的不可分割性决定的，主要特征表现为消费者在服务提供的基层操作化阶段的参与；参与式合供是通过参与机制来改进现有公共服务的质量，主要是在服务提供的战略规划与设计阶段的参与；而创造性合供试图结合以上两者，包括服务提供的战略规划与设计阶段以及基层操作化阶段，从而挑战现有服务生产范式。

在残联以购买服务方式向残疾人提供服务的过程中，社会组织与残疾

---

[1] Elinor Ostrom, (1996), "Crossing the Great Divide: Coproduction, Synergy, and Development," *World Development* 24 (6): 1073-1087.

[2] 比如欧洲的 Victor Pestoff、Stephen Osborne、Tony Bovaird，澳大利亚的 John Alford。

[3] W. H. Voorberg, V. J. J. M. Bekkers and L. G. Tummers, (2015), "A Systematic Review of Co-Creation and Co-Production: Embarking on the Social Innovation Journey," *Public Management Review* 17 (9): 1333-1357.

[4] Stephen P. Osborne and Kirsty Strokosch, (2013), "It Takes Two to Tango? Understanding the Co-production of Public Services by Integrating the Services Management and Public Administration Perspectives," *British Journal of Management* 24 (S1): 31-47.

人之间的关系是决定公共服务最终落地的关键。在传统的助残社会服务体系中，残疾人往往是被动的服务接收方，而在社会组织参与的情况下，残疾人的角色发生了微妙的变化。一般地，社会组织在承接政府资助的公益项目时，往往由政府提出公益项目需要实现的具体目标，社会组织负责具体实施方案，包括公益项目实施方案的设计和执行两个环节。在这个过程中，服务对象在多大程度上参与社会组织公益项目的设计和执行是值得关注的，这直接决定最终公共服务递送的质量。

社会组织公益项目的设计和递送是复杂的。在本研究中，以残疾人（家属）参与社会组织公益项目的设计和递送为分类标准，标准一是指社会组织设计项目、社会组织和残疾人（家属）合作设计项目，标准二是指社会组织递送项目、社会组织和残疾人（家属）合作递送项目，那么社会组织和残疾人的合供可以分为三种理想类型（见表2-2）。在实际的合作过程中，残疾人（家属）参与项目的设计和（或）递送往往只是程度上的差异。

表 2-2 社会组织和残疾人（家属）合作的类型

分类标准	社会组织设计项目	社会组织和残疾人（家属）合作设计项目
社会组织递送项目	多数公益项目	"中途之家"项目（类型2）
社会组织和残疾人（家属）合作递送项目	"牵手行动"项目（类型1）	"睦邻点"项目（类型3）

资料来源：笔者自制。

社会组织设计项目同时递送项目，服务对象只是作为被动的服务方，没有参与其中，故不构成合供关系。这在传统的助残社会服务体系下是比较普遍的。随着社会组织参与服务提供，残疾人及其家属开始参与公共服务的设计与递送，这是公共服务领域值得关注的现象。类型1是社会组织设计项目，社会组织和残疾人（家属）合作递送项目。类型2是社会组织和残疾人（家属）合作设计项目，社会组织递送项目。类型3是社会组织和残疾人（家属）合作设计项目，社会组织和残疾人（家属）合作递送项目。

结合已有学者对合供的分类，类型1属于消费者式合供，而类型2和类型3则构成参与式合供。但正如笔者在上述所提，残疾人及其家属参与的边界往往是比较模糊的，类型3的合供实际上已经呈现创造性合供的特征。以下首先简单介绍"中途之家"项目、"睦邻点"项目以及"牵手行动"项目，然后从对这三个项目的比较来看不同合供的特点，最后就"中途之家"项目的运作模式进行区域的比较，来说明个案研究中呈现的参与式合供的价值。

三 社会组织与残疾人合作的比较分析

社会组织参与后，作为服务对象的残疾人及其家属在助残社会服务体系中的角色开始发生变化。以下通过三个公益项目中残疾人及其家属角色的变化，来说明社会组织和残疾人之间的多种合供形态及其产生的原因。有必要指出的是，在多数公益项目中，残疾人还是作为被动的服务对象，并没有参与最终服务的递送过程。类型1的典型例子是"牵手行动"项目中的合供。项目服务对象是长期卧病在床的残疾人，服务内容包括提供一次性卫生用品、康复锻炼服务、精神慰藉服务等，主要目的是提高残疾人的生活质量，同时降低残疾人家庭的生活负担。由社会组织设计具体的实施方案，在执行项目过程中需要家属的配合。类型2的典型例子是"中途之家"项目中的合供，类型3的典型例子是"睦邻点"项目中的合供。

（一）"睦邻点"项目中的合供

1. "睦邻点"的理念与兴起

2007年，一对空巢老人找到社区居委，主动提出要在自家的住所内设点开展邻里活动。W区的中心城区街道创造性地搭建了基层治理的载体"睦邻点"。2009年，上海市民政局在街道召开"睦邻点"建设现场推进会，来自民政部、市民政局以及全国各地的专家学者与会。很快"睦邻点"开始在全区推广。"睦邻点"公益项目是按照"活动自行设计"、"人员自行组合"和"负责人自行推荐"的形式运作的。睦邻运动创造了以特定社区为工作对象的社会工作方法。在睦邻运动中同时运用个案、小组和社区工作法。社区居民自身组织起来，构建新型邻里关系。

W区各镇、街道共有社区"睦邻点"318个。在丰富残疾人精神文化生活、开展心理慰藉、化解残疾人矛盾等方面发挥积极作用。"睦邻点"包括地缘型（邻里之间相互关照）、趣缘型（兴趣爱好相投）、志缘型（对于社区公共事务志向相同）、业缘型（职业或生活境况相近而互相慰藉帮助）等类型。"睦邻点"活动大致包括志愿服务类、文体活动类、小组学习类、助残服务类。"睦邻点"在街镇的指导下定期开展活动。一般而言，全年活动不少于 4 次，活动参与者不少于 10 人，其中残障人士占比≥80%，健全人士占比≤20%。在全区 318 名"睦邻点"负责人中，残障人士有 140 人，占比 44%；健全人士有 178 人，占比 56%。W 区各社区"阳光睦邻点"团队成员有 5946 人。有 30 个"睦邻点"属于示范性"睦邻点"。

2. "睦邻点"项目设计和递送中的合供

该项目由残疾人服务社 D 承接，2013 年只在 6 个街镇开展，后来扩展到 12 个街镇。"睦邻点"是社区内由残疾人自行发起的自组织。"睦邻点"既有按照地域来划分的，也有按照残疾人的兴趣来划分的。负责人告诉笔者：

> 2013 年"睦邻点"项目是创投项目。当时只在六个街镇开展项目活动，很受残疾人的欢迎。我们镇的"睦邻点"是有名的，去年评上了全国的奖，但是考虑到稳步推进，所以只做了一半的街镇，其他的街镇没有"睦邻点"这个项目。2013 年除了我们镇做项目之外，残联也要求在其他街镇做这个事情，做得好的也有，做得一般的也有，今年就变成招投标项目了。

从项目的实施内容来看，包括"睦邻点"活动开展和"睦邻点"骨干分子培训，以前者为主。不管是实施内容的设计还是递送，基本是由社区内残疾人及其家属进行的。社会组织在其中起引导作用，"睦邻点"是一个残疾人参与度很高的项目。项目负责人告诉笔者：

> "睦邻点"的基本定位是秉持六个"园"，残疾人朋友的开心园、舒心园、康复园、议事园、展示园和爱心园……我们要求活动自行设计，人员自行组合，负责人是自行推荐的，不是我们指定的，活动地点自己确定，同时社区党组织与居委会引领。①

从社会组织对"睦邻点"的定位来看，更多是希望残疾人的生活能够

---

① 见访谈记录 20140724D。

回归社区。那么议事园的定位又是基于什么样的考虑呢？"睦邻点"是否取得了预期的效果？项目负责人这样告诉笔者：

> 残疾人的想法，政府没有办法了解，我们起中介作用，我们通过项目组跟残联反映，残联在下年度制订计划的时候会有所考虑，有些要求是符合实际的，有些是没办法实现的，通过我们平台转交给残联。有些政策，残疾人并不知道，同时残联在制定残疾人政策时，也要知道残疾人的需求，这是我们要搞议事园的原因……我们的一个示范性"睦邻点"，中国残联和市残联都来调研了，这个点不需要居委会的设计，是靠成员互相出主意的……不少残疾人走出了家门，融入社区生活，产生了不错的社会影响力。[①]

以下以"幸福之家"示范性"睦邻点"为例，说明自组织的形成与功能发挥。

2013年3月，"幸福之家"正式成立，负责人由该"睦邻点"成员推荐自主决定，同时她也是社区活动的积极分子。每次活动她都充分准备，提供丰富的活动内容。其家人也非常支持她，关于"睦邻点"的活动，她父母、外甥女都会帮她一起出主意。该"睦邻点"的其他成员也是各具特色、各有所长。肢体四级残疾的小学退休老师，经常邀请"睦邻点"成员来她家中活动，她烧得一手好菜，去年还在她家拍摄了宣传录像片；还有喜欢唱歌的朋友L等。从成员来看，自组织的发起往往由一个社区积极分子带头，然后在其感召下，其他具有相同兴趣和生活境况的人也会参与进来。其中，家人的支持往往是残疾人生活的重要动力。

那么他们平时都做些什么活动呢？他们每月至少召开两次活动，能够做到自行组织、自我管理。有时候他们会邀请其他"睦邻点"志愿者一起，志愿者也会准备丰富多彩的小游戏和大家互动。有时他们会组织在"睦邻点"成员家里活动，2013年大家还聚在一起多次烹饪一些美食，共同分享。我们社区居委会也会借助这个"睦邻点"平台为大

---

① 见访谈记录20140724D。

家进行宣传教育，比如食品安全、健康预防等。

"睦邻点"项目能够可持续地运作下去，负责人自行推荐起到了重要作用。残疾人服务社负责人告诉笔者：

> "睦邻点"中有残疾人，也有健全人，这是为残疾人考虑的。健全人是志愿者，最关键的是安全问题，每个"睦邻点"中有30%的健全人。①

"睦邻点"活动产生了不俗的社会影响，上级残联也前来参观调研运作经验。之所以引起关注是由于社区和残疾人的关系发生了微妙变化。这在传统助残社会服务体系中是少见的：该"睦邻点"经常开展活动，对本社区其他"睦邻点"起到了示范性作用。通过活动，大家进一步融入社会生活，提升大家生活幸福感。② 正如这个"睦邻点"的名字一样，"幸福之家"已成为残疾人和残疾人之间、残疾人和志愿者之间，还有残疾人和社区之间的家。③

3. 疫情防控中"睦邻点"发挥不可替代的作用

从组织类型来看，"睦邻点"属于自组织。自组织团体在疫情防控期间主要提供了四种服务。④集体合供（Collective Co-production）要求全体居民减少外出，部分居民被强制隔离，这给残疾人的生活带来了各种困难。在这种情况下，自组织团体的成员积极提供必要的服务，弥补了正式服务提供体系的空缺。从合供的角度来看，这些互助行为可以看作一种以残疾人利益为主要关注点的团体合供（Group Co-production），可以解决集体合供带来的意想不到的后果。根据访谈和观察，自组织团体提供的服务主要有四种类型，其中前两种类型提供的频率较高，而后两种类型提供的频率较低。

---

① 见访谈记录 20140724D。
② 助残服务项目案例汇编。
③ 助残服务项目案例汇编。
④ Ting Zhao et al.，（2024），"Resolving the Unintended Consequences of Collective Co-Production Through Group Co-Production: A Case Study in Shanghai," *Humanities & Social Sciences Communications* 11（1）：1-11.

第一种服务主要是满足疫情防控期间残疾人的生活和防疫需求，77.0%的受访自组织团体提供此类服务。例如，一些自组织团体的成员开展消毒活动。各小区公共区域的电梯、走廊、健身器材、门把手等，每天多次擦拭消毒，控制疫情。他们还主动为行动不便的残疾人购买口罩。2020年2月，一些自组织团体邀请医生分享疫情防控知识和信息。一位视力障碍志愿者在简短的工作报告中谈到了这一点："我是一个生活在这个社区的普通居民。目前国内疫情形势严峻。这种志愿服务是我应该做的。"

自组织团体不仅提供防疫服务，还积极关注残疾人的日常生活需求。例如，团体中的一些成员为大约70名老人和养老院的残疾人提供理发服务。一位志愿者成员分享道："虽然我是残疾人，但我自学了理发，成为一个能为他人服务的人。在帮助别人的过程中，我找到了快乐和意义。"另一位志愿者也说道："春节和周末期间，社区工作者忙于防疫工作，甚至没有时间休息。我为他们理发，帮他们减轻了一些负担。"

2020年5月，上海经济社会恢复正常，"睦邻点"开始举办更多的面对面活动，如防疫和健康知识讲座，分享隔离期间的压力管理技能，以及疫情防控期间的情感支持等。在街镇层面，政府举办了志愿者与疫情防控摄影比赛，宣传志愿者参与疫情防控的故事。本次比赛共有63名选手参加，其中包括36名残疾人、19名残疾人社区工作者和8名残疾人志愿者。一个"睦邻点"还组织了剪纸活动。

第二种服务主要针对疫情防控期间面临较大困难的残疾人，为其提供如常用药品采购、心理咨询等支持和帮助。本研究的调查显示，79.0%的受访自组织团体提供这种类型的服务。一位领导分享说，他们所在社区共有104名残疾人，其中14人存在精神健康问题。她尝试了解这些人的具体情况，并收集他们的需求。对于有精神问题的残疾人来说，按时服药非常重要，因此疫情防控期间，一些志愿者主动帮助他们购买药品。另一个社区的自组织团体志愿者则来到一位中度肢体残疾、独居的残疾人家中，为他的房间清洁和消毒。志愿者多次向社区医生咨询护理知识，并在疫情期间悉心照顾他，确保他的健康得到了保障。另一个代表性案例是一名有精神问题的残疾人，他怀疑自己感染了新冠病毒，决定去武汉看病。在被家人拦住后，他以跳楼威胁他们。一个自组织小组的成员帮助他冷静下来，然后邀请他去附近的自组织小组做编织稻草的活动。经过几次沟通，他的情绪逐渐稳定下来。

  第三种服务是为自我隔离的残疾人提供食物和生活用品。新冠疫情防控期间,我国实施了严格的隔离政策。这给一些残疾人的生活带来了很大的困扰。为了解决这一问题,26.0%的受访自组织团体为他们提供食物和生活用品。例如,有一名残疾人在疫情防控期间从其他城市回来,需要在家中隔离,而他常年独居且没有家人可以依靠。同一社区的自发组织成员了解到这一情况后,给他送了一些生活必需品。在隔离期间,居住在社区的另一位四级身体残疾的残疾人为他制作了一些当地特色食物。这种服务既有利于残疾人主动进行自我隔离,保障防疫需求,又有利于残疾人与社区保持联系。

  第四种服务是捐赠金钱和物品来帮助别人。前三项服务由残疾人直接提供。但考虑到一些残疾人行动不便,所以一些互助是通过捐赠实现的。调查显示,31.0%的受访自组织团体通过捐赠帮助有困难的人。残疾人联合会的一份简要工作报告记录了一个故事。一个身体残疾的人,没有孩子,挣扎着独自生活。但他仍然向当地社区捐赠了200元,以帮助预防和控制疫情。他说:"疫情发生以来,我一直在关注一线的各种报道,看到奋战在抗击疫情第一线的医生、警察和社区工作者,我深受感动。本来我是由国家和社区照顾的,现在我也在尽自己的一份力量。"一个志愿者小组的负责人也分享说:"我尽我最大的努力去帮助别人。"

  为不同类别的残障人士提供服务的方法主要是通过线上和线下两种方式,并通过自组织的残疾人团体进行合作生产。根据访谈,90.0%的自组织小组负责人提到他们通过电话和微信等社交网络平台与他人互动,56.0%的自组织小组负责人提到他们通过家访与他人互动。造成这种差异的原因是不同类型的残疾人应对数字鸿沟的能力,正如一个自组织小组的负责人所分享的那样:"不同类型的残疾人有不同的情况。"

  年轻人倾向于在网上寻求生活援助和情感支持。许多自组织团体成员使用微信进行互动。一位社区自组织团体成员分享说:"我们有一个微信小组,教残疾人做稻草编织和有氧运动。"另一位自组织团体成员分享道:"在微信小组里互相交谈对我们来说既方便又放松。"一个自组织团体举办了网上唱歌活动,吸引了许多残疾人及其家人参加,还有一个自组织小组开展了在线健身活动。这些活动不仅释放了残疾人的压力,也促进了他们之间的友谊。

随着信息技术的进步，残疾人更有可能参与合供。但对于残疾人来说，数字鸿沟也是一个普遍问题。正如 W 区的政府官员分享的："我们的许多残疾人都是老年人。在 2000 多名残疾人中，超过 1500 人是老年人。"这些人可能很难适应在线交流。此外，其他残疾人，如智障人士和盲人也陷入了同样的困境。尽管如此，在疫情防控期间，自组织团体成员仍尽最大努力为残疾人提供面对面服务和在线服务。

（二）"中途之家"项目中的合供

该公益项目为重度脊髓损伤者提供综合服务，由残疾人服务社负责具体实施。服务社在 2011 年承接项目时在 W 区 6 个街镇进行了试点，从第二年开始实现全区 12 个街镇全部覆盖。从服务的内容来看，主要是提供有针对性的康复指导和咨询，定期开展伤友交流活动。对于该社会组织而言，康复服务的提供主要是与附近的一家康复医院合作，而伤友及家人的互动活动则是在社会组织的引导下开展的。

这是社会组织和残疾人共同设计并由社会组织执行的公益项目。随着项目的开展，伤友互助小组和家属小组成为该项目中重要的部分。伤友及其家人从被动接受服务，到主动设计活动内容。公益项目负责人这样描述伤友发生的变化：

> 这些伤友有时有自卑感。现在一些伤友开始走出家庭，走进社会。在这些伤友当中，11 人是比较活跃的，会自己组织活动，我们最早是社工参与活动，现在是他们自己策划活动，端午节包粽子之类的，伤友互助小组，他们自己在做。这个伤友互助小组很活跃，他们认为每月一次活动太少了，想增加次数。他们在互助过程中找到了自我的价值，他们感觉自己是有能力的人。我们小组几个领头的伤友，每次活动拍照片，刻成光盘，分享给其他没去参加活动的人，让大家感受到这个大家庭的温暖。
>
> 在建立伤友互助小组后，伤友的家属也成立了小组。我们希望家属走出来，出去跳跳广场舞，情绪好点，他们好，我们的服务对象才能真正好。我们搞一些活动，比如学习拔罐，然后让他们把这项技能带回去。有些家属比较乐观，会去帮其他人，这个就是互助

的理念。这两个组长，由被服务的对象变成了小组长。根据社工基本理念，我们要退出一线，要服务对象与家属自己解决这个问题。

中国残联要求上海在照顾脊椎损伤者、提供服务方面进行探索。2011年，市残联要求上海市几个区县对此进行试点，W区也是其中之一。[①]据统计，截至2013年11月，上海市17个区县均建立了脊髓损伤者"中途之家"，注册成员达600余人。从各区的运作来看，有三种服务模式。第一种是残联和社区运作，一般是由区残联康复科直接领导安排工作，由所在的街镇来具体实施。比如静安区、长宁区等都是这种模式。第二种是委托社会组织运作。也就是通过政府购买服务的形式由社会组织来进行提供。比如浦东新区、闵行区、W区是这种模式。第三种是委托肢残人协会。区残联康复科负责制定制度和管理经费，由区肢残人协会负责日常活动的安排，虹口区和普陀区就是这种模式。

从实践来看，后面两种模式相对比较有效。如果只是委托社区的助残员，是难以真正做好的。从社会组织和肢残人协会的运作来看，调研报告是这样分析的：因为脊髓损伤康复工作是一个专业性比较强的工作，又是一个新的工作，社会组织对这一工作也有一个认识、熟悉和适应的过程。如果社会组织专业性不强，工作人员责任心不够的话，效果也不够好……由于肢残人协会与伤友有密切的联系，具有调动伤友积极性的优势，便于与市肢残人协会脊髓康复委员会沟通和接受指导，同时，肢残人协会又有组织社会活动的经验，因而取得较好的效果。可见，承接组织的专业性是"中途之家"项目运作好的关键因素。而社会组织之所以能够取得良好的效果，是因为其发挥了一定的专业性。

除社会组织外，还出现了不少互助小组。全市建立了20个康复小组，它们已经成为一支较强的伤友骨干队伍，小组成员通过网站、热线电话等形式服务伤友。换句话说，在社会组织和肢残人协会参与的情况下，出现了不少互助小组，是前者促使了后者的产生。伤友骨干也参与到这个群体服务的设计和执行当中，广义上构成了消费者式合供和参与式合供，但参与的程度不同。

---

① 数据来自上海市肢残人协会主笔的《上海脊髓损伤者康复状况及肢残协会发挥作用情况的调研报告》。

通过对以上项目所对应的不同合作类型进行比较,得出以下研究结论。

第一,从残疾人(家人)参与的特点来看,"牵手行动"项目的实施内容是完全由承接该项目的社会组织根据服务对象的需求分析进行设计的,但在设计过程中并没有任何资料显示残疾人的主动参与,家人是参与服务的执行过程中的。这属于消费者式合供。不同的是,"中途之家"项目和"睦邻点"项目中残疾人的参与是积极主动的。在"中途之家"项目中,伤友专门成立了互助小组,向社会组织提议要求举办活动,在项目最终实施方案的设计,特别是互助小组活动的开展上,具有较大的决定性。在"睦邻点"项目中,残疾人及其家属在设计和执行项目上决定权则更大。

第二,从残疾人(家人)参与的客观原因来看,"牵手行动"项目中残疾人家属之所以参与项目的执行,是因为服务的落地客观上需要家人的协助。社会组织派专业的社工进行现场的技术指导,同时送上相关的物资。家人的参与更多是从服务落地的客观要求出发的。如果完全依赖专业社工上门服务,则会大大增加服务成本。在"中途之家"项目和"睦邻点"项目中,服务对象及其家人的参与则更多是从参与改进服务质量的角度出发的。

第三,从不同类型合供效果的影响因素来看,除了上面提及的残疾人(家人)参与的因素(服务落地的客观需要、降低服务成本、参与改进服务、专业社工理念等)外,还包括公益项目的自身管理。"睦邻点"在开展活动过程中,要求活动自行设计、人员自行组合、负责人自行推荐、活动地点自行确定,同时社区党组织与居委会引领。社会组织给予活动设计和执行的自由空间,使得残疾人愿意参与这样的活动。

第三节 助残服务项目的评估

一 第三方评估的探索

目前助残服务项目由一家当地高校社工系教师发起成立的社会组织来进行评估。从评估的具体活动来看,包括评估前动员、中期评估和终期评估。每次在进行评估前,第三方评估机构会与承接公益项目的社会组织进行沟通,征求具体的意见和建议以完善评估指标体系。每年评估的结果作为残联对社会组织的考核。总体上，评估指标体系逐渐完善，评估机制也逐渐规范。

社会服务的评估并不容易。评估方对公益项目的评估，以及政府与第三方评估机构的合作需要一个磨合过程。在评估过程中，部分社会组织对残联采取的评估方式颇有怨言。不少人抱怨项目评估对社会组织工作造成的压力，而且有些评估指标的设计是"不接地气"的。有社会组织负责人谈到了"接地气"还是"专业化"的问题：

> 有时专家来评估项目，对我们来说准备材料是一个很大的负担。如果现实完全按照这个来运作的话，是不具有可操作性的。助残服务还是靠有爱心的人去做。第三方评估在实践中未必是合适的。做基层的工作，特别是残疾人的服务，要"接地气"。[1]

多数社会组织认同这一做法。以下几位社会组织从业者的观点具有代表性。一是认为可以理解残联领导的初衷。有人认为关键是如何正确看待评估，评估材料做得好的机构并不意味着实际做得好，但评估资料做得不好的草根类组织肯定不能证明其在实际中做得很好，残联与社会组织都要正确看待评估。有访谈者认为：

> 关于评估指标，从理论上说是有意义的，能带动这些组织的规范化；但是从实际上说，应该要梳理清楚，短期间内的作用不会很大……短时间内还是抵挡不过行政上积累下来的根深蒂固的一些东西。这个跟残疾人服务社的"连体婴"一样，要忙于应付了，区社团局、区残联、街道残联都要来管我们。[2]

二是评估方与被评估方不要放在对立面。政府应该把评估看作促进社会组织发展的手段。

> 草根组织材料做得不好，不能说他不好，但也不能说他好；专业

---

[1] 见访谈记录 20140724D。
[2] 见访谈记录 20140722C。

社会机构材料做得好，不能说他不好，但也肯定不能说他好。政府购买服务与社会组织发展本身是在探索发展中的。不是去简单地说好与不好，而是应该从评估方与被评估方之间是培育与被培育的关系来看。评估方要定位好，我们是来一起探讨成长之路的，这个理念是需要传播的，我们不是来评高低的，而是从评估促进社会组织发展的角度来看待的。①

一些社会组织看待第三方项目评估的态度说明了双方实际上是互相理解、共同提高的学习伙伴。有社会组织负责人告诉笔者：

关键是不要把评估结果简单化与机构工作成败联系起来。评估的结果是作为机构成长（的依据），我是这么看的。区民政部门与残联这几年的评估工作，对推动机构发展是有帮助的，因为有些确实是我们自己也不知道要规范的东西。②

第三方评估是社会服务领域比较常见的做法。之所以在实践中产生争议，是因为我国社会工作的发展历史并不长，政府与社会工作的从业人员对此的认识还比较初步。具体来看，20世纪80年代后期，我国的残疾人社会工作在社会政策和社会组织层面得到快速发展，但从残疾人服务角度来衡量，不仅区域发展不平衡，实际的服务供给也无法满足残疾人的需求，特别是专业化的服务需求。③社会工作在大陆的发展有其本土化的特征，其独立性很容易受到政府的影响。社工往往在一定的意识形态基础上开展活动，有时社工的立场与残联很一致。对于社工而言，这也是一个不断认知和实践的过程。同时，部分社工也提到："残疾人工作越来越得以重视，但专业社工的数量远远不够。残联希望有这样的人才加入进来。尽管现实中社会工作的开展有很多限制，但政府和残联提供了诸多支持，政府和社会工作发展是一个不断互动合作的过程。"④关于社会工作的"接地

---

① 见访谈记录 20140724D。
② 见访谈记录 20140724G。
③ 马良：《中国残疾人社会工作历史、现状与发展趋势分析》，《残疾人研究》2013年第1期，第41页。
④ 见访谈记录 20140711X。

气"，实际上残联也在不断探索中。不管是浦东新区，还是深圳市，残联都是借鉴性地学习其基本理念和操作手法，而理事长甲认为深圳市对于社工的培育和制度激励并不完全适合上海，这似乎也部分解释了为何深圳社工机构 F 在一年期项目结束后就离开了上海。"深圳的社工模式是政府出人员的工资，然后社工是可以流动的。我们不能这么做。"①

二　助残服务项目评估指标体系及应用

当该区进行改革时，在上海几乎没有现存的指标体系可供参考，所以设计适合于该区的助残项目评估指标体系是一项挑战。2010 年，当时主要是通过服务对象和家属对项目进行无记名评价，从项目满意、安全、有效、使用资金合理、沟通顺畅等五个方面进行全面评估。② 2011~2012 年，本地支持类社会组织 A 与残疾人服务社 X 一起评估时，后者曾邀请高校的专家进行指导，并提供了初步的评估方案。后来，作为一家专业的社工机构，深圳社工机构 P 为助残公益项目提供了一套评估框架体系，但还是初步的，并没有具体化到指标。

2014 年，残联引进了当地一家社会工作评估事务所进行评估，目前已经制定了《区助残服务项目评估指标体系》。③据了解，该评估指标体系依据上海市《社区公益服务项目招投标指南》、上海市《残疾人养护机构服务规范》以及其他专业机构制定的相关标准编写而成。该评估指标体系由三级指标组成，其中组织能力、项目团队、项目实施与完成情况、项目成效、财务状况构成一级指标。这个评估指标体系与之前的评估框架相比有很大的变化，而且残联培育与规范社会组织的特点比较明显。其中，组织能力和项目团队指标的设计都是残联从培育社会组织的视角而设定的。除了评估体系外，该社会工作评估事务所和其他社会组织参与了助残服务各类标准的制定，比如康复服务和就业服务标准等。

财政部于 2020 年 2 月出台了《项目支出绩效评价管理办法》，这涉及行业服务评价与财政资金使用评价间的权衡。④ 项目支出绩效评价要对项

---

① 见访谈记录 20150210 甲。
② 助残服务项目案例汇编。
③ 助残公益服务项目评估手册。
④ 徐金凤：《政府购买助残服务第三方评估的案例实践》，《残疾人研究》2021 年第 4 期，第 85 页。

目支出的经济性、效率性、效益性和公平性进行客观、公正地测量、分析和评判，要突出结果导向，财政和政府评价应优先选取最具代表性、最能直接反映产出和效益的核心指标，原则上产出和效益指标权重不低于60%，应提高财政资源配置效率和使用效益。

残联将第三方评估的结果作为次年选择社会组织的重要参考。一般而言，公益项目的评分较高，次年更容易承接该项目，如果评分较低，残联则给承接项目的社会组织亮黄牌甚至是红牌。根据《W区助残公益服务项目招投标实施意见》的规定，一旦评估低于70分，次年就取消参与竞标的机会。但其并不是唯一的标准。残联将第三方评估作为促进社会组织规范内部管理和改进社会服务递送的手段。合作治理中的激励与惩罚主要是通过评奖与排名实现的。在实际运作中还有各种人为因素影响评估结果。

本章小结

助残服务社会化改革启动后，首先是设立项目。残联一方面需要关注既有的法律法规体系为创新改革寻求合法性，另一方面需要突破一些既有规定，并进行因地制宜的制度设计。助残服务项目的发起和设立分为自上而下和自下而上两种方式，具体设立分为五种情况。既有上级残联要求设立的项目，也有区残联由于工作开展需要设立的项目，还包括由社会组织和残疾人推动设立的项目。社会组织和残疾人发挥的角色比较有限。这不完全是由于残联不愿意或限制社会组织和残疾人的参与，而是由于多数服务类社会组织的能力不足。在改革初期，残联专门设立由残疾人服务社承接的"议事厅"项目来征集残疾人及家人对残疾人工作的意见和建议，但由于残疾人服务社缺乏协商议事以及有效整合多元意见的能力，项目运作并不理想。

项目实施是合作提供服务中最为核心的环节，直接决定助残服务项目实施的效果。社会组织需要按照项目实施方案严格执行。从残联和社会组织的合作治理来看，社会组织除了作为服务的生产者，也是残联和残疾人之间的中介者。随着残联设立各类公益项目，社会组织成为残联和残疾人之间沟通对话的桥梁。社会组织还是社会创新的试验者，为残疾人就业问题的解决进行探索。从社会组织和残疾人的合作治理来看，一些项目的有效运作离不开服务对象的积极参与，不少残疾人及其家属积极参与到助残服务项目的规划、设计和递送中。从"睦邻点"等项目的跟踪研究来看，合供在基层治理中发挥着积极作用。

项目评估是合作提供服务过程中的最后环节。本地支持类社会组织积极探索助残社会服务项目的评估指标体系，进一步完善评估机制，发挥了治理的角色。除了支持类社会组织的专业评估，残联还聘请会计师事务所对助残公益服务项目资金运作进行审查，推动项目健康运行。支持类社会组织参与项目评估对于残联的合同管理具有两方面的影响。第一，残联意识到第三方专业评估是重要的。评估是合同管理的重要抓手。评估结果成为残联评价和激励社会组织的重要手段，也是次年公共服务政策过程的重要参考。第二，应该积极探索参与式和陪伴式评估，这是未来发展的方向。残联希望第三方评估机构探索参与式评估，全过程参与各个项目的实施，提升服务类社会组织提供助残服务的专业化水平。参与式评估中残疾人的角色是不可缺少的。残疾人参与评估不仅可以更好地了解公益项目的实际运作，更为重要的是可以培养残疾人的公民意识。总之，残联和支持类社会组织逐渐达成共识，不能只关注评估结果，还应该关注社会组织专业化服务能力是否提升以及服务对象是否真正发生变化。

从资源依赖关系来看，残联和社会组织在资源上是互相依赖的。从互依型合作治理视角来看，残联除了提供资金外，还提供服务的网络、残疾人的基本数据、初始的社区资本。由于原有的助残社会服务系统主要是由残联搭建的，所以当社会组织进入社区执行公益项目时，需要借助原有助残社会服务体系的资源。不少学者认为这些服务类社会组织的大部分资金来自残联，所以更多是社会组织对残联的依附关系。实际上从助残社会服务体系的变迁来看，一些服务类社会组织正在转型。社会组织探索残疾人就业的个案表明部分社会组织已经意识到完全依赖于公共资金的局限性。

从权力关系来看，支持类社会组织由于较强的专业服务能力参与了项目评估、社会服务市场的培育等工作，提升了残联的合同管理能力。而多数服务类社会组织（以残疾人服务社最为典型）由于专业服务能力较弱，难以参与政策过程。总之，部分社会组织逐渐实现从服务向治理的转变。从现有的助残社会服务体系来看，残疾人不再是个体状态，而是出现了多种互助小组形式。残疾人也不再是被动的服务方，而是实现从纯粹的受助到自助和助他的转变，甚至有服务对象在残联的鼓励和支持下成立了公益机构。

第三章
助残服务合作供给的多元影响

第一节 地方残联角色转变的影响

助残服务社会化改革产生了积极的影响。上海市残联前理事长丙的评价较为全面,他认为W区残联的改革使用残疾人就业保障金撬动了社会力量……基本符合残疾人事业法治化、制度化、社会化、专业化、类别化、系统化的发展方向。[①] 残联具有代表、服务和管理残疾人的基本职责。在采取购买服务的方式之前,残联更多发挥的是管理职能,服务和代表的职能较弱。但采取购买服务后,残联服务残疾人的能力得以提升,相应地,其代表能力也得到提高。具体来看,地方残联的角色实现了从运动员到教练员的转变,以及从运动员到裁判员的转变。

一 地方残联从运动员到教练员的转变

(一) 培育社会服务市场要素

在购买服务的情景下,合同管理是最为基本的管理方式,是指购买主体对承接服务的社会主体通过契约的形式进行管理,以实现合同的约定。囿于公共服务市场不成熟、社会主体缺乏、竞争不充分等多种因素,市场和社会赋权显得尤为重要。以政府购买社会组织公共服务为例,衡量服务市场的成熟度的因素主要包括具有相当数量可供选择的社会组织、社会组

---

① 见访谈记录20141124丙。

织具有一定的服务水平、社会组织具有功能分化的特征、社区和志愿者的支持等。这些要素构成政府购买服务实践取得成功的基础条件。社会组织的数量、类型、专业化水准等直接影响购买服务实践，笔者称之为社会服务市场要素。

囿于社会组织的数量不多，符合资质条件和具有专业能力的社会组织更少，残联不得不发挥教练员的角色，对社会组织进行能力建设。社会服务市场要素的培育是推动助残服务社会化改革可持续发展的重要条件。2011年6月，区残联推动成立助残社会组织孵化园，这是全市第一个助残类的孵化园。孵化园的基本职能包括培育和扶持助残社会组织、为助残社会组织提供能力支持、促进助残社会组织健康成长、组织助残社会组织开展回报社会活动、为助残志愿者提供实践园地。[1] 这是政府、残联、社会组织和残疾人沟通互动的平台，有利于更好地服务残疾人。

作为地方政府培育社会组织的重要方式，建立社会组织孵化园已成为我国社会治理领域一项具有普遍性的实践做法。社会组织孵化园也被称为社会组织孵化器（Nonprofit Incubator）、社会组织孵化基地。社会组织孵化器是基于企业孵化器的理念建立起来的。近年来，地方政府借鉴企业孵化的理念并将其应用于公益慈善领域，使孵化成为地方政府培育社会组织发展的新方式。有研究者做了一个形象的比喻，以微观生态学为视角，把公益组织孵化器视为"实验室"，把社会组织看作有机体，认为孵化的过程本质上是在"显微镜"下观察这个有机体从"小蝌蚪"如何逐渐长成"青蛙"。这个有机体在发育的不同时期，需要政策、资金、人才与社会支持。[2] 从孵化对象来看，主要包括两类社会组织：一类是暂未达到注册条件，但群众需求大、发展前景好的草根组织；另一类是已经登记注册，但在现实中服务能力较弱的社会组织。通过孵化，未注册的草根组织得以正式注册并获得合法身份，已注册的处于发展初期的社会组织则能够进一步获得能力建设的机会。因此，社会组织孵化园实质上是以初创期社会组织为核心，围绕组织的发展需求而建立的载体和服务网络，并由此形成初创

---

[1] 助残服务项目案例汇编。

[2] 陆慧新：《从微观生态学视角看社会组织有机体的培育发育——上海市公益组织孵化器成功案例解析》，《社团管理研究》2012年第3期，第51页。

期社会组织的发展环境。[①]

社会组织孵化园发挥多元化功能。美国学者 David Brown 认为国际上社会组织孵化器具有五大功能，分别是增强人员与组织的能力、动员物质资源、提供信息和智力资源、建立组织联盟来获取外界支持，以及与政府、企业和公众建立沟通桥梁。[②] 社会组织孵化的基本活动包括入壳、孵化、出壳和后续服务，辅助活动包括采购、技术开发、人力资源管理、自我造血机制、市场营销和组织基础设施，[③] 具体服务一般包括提供办公场所、办公设备，以及能力建设、政策辅导、注册协助等。[④] 从社会组织孵化器提供的服务来看，既包括办公场地等有形的资源，也包括专业知识、政策动态等无形的资源。从社会组织孵化器类型来看，可以分为综合性孵化基地和专门性孵化基地两大类。前者主要是为各种类型的社会组织提供综合性服务，既包括为老年人、残疾人等特殊群体提供服务，也包括解决特定社区治理问题，其中上海市公益新天地就是典型的综合性孵化基地。后者则是针对特定类型的社会组织提供较为专门化的服务，通过集中关注某一领域或某一类群体，提供更高效与更专业的孵化支持。本研究关注的助残社会组织孵化园就是这种类型。

从具体的孵化过程来看，一般先由地方政府出台政策，而后由支持类社会组织具体从事孵化业务，主要从信息共享、办公场地支持、资金支持等方面展开。上海市于 2007 年率先在浦东新区进行了建立公益服务园的尝试，这是全国首个公益组织孵化园，通过公益孵化器来培育社会组织是其特色。在浦东新区政府的支持下，国内第一家公益孵化器"恩派"在上海正式成立。作为公益孵化器运营模式的创始人，吕朝在萌发公益孵化器的创意之初，借鉴最多的是企业孵化器的运作管理模式。从公益孵化器的发起来看，其建立并成型既离不开创始人的努力，也离不开当地政府的支

[①] 吴津、毛力熊：《公益组织培育新机制——公益组织孵化器研究》，《兰州学刊》2011 年第 6 期，第 47 页。

[②] David Brown, Archana Kalegaonkar, (2002), "Support Organizations and the Evolution of the NGO Sector," *Nonprofit and Voluntary Sector Quarterly* 31 (2): 231-258.

[③] 徐家良、卢永彬、曹芳华：《公益孵化器的价值链模型构建研究》，《中国行政管理》2014 年第 12 期，第 20 页。

[④] 孙燕：《社会组织孵化器——实现公益事业可持续发展的助推器》，《社团管理研究》2011 年第 6 期，第 48 页。

持。有研究报告指出："上海市民政部门领导从浦东科技创新企业孵化园得到启发。政府怎么样去培育企业的创新力，或者培育有创新力的企业，这是一个完整的流程，而这样的一个完整流程是否和我们的社会组织培育一样，怎么样把创新的想法变成一个创新的产品，同时怎样把一群有创新想法的人扶植成一个创新企业。这个过程是互动而不是替代，它有一整套原则。"[①] 浦东公益服务园在早期的运行主要是由"恩派"这样的支持类社会组织推动的。

助残社会组织孵化园的运行采取的也是类似的理念。地方残联专门设立了助残社会组织孵化园，为承接公益项目的服务类社会组织提供能力建设支持。地方残联通过与外区支持类社会组织合作，为提供一线服务的社会组织提供各类赋能服务。2012年至今，深圳市社工机构P、上海市浦东新区社工机构Q和上海市静安区社工机构R先后承接过该项目。这三家支持类社会组织各有特色（见表3-1）。

"助残社会组织孵化园能力建设"公益项目致力于服务类社会组织的能力建设，这三家外地的支持类社会组织在服务开展方面各有特色。深圳市社工机构P主要从组织能力建设、项目能力建设、助残社工能力建设、督导助理能力建设四方面进行业务培训和工作督导（见表3-2），其中社会组织人才培养是其核心，包括对助残社工和督导助理的个性化指导。下面以2012年度深圳市社工机构P的项目执行内容为例，说明支持类社会组织是如何开展工作的（见表3-3）。

表3-1 支持类社会组织基本情况介绍

名称	组织特征	承接项目时间
广东省深圳市社工机构P	成立于2003年，深圳市首批社工服务机构	2012年
上海市浦东新区社工机构Q	成立于1998年，由社会工作者和社会工作机构组成，推动社会工作专业化和职业化	2013年、2014年
上海市静安区社工机构R	成立于2009年，从事社会工作服务项目的督导	2015年

资料来源：根据调研资料整理而成。

---

① 参见上海市社会团体管理局2012年内部报告，题为《上海社会组织孵化培育基地建设情况报告》。

表 3-2　深圳市社工机构 P 对社会组织的培育内容

培育类别	培育内容
组织能力建设	机构管理和创新、残障社会工作知识、行政教育咨询研究、机构资源与活动、机构的人财物
项目能力建设	项目策划与实施、残障社会工作知识、标书撰写及项目团队管理、项目疑难个案、项目研发与实务分享
助残社工能力建设	社工职业与规划、残障社会工作知识、社工实务与技巧、社工的个案小组社区
督导助理能力建设	督导的职责与功能、残障社会工作知识、督导功能的反思、督导的个案小组社区

资料来源：根据调研资料整理而成。

表 3-3　2012 年度深圳社工机构 P 的项目执行内容

时间节点	干预方式
2012 年 3 月	派出 4 名资深社工和督导助理对项目需求进行前期的调研
2012 年 4 月	入驻助残孵化园，并出具机构、项目、助残社工、督导助理、项目服务标准、项目评估标准等预评报告
2012 年 4 月开始	通过培训和单独指导提供具体的服务
2012 年 7~8 月	组织起草"W 区残联助残项目服务/评估标准（草案）"，将该标准在五个公益项目中试行
2012 年 8 月	组织社会组织赴深圳和广州两地考察学习

资料来源：根据调研资料整理而成。

然而，深圳社工机构在承接该公益项目一年后离开了。该支持类社会组织的离开包括主客观多种原因。客观原因是该机构位于深圳，工作人员往返沪深成本较高。主观原因则是上海和深圳两地社工发展的基本理念是不同的。2013 年上海市浦东新区社工机构 Q 承接了该公益项目，连续执行了两年。项目内容主要是根据孵化园的基本定位来进一步促进助残服务的规范化建设和长效化管理运行，其承担的项目内容如表 3-4 所示。然而该项目 2014 年度评估结果并不理想，所以该机构在 2015 年招投标中并未成功中标。替代上海市浦东新区社工机构 Q 的是上海市静安区的一家社工机构。

表 3-4　上海市浦东新区社工机构 Q 对社会组织的培育内容

培育类别	培育内容
机构能力建设	指导服务类社会组织开展个案、小组和社区工作；跟踪和指导三个服务项目；开展公益服务项目优秀案例评选活动

续表

培育类别	培育内容
项目服务标准	了解W区助残服务项目的受益人群、目标等情况，形成个性化服务标准初稿、制定和完善项目服务标准
社工和督导能力建设	选拔、培养助残社工和督导助理，并对其工作绩效进行考核

资料来源：根据内部资料整理而成。

概况来讲，残联为了有效管理服务合同，不得不培育社会服务市场要素，特别是培育服务类社会组织的专业服务能力。残联的角色开始从运动员向教练员转型。助残社会组织孵化园项目就是为了培育社会服务市场要素而设立的。该公益项目除了关注一线服务的社会组织，还为专业社工、督导助理等社会工作专业人才提供赋能服务。助残社会组织孵化园项目是由外区的支持类社会组织运营的。在实施过程中，这些组织往往只在该孵化园设立办公室，派驻少量的工作人员，难以全身心地为本地的社会组织提供服务。所以，残联不得不更换来自外区的支持类社会组织，同时逐渐培养和发展本土的支持类社会组织。

（二）与高校共建助残服务社会化实验基地

为了支持该区残联的助残服务社会化改革，2012年9月，上海市残联与高等院校共建的助残社会化实验基地在W区成立。资料显示，该基地的建立是为了共享社会工作人才与社会工作知识等资源，实现理论与实践相结合……基地的运作包括：组织有关专家开设助残社会化工作论坛；跟踪品牌助残公益服务项目，给予项目社会工作专业指导；为学生提供实践基地。[①]该基地曾聘请8名来自沪上高校的相关研究人员，这些专家由于"知识和信息上的比较优势"，[②]可以在助残社会工作、社会组织管理和社会服务政策等诸多方面提供智力支持。

助残服务社会化实验基地是一个与高校合作的理论与实践互动的基地，试图整合社会工作实务和理论的资源，发挥专家在助残社会工作专业化等方面的作用。残联将依托现有的助残社会化实验基地的智力支持履行其作为教练员的义务。在此基础上，本土支持类社会组织的发展也为服务

[①] 来源于调研资料中的助残社会化实验基地基本情况介绍。

[②] 杨立华：《学者型治理：集体行动的第四种模型》，《中国行政管理》2007年第1期，第96页。

类社会组织的发展提供更多的理念、知识、技能等，不断完善助残社会服务市场，最终使残联推行的购买服务改革取得预期的效果。

二 地方残联从运动员到裁判员的转变

残联成为"教练员"后发现社会组织培育并非易事，这是一个长期的过程。在这个过程中，如果没有对服务类社会组织提供的服务进行有效监管，将对助残服务社会化改革产生较大的负面影响。残联开始调整角色，将自身定位为助残服务的政策制定者和监督者，实现从运动员向裁判员的转变。需要指出的是，这并不意味着残联完全不再提供具体的服务，而是说随着改革的进一步推进，其角色正在发生变化。

目前，残联的合同管理能力受到挑战。对于残联而言，借助体制外的社会力量提供服务是一项全新的尝试。合同管理包括合同文本设计、签订、实施、终止等复杂的过程，直接决定购买服务的实践能否取得预期的效果。[①]一般地，合同管理包括三个环节：一是出资方与谁进行合作并通过何种方式将合同外包出去；二是出资方在承包方实施合同过程中如何进行日常管理；三是出资方通过何种方式和标准对承包方的项目实施进行评估。合同管理的挑战主要体现在以下几个方面。

第一，残联在角色调整过程中尚未从繁重事务中解脱出来。其角色实现从直接提供服务到进行合同管理的重大转变。对于残联下属科室的工作人员而言，日常工作内容发生了变化。在购买服务前，地方残联主要是直接提供服务，或者通过街镇残疾人服务社等基层组织的工作人员和助残员来提供服务。在购买服务后，残联理应从繁重的事务中解脱出来，主要从事较为宏观的管理工作。但是从短期来看，残联角色的转变似乎并没有带来显著的效果，因为服务类社会组织的整体能力和水平一般，残联团队的事务性工作并没有因为购买服务而变得更为轻松。

第二，残疾人就业保障金的使用绩效问题。残联购买服务后，残联运用和分配资源的方式发生了变化，原来主要是通过人财物的资助来激励一线服务的机构，采取购买社会组织服务后，主要是根据公益项目的执行成效来分配和投入资金。大家较为关注公益项目的定价问题，尤其是资金的

---

① 〔美〕菲利普·库珀：《合同制治理——公共管理者面临的挑战与机遇》，竺乾威等译，复旦大学出版社，2007。

使用效率。研究者指出："政府购买公共服务价格的确定是目前政府购买服务机制建设中比较薄弱的一环。理论和实践中存在的共同问题是：缺少系统的成本核算办法；概念工具不够精细，没有识别购买的不同阶段以及由此产生的不同支付标准和价格形态。"[1] 在访谈时，也有人质疑残联"不务正业"，不少公益项目应该由残联提供，认为原有体系内的提供方式是更好的，现在的方式反而浪费了一些资金。

当前正在兴起的政府购买服务的方式是与政府职能的转移联系在一起的。2013年9月国务院办公厅发布《政府向社会力量购买服务的指导意见》，其中在"指导思想"部分规定："牢牢把握加快转变政府职能、推进政事分开和政社分开、在改善民生和创新管理中加强社会建设的要求，进一步放开公共服务市场准入，改革创新公共服务提供机制和方式，推动中国特色公共服务体系建设和发展，努力为广大人民群众提供优质高效的公共服务。"在2010年该区开启改革时，残联尚没有将自身职能转变作为推行改革的出发点。随着改革的推进，残联的官员意识到改革的目的之一是推进残联职能的转变。2014年，中国残联开始在全国开展政府购买残疾人服务的试点工作。2014年4月，财政部、民政部等六部门印发《关于做好政府购买残疾人服务试点工作的意见》，其中"基本原则"部分规定："切实转变政府职能，促进政事分开、政社分开，创新残疾人服务供给机制和方式，提升残疾人服务的社会化、专业化、市场化水平，提高政府投入残疾人服务资金的使用效益，促进残疾人公共服务资源的优化配置，为广大残疾人提供优质高效的基本公共服务。"

如何提高残疾人服务资金的使用效益没有现成的模式可以参考。W区残联作为先行先试者，也只有在改革探索中不断总结和完善。时任中国残联党组书记、理事长鲁勇同志在"全国残联政府购买服务培训班"上的讲话透露出更多关于改革思路的顶层设计："推动政府购买助残服务试点要敢于跳出原来的思维定式。多年来我们在推进残疾人服务方面，已经形成了一套比较定型的工作套路，主要特点是服务资源的供给制管理、服务指标的计划性分配、服务主体的定点式安排、服务资金的转移性支付、服务项目的体制内循环等，这与我们过去的一些特点是密切相关的……在加快推

---

[1] 邓金霞：《如何确定政府购买公共服务的价格？——以上海为例》，《中国行政管理》2020年第11期，第99页。

动残疾人小康进程的背景下，在更多的残疾人需要助残服务的情况下……固守原有的思维定式就不行了，必须进一步解放思想，在试点中探索新规律，摸索新经验，比如助残服务能否实现从供给制管理走向需求制管理，从计划性分配走向竞争性配置，从定点式安排走向择优性安排，从转移性制度走向购买性支付，从体制内循环走向全社会循环等。"[1]

第三，由于社会服务市场的缺陷，残联购买服务的推行并非易事。政府购买社会组织公共服务本质上与政府采购比较类似。政府采购面向的供应商主要是体制外的，采购对象主要是货物、工程和服务。这里的"服务"主要是指维持政府内部基本运作的服务，这一点在现有的《政府采购法》的规定中是明显的。从政府采购的管理体制来看，主要是通过政府采购中心进行集中采购，或者各个职能部门进行小规模的分散采购。总体上，政府部门并没有很强的合同管理能力。当政府开始采购社会服务时，由于社会服务的难以测量、供应商市场的明显缺陷，残联的合同管理能力面临挑战。

为了进一步推动改革，残联必须成为"精明的买主"。[2] 残联会以项目评估工作为契机召开各种会议，包括动员大会、评估点评大会、表彰大会，以及各类业务培训的会议来具体推进改革。就项目实施中的政社沟通而言，残联有项目推进会和中期报告点评会。一般来看，项目启动运行一段时间后，区残联召开项目推进会，对项目的运行进行检查、督促和指导，中标单位法人代表和项目负责人就项目运作现状及存在的问题进行交流，区残联针对项目实施过程中服务对象反映的问题进行点评并提出具体的指导意见，对项目运行中需及时纠偏的事项进行修正，确保项目顺利实施。下半年，区残联根据中期评估报告点评各个项目的实施状况，肯定项目取得成效的同时提出整改意见。

如何对社会组织承接的社会服务进行评估成为一项重要工作。历史地看，助残服务项目的评估大致分为三个阶段。从一开始的残联职能科室的评估，到社会组织互评，再到邀请支持类社会组织作为第三方评估主体。

---

[1] 2014年12月9日，时任中国残联党组书记、理事长鲁勇同志在"全国残联政府购买服务培训班"上的讲话。

[2] "精明的买主"是指购买方的一种能力，即花较少的钱购买较好的服务，已有不少学者对此进行了论述。参见句华《政府如何做精明的买主——以上海市民政部门购买服务为例》，《国家行政学院学报》2010年第4期，第84页。

从 2010 年到 2015 年，助残公益项目的评估主体更换了四次（见表 3-5）。2010 年，公益项目评估主要是由残联科室和关爱残疾人中心一起进行的。2011 年，由承接公益项目的本土支持类社会组织与残疾人服务社一起对公益项目进行评估。而这两家社会组织则是互评对方承接的公益项目。2012 年，来自广东省的深圳社工机构加入，评估机构从两家变成了三家。

表 3-5 评估主体演变

年份	评估主体	评估主体属性
2010 年	残联科室、关爱残疾人中心	公益项目资助方
2011 年	本土支持类社会组织、残疾人服务社	公益项目承接方
2012 年	深圳市社工机构、本土支持类社会组织、残疾人服务社	公益项目承接方
2013~2015 年	本土评估社工机构	第三方评估机构

资料来源：笔者自制。

为什么评估主体出现这样的变化呢？残联逐渐意识到应该从具体的评估活动中脱离出来，主要扮演好"裁判员"的角色。同时，囿于当时可以利用的资源，残联委托其中两家同时承接公益项目的社会组织负责评估，然后由双方互评对方的项目。这种形式在实践中出现了不少问题。从访谈的情况可知：

> 我们认为互评是一种较为先进的理念，但是在互评过程中发现，我们其实是没有专业能力去评估对方的，比如深圳市社工机构 P 是比较专业的机构。另外就是我们同时承接了公益项目，好像也不太好，同样是作为社会组织去评估其他的社会组织，这在实践中并不能得到大家的认同，也无助于改进公益项目的成效。①

残联逐渐意识到公益项目的评估应该由独立的第三方机构来做，但同时希望与评估机构保持长期稳定的关系。社会服务的评估是一项专业的工作，残联并没有这样的专业能力，委托专业第三方机构进行评估是较为合适的选择。对于残联而言，公益项目所花费的大量资金使其承担来自审计的风险，一旦社会服务的质量难以保证，对助残服务社会化改革的影响是

---

① 见访谈记录 20140711X；访谈记录 20140703 乙。

致命性的。所以当区民政局推荐由当地高校社工系教师发起成立的评估机构时，残联欣然同意。

目前，第三方的社工机构是由当地高校社工系教师发起成立的。该高校的社会工作专业创建于2004年，经过20年的发展，该专业被纳入上海市一流专科高等职业教育专业。根据高校和残联签订的战略合作框架协议，将高校在学科、人才等方面的优势与残联在资源等方面的优势相结合，推动该区残疾人事业的发展。主要目标包括建成区残疾人事业理论创新的研究平台；服务于区残疾人事业的应用智库；建设该高校教学科研的实践基地。其中政府购买助残服务项目评估指标标准化建设、政府购买助残服务项目绩效评估等都是其中重要的合作内容。

第二节 社会组织发展的影响

一 社会组织能力的体系建构

一般地，社会组织的功能包括提供服务、价值宣传、经济协调、政策倡导等，涉及的领域包括环境保护、社会服务、经济发展等。根据国家—社会—市场三分法，社会组织是市民社会的重要力量，具有不同于政府和市场的特征和功能。国家是有公共权力的，可以运用强制手段，主要提供公共物品；市场是追求利润的，主要提供私人物品；而社会组织具有非营利性的约束，也以提供公共物品为主。[1]这种社会组织功能界定的方法是通过与国家和市场进行比较来实现的，缺点是忽视了组织自身的属性。社会组织自身的复杂性决定了功能界定的难度，不同类型的社会组织的功能是不同的，有时同一类型的社会组织在不同的情景下其功能也是不一样的。在这个意义上，如何通过多维来界定社会组织的功能并进行科学测量是重要的。

社会组织功能界定的维度包括价值宣传、资源动员、治理结构、专业服务和政策参与等。为了简化分析，本书将社会组织能力分为以下三个维度。（1）内部治理能力。任何组织都是有使命与愿景的，组织的最终目的就是实现使命和愿景。第三部门组织最显著特点之一是其使命与愿景的公

---

[1] 徐家良：《第三部门概论》，北京大学出版社，2020，第3页。

益性与互益性。任何社会组织都是为了解决特定的社会问题，服务特定的社会群体，影响政府政策。那么社会组织有没有使命愿景？宣称的使命愿景与实践是否一样？愿景与使命的知晓度与影响力如何？社会组织运作的公益或互益性需要组织内部治理结构的保障。治理结构的规范化能够保障社会组织活动的规范和有序。（2）专业服务能力。这是社会组织最基本的功能，但不是所有社会组织都具有专业化的服务能力。一般地，如果社会组织的人才层次较高，团队具有发现社会需求、设计科学公益项目以及执行公益项目的能力，那么社会组织的专业服务能力也较强。机构管理团队是否接受过专业训练，是否具有社会工作师、心理咨询师等专业人才，是否具有品牌公益项目等都是重要的标准。资源动员能力也是社会组织专业服务能力的重要体现。社会组织的主要资源应该来自组织之外，包括企业、基金会、政府、大众等。（3）政策参与能力。这也是社会组织的基本能力，可以从政策参与内容、政策参与方式、政策参与成效角度设计具有可操作性的指标，具体见表3-6。

表3-6 社会组织能力评价测量指标

能力类型	测量指标（要素构成）
内部治理能力	①组织使命愿景定位与实际业务范围变动；②是否严格按照章程行事；③对外价值理念的宣传；④理事会设立及其运作
专业服务能力	①人员总体素质及稳定性；②发现社会需求与设计项目能力；③来自政府的资助情况；④来自基金会、企业、个人的捐赠；⑤合作单位支持度
政策参与能力	①政策参与内容；②政策参与方式和渠道；③政策参与效果

资料来源：笔者自制。

二 提升服务类社会组织的内部治理能力

街镇残疾人服务社是服务类社会组织的主力军。当残疾人服务社通过改制并以民办非企业单位形式正式注册后，其自我管理、自我服务能力得到发挥，组织内部的治理结构和机制趋于完善。在承接公益项目的服务类社会组织中，残疾人服务社是由原来的非正规就业组织转变过来的。在购买服务推行前，这些组织存在缺乏社会组织的基本理念、组织内部管理不规范、助残服务的专业化水平弱等情况。在推行改革后，残联很快发现这些社会组织的能力建设是购买服务取得预期目标的保障。

按照规定，这些社会组织必须制定章程，设立理事会。内部的治理结构一般由理事会和社务委员会组成，前者是权力机构，后者是执行机构。以某残疾人服务社为例，理事会由街镇残联理事长、专职干部、法人、助残爱心企业负责人、社区精神卫生中心主任、劳动保障所所长、救助所所长、优秀残疾人代表、专业社工9人组成，社务委员会由3人组成。同时，政府官员是不允许担任社会组织的法人的。据笔者对残疾人服务社的参访，章程的重要性还没有引起足够的重视。当然，社会组织内部治理机制的规范化，并不必然意味着社会组织完全按照这些内部治理规定来运行。但不可否认的是，随着购买服务的推行，残疾人服务社的内部管理正在逐步走向规范化。

不管是区社团局对社会组织的规范化评估，还是公益项目评估过程中对组织内部规范化管理的要求，都促使残疾人服务社完善内部的治理机制。残疾人服务社的负责人告诉笔者："社会组织的规范化评估还有残联的项目评估是有意义的，带动这些组织的规范化……原来这些机构是不成形的、名存实亡的，慢慢规范起来，从组织建设，人员啊，机制啊，现在变成'正规军'了。"[①] 区社团局的领导认为上海各区社会组织发展的起点是不一样的："我们区社会组织发展水平并不高，这是我们的起点。区民政部门在调研过程中发现法治观念淡薄、自律机制不健全等现象时有发生。"[②] 从这个意义上讲，这项改革极大地推动了服务类社会组织内部治理能力的提升。

三　提升服务类社会组织的专业服务能力

如果说社会组织的自主治理多少还受到残联制约，那么社会组织的专业化却是残联大力倡导和推动的。助残服务社会化改革中，残联很快发现如果没有社会工作专业理念的支持，社会组织提供服务是很难取得预期效果的。社会服务递送专业化的基础是人才的专业化，包括一线社工人才和督导助理人才的培养。随着公益项目的推行，专业社工人才的配备成为承接项目的必要条件。一线社工人才和督导助理人才的培养为这些机构人才的专业化发展奠定了基础，这些机构的专业服务能力自然得以不断提升。

[①] 见访谈记录 20140722C。
[②] 见访谈记录 20141104 丁。

社会工作者是一线服务的专门人才。残联鼓励残疾人服务社引进专业的社工人才，鼓励工作人员考取社会工作证书。根据《区促进社会组织发展财政资金扶持办法（试行）》第12条的规定，"对聘用社会工作者的，给予每人每年2万元的人员经费补贴，一个社会组织补贴人数最多为2人，补贴年限最长不超过五年（含五年）"。这对残疾人服务社引进专业社工起到很大的推动作用。社会工作督导是对一线服务定期指导和监督的专门人才。督导也是专业训练的一种方法。一般是指由资深的社会工作者对机构引进的新员工定期和持续地指导，传授专业服务的知识和技术，确保项目服务质量。在该区助残服务社会化改革中，残联希望培养督导助理，这一般由残疾人服务社公益项目的负责人担任。

培养社会组织督导助理成为提升专业技能的总体性思路。但是在培养督导助理时也存在一些问题，一家社会组织道出了社会服务专业化发展中存在的问题："督导在提供服务的过程中，发现一线服务的社会组织对于新理念与方式不能较快消化吸收，过于偏重指标的完成结果。社工很难在行政和专业理念间找到一个平衡点，项目的具体执行交给了志愿者，社工作用没有完全发挥。社工行政性工作较多，占用时间精力较多，造成其与专业上成长之间的冲突。"[1]实际上，社会工作并不是一个成熟的专业领域。有研究者认为社会工作不可避免地受到基层政府既有权力网络的影响，其服务质量和专业性都会受到一些负面影响，最终使得社会工作在街区权力体系中逐渐式微。[2] 一家外区的支持类社会组织的项目工作人员认为，残联领导的思路是很好的，但是现在这个发展阶段能够培养社工人才这点就可以了，培养督导还是早了些。[3]

改革至今，在残联、支持类社会组织和高校专家的支持下，这些一线服务的社会组织获得专业社工证书的人才比例不断上升，社会组织的专业化水平不断提升。除了年轻的社会工作者，还离不开有丰富经验和人生阅历的老同志。残疾人服务社D的负责人就是这样一位长期扎根社区的基层工作人员。

---

[1] 助残服务项目案例汇编。
[2] 朱健刚、陈安娜：《嵌入中的专业社会工作与街区权力关系——对一个政府购买服务项目的个案分析》，《社会学研究》2013年第1期。
[3] 见访谈记录20150108Q。

> 我是企业退休后返聘，先是在居委会做主任，做了6年。残疾人服务社于2002年成立，2005年我就来残疾人服务社了，我做了这么多年基层工作，协调能力、争取社会资源这方面的能力还可以，年轻人在这方面就稍微差点，但他们的优势也很明显，现在都在考社工证书，残联说真正好的班子是老中青三个年龄段都要。[1]

资源动员能力也是社会组织专业服务能力的重要体现。

> 为脊髓损伤者服务的项目之所以落地我们街道，是因为这项服务必须有康复的内容。我们附近的这家医院对于我们来讲是重要的资源，具体是街镇残联与我去医院康复科面谈的……在浦东新区他们找了很多医院，但就是没有医院愿意接这个活，要是没有医院的话，项目服务的内容是比较单一的。[2]

四　服务类社会组织的政策倡导能力仍较弱

社会组织政策倡导是指社会组织为了代表残疾人的权益，通过正式或非正式的途径去影响政府以改变目前不合理的公共政策。一般地，政策倡导分为立法层次的参与和常规性事务的参与，前者主要是影响政治家和政策的主要制定者，后者主要是影响管理日常事务的政府官员。在助残服务提供的场域里，部分社会组织具有政策倡导的意愿，但政策倡导的能力较弱，主要是常规性事务的参与而不是立法层次的参与。在助残服务项目实施过程中，服务类社会组织主要扮演中介者而不是代表者的角色。残疾人服务社的负责人分享：

> 一般残疾人反映的问题，比如伤友要电动轮椅，差不多要五千块钱。残疾人服务社起到中介作用，向残联反映。我们对残疾人说明项目服务的具体内容，这个电动轮椅是不在项目服务范围之内的，是不一定保证能做到的。残联一般会这么回复：残联正在考虑是否纳入政

---

[1] 见访谈记录20140724D。
[2] 见访谈记录20140722C。

策中,或者这个不属于项目服务内容,或者这个应该由街镇去处理。①有人认为很多政策参与是没有结果的,这类组织只是中介而已,没有代表能力可言。②

残疾人服务社本质上是官办社会组织。残疾人服务社工作人员的立场是不明晰的,有时甚至是摇摆的。如果残疾人服务社代表和服务残疾人利益,那么这是从残疾人的立场来推动问题的解决,但现实并不完全是这样的。总之,部分残疾人服务社维护残疾人权益的意识较为薄弱,以及部分残疾人也没有履行公民责任的观念。有一位残疾人服务社负责人分享说:

> 我认为有一些残疾人没有感恩的心态,现在这么多的服务项目,对他们的生活是有很多帮助的,有些人不满意就去信访,可能他们觉得越向上级反映越能得到满意的结果吧。③

社会组织政策倡导的限制在很大程度上与政府和残联的限制有关。

> 我们做项目时,觉得政府和残联干预太多,社会组织要招一个人,现在是需要街道班子讨论通过的。残疾人服务社是有账号的,以前是直接打钱到这边的,现在不行了,要打到街镇这边的账户了。④

关于官办社会组织生存的处境,有人分享了其中的纠结之处:

> 我们也不是不想完全独立出去,但是这个事取决于组织的资金来源状况……我自己想去独立啊,但是你能够真正独立吗?如果完全独立的话,就是靠项目去做啊,你不可能有这些稳定的项目的。如果按照体制内运作的话,不用去担心前景与发展,只要把我手头的工作做好就行。一旦独立,积极性会增加,但生存压力也会很大。⑤

---

① 见访谈记录 20140724D。
② 见访谈记录 20240722C。
③ 见访谈记录 20140711X。
④ 见访谈记录 20140724D。
⑤ 见访谈记录 20140711X。

概括来讲，助残社会组织政策倡导水平较低。研究者从使命、能力和环境三个维度构建了社会组织政策倡导的分析框架。[1] 按照这个分析框架，多数服务类社会组织具有政策参与的意愿，但社会组织对于如何进行政策倡导并不清楚。社会组织不仅扮演助残服务的提供者，更是政府和残联与残疾人之间的中介者，从实践中看社会组织政策倡导能力较弱。这在很大程度上与残疾人服务社所处的制度环境有关。研究者指出，不同于草根组织，政府主导官办社会组织的运作，所以这些社会组织不存在真正的政策倡导。[2] 甚至有人认为如果社会组织在资金上依赖于政府，那么社会组织就不太会进行政策倡导。[3]

我国社会组织的政策倡导能力普遍较低。倡导类社会组织在回应社会需求和影响政府政策中比服务类社会组织遇到的困难更多。[4]这在一定程度上与我国国家和社会的结构性关系有关。在欧美发达国家，社会组织的政策倡导往往与民主治理联系起来。在我国，社会组织协商或许是一个更为本土化的概念。社会组织协商能够推动社会组织积极参与政策过程，既反映利益相关者的诉求，又推动公共政策的科学化和民主化。

第三节 残障群体及家属的影响

一 残疾人及其家属的满意度提升

残疾人的满意度是衡量助残服务项目有效性的重要标准之一。以"中途之家"项目为例，服务使很大一部分残疾人受惠。第一，项目服务覆盖了大部分脊髓损伤群体。总结报告显示，2011年服务全区6个街

---

[1] Chao Guo and Zhibin Zhang, (2014), "Understanding Nonprofit Advocacy in Non-Western Settings: A Fram Ework and Empirical Evidence from Singapore," V*oluntas: International Journal of Voluntary and Nonprofit Organizations* 25: 1151-1174.

[2] Tony Saich, (2000), "Negotiating the State: The Development of Social Organization in China,"*The China Quarterly* 161: 124-141.

[3] Zhibin Zhang and Chao Guo, (2012), "Advocacy by Chinese Nonprofit Organizations: Towards a Responsive Government?" *The Australian Journal of Public Administration* 71 (2): 221-232.

[4] Chao Guo and Zhibin Zhang, (2013), "Mapping the Representational Dimensions of Nonprofit Organizations in China," *Public Administration* 91 (2): 325-346.

镇 24 名伤友，2012 年服务全区 12 个街镇 40 名伤友，2013 年服务全区 43 名伤友，2014 年服务全区 45 名伤友。在 2011~2014 年，累计聘请专业医生上门服务共 304 人次，解决了伤友出门不便的难题；为有需求的伤友配发护理用品，有效减少了并发症的产生，在很大程度上减轻了伤友家庭的负担。

第二，服务对象及其家属的满意度较高。服务对象项目知晓率达 100%，服务满意度平均为 96%。2015 年 4 月，残疾人服务社举行了项目四周年回顾活动，在活动中有一位伤友深情地表露出他对家属的感激。通过这次活动，伤友发表了他的肺腑之言，也增进了家庭的和睦。①残疾人服务社项目官员告诉笔者：

> 这个公益项目设置后，他们（重度脊髓损伤者）是很感激的，原来每次出门要叫"120"、出租车等，每个人要出去是很麻烦的，现在每月 10 日，医生直接上门服务，我们会有安全措施，这些协议是签好的。②

随着公益项目的开展，多数受益的残疾人表达了感激之情。一位残疾人接受记者采访时谈了自己的内心感想："从受助者成为自助者再成为指导老师，我体会到了快乐和自身的价值。"一位盲人朋友动情地说："我们是世界上最孤独的群体，默守孤独的我们认为自己是社会和家庭的累赘，参加项目后，改变了自我，自己积极参与各种活动，活得也精彩。"残疾青年朋友说："从一名音乐爱好者成长为机构负责人，不仅圆了我的音乐梦，也让我的生命有了质的飞跃。"③

二 残疾人认知发生变化

在项目持续开展多年后，部分服务对象的认知开始发生变化。残疾人往往表现出自信心不足、负面情绪多、对未来悲观等生活态度。他们对他人的认知也是比较复杂的，包括对政府的认知也是如此。在服务项目的介

---

① 2015 年"中途之家"终期报告。
② 见访谈记录 20140722C。
③ 助残服务项目案例汇编。

入下,残疾人的认知正在发生变化。第一,部分服务对象开始积极参与项目服务的提供。"阳光工坊"公益项目专门成立家属委员会,在项目的支持下不少服务对象的生活发生了变化,家长们定期就子女的积极变化进行分享。"中途之家"公益项目也成立了伤友互助小组,推选组织能力强的伤友为组长,由伤友和社工一起组织策划活动,彼此分享经验,舒缓伤病情绪,希望最终能够实现伤友的自我管理。残疾人照顾者公益项目成立了照顾者俱乐部,项目负责人告诉笔者:

> 残疾人照顾者公益项目从2011年6月一直做到现在,我们第一年是吸引他们过来,第二年是他们自己愿意过来,第三年我们就考虑要培养一些骨干。我们成立了照顾者俱乐部,目前在全区设立了三个点,有一些骨干在带头做,加起来共六七十人。①

第二,随着公益服务项目的推行,有些残疾人及其家属的要求在不断提高。同时,一旦项目执行中产生问题,服务对象也可能出现不满的情绪。以下的访谈显示了部分残疾人的心态,这与公民人格的健全具有关联性。在谈及社区对智障和精障类残疾人提供服务时,一位残疾人服务社的负责人这样告诉笔者:

> 有些残疾人会有各种要求,希望政府和残联把全部费用都报销下来。当时"阳光之家"推出来,他们联名给副区长写感谢信,但现在有更高的要求,有些工作也是需要残疾人本身配合做的。"阳光之家"运作中,有些智障人士中午是在这边吃饭的,如果十点后还要来,家属要提前打电话给服务社,我们这边要准备中饭,如果你不来的话饭就浪费了。对于我们提出的这个要求,很多家属并不配合。他们会觉得钱又不是你出的,是政府和残联出的。②

对于同一件事,残疾人及其家属表现出不同的态度,这既与该群体的心态有关,也在一定程度上说明在基层做残疾人工作的难处。

---

① 见访谈记录20140724G。
② 见访谈记录20140724D。

残疾人的变化是需要时间的。有一位从事残疾人工作的公益人的话比较中肯：

> 社会的认知、老百姓的认知在助残服务社会化过程中是在发生变化的，现在的老百姓遇到问题，第一时间想到的肯定不是我们社会组织，不是我们的社工，而是去找政府……我觉得社会工作的发展有一个过程。我们现在这代人不知道社工，我们的服务对象，比如贫困家庭的孩子，等他们长大了，他们就知道社工是做什么的，就懂得去找社会组织。①

本章小结

助残服务社会化改革的主要目标是满足残疾人对多元服务的需求，同时提升残联的合同管理能力，以及推动助残社会组织的发展。从合作提供助残服务的直接结果来看，残疾人及其家人获得了更多个性化服务。从横向上看，与上海其他区县进行比较，当该区进行改革时，很多区县还是采用较为传统的服务提供方式。从纵向上看，这些年残联投入的资金在增加，提供的社会服务类型和数量在增加，受益的残疾人也在增加。总体上，残疾人及其家属的满意度较高。这是由于助残社会服务的供给模式发生了革命性的转变。地方残联推行购买服务后，残疾人及其家属的观念开始发生变化。随着公益项目的推进，基层社区也在悄然发生变化。

合作提供助残服务改革推动了地方残联的角色转变。当残联通过购买服务来提供服务后，合同管理和社会服务市场的培育变得很重要。一是推动了残联从"运动员"到"教练员"的转变。地方残联通过与外地的支持类社会组织合作，为本地服务类社会组织提供各类赋能服务，包括机构的能力建设、社工和督导的能力建设等。与当地高校合作共建助残社会化实验基地，试图整合助残社会工作实务和理论的人力资源，特别是发挥专家在助残社会工作专业化方面的作用。二是推动了残联从"运动员"到"裁判员"的转变。服务外包后合同管理面临多重挑战，残联除了为社会组织

---

① 见访谈记录 20140724G。

能力建设赋能外,还逐渐完善项目评估机制,与本地的一家社会工作评估机构建立稳定的合作关系。残联在社会组织培育过程中,依赖的主要是外区的支持类社会组织,残联也在有意识地培养在地化的支持类社会组织。

合作提供助残服务改革促进了社会组织的初步发展。该区的改革主要将原有街镇的残疾人服务社改制成社会组织。通过合作提供助残服务,残疾人服务社关于公益慈善、社会组织运行等方面的认知有了提升,内部治理能力和专业化服务能力也有了提升。除了为残疾人提供服务外,残疾人服务社主要在政府、残联与残疾人之间搭建沟通的桥梁。然而这些社会组织的利益代表和政策倡导能力并不强。这种局限性除了与社会组织自身认知的缺乏有关,还与社会组织的双重管理体制有关。由于我国社会组织的发展是从无到有的过程,残联和社会组织共同处于探索阶段,这是一个相互了解和相互碰撞,并逐步达成共识的过程。

第四章

助残服务合作供给的运作机理

第一节 合作提供助残服务的形成机制

一 助残服务合作的观念及其由来

在2010年上任区残联的理事长之前,甲在该区中心城区街道办事处担任副主任,主要分管民政和助残工作。在21世纪的最初几年,社会公众对社会组织还是比较陌生的。2003年,在理事长甲的推动下,该街道建立了全区第一个为老年人提供服务的社会组织。那么为什么要成立这样一个机构?是什么因素促进甲要依托社会组织为老年人提供服务?甲回顾了当时建立社会组织的情景,在一定程度上反映了当时政府官员对社会组织的基本认识:

当时,我们街道老年人特别多,因为是中心城区,要求也非常高,居住人群的层次也比较高,因为区政府在我们街道,需要开展各种各样的活动。我们街道分管老龄工作的只有一名同志,他根本做不了这么多的工作,而且随着很多老年人进入高龄后,居家养老也进入议事日程,当时除了大力发展机构养老,居家养老和社区养老都很成问题,那个时候我们尝试办一个"夕阳红俱乐部",当时我提出这个建议后,其实我们领导班子争议很大,包括我的一个办事处主任也有不同的想法,这个我觉得也很正常,这么多年我们都是这么走过来的,突然把这个事交给别人做,觉得不放心,第二个想法就是对政府来说多了一个机构,对社区居委会来说又多了个事务，可能会增加管理成本。①

甲的回顾表明当时政府做事遵循的是官僚制逻辑。政府倾向于通过官僚制逻辑去解决问题，如想要增加老年人的服务，常规做法是通过增加政府人员，增加公务人员编制。这是一套具有惯性的操作方式，一旦超越就意味着存在风险。对于领导人而言，一旦突破当然也意味着创新。所以，如果没有比较成熟的思路，一般领导人是不愿意突破这点的。在这个例子中，甲争取了资金和场地，推动成立了"夕阳红俱乐部"。

那么是什么因素促使甲借助社会组织的方式去提供养老服务呢？这在很大程度上受她出国考察学习经历的影响。正如她所说："原来这么多事情是可以通过社会组织解决的！"2002年，甲参加了市民政局组织的荷兰考察学习，次年在美国考察学习。她认为国外的考察学习是她后来推动成立社会组织的重要原因。她回忆了当时考察学习的一些情形：

> 2002年去的是荷兰，市民政局组织的，主要是关于养老事业的。当时学习的主要是荷兰整个国家的社会福利政策制定、实施，以及现有的政策法规给人民带来的变化。一个月封闭式学习，老师上课，要读材料、发言，有作业。周末的时候出去看了很多机构……2003年，在美国俄勒冈大学学习的是关于非政府组织的，大约20天时间。这是徐匡迪担任副市长时与国外建立的合作项目。10天是上课，另外10天是去外面考察关于老年人、残疾人的一些机构。②

> 当时给我触动很大，我总在思考这样一个问题，我们很多事情都是政府揽在身边做，但是有的时候呢，做得吃力不讨好，我觉得政府可以发动社会力量来参与社会的管理呀，社区服务呀，这种参与也是我们今后发展的方向……我们去看了国外的这些NGO的建设以后启发很大，我们看到原来这些事情都不是政府在做，热心公益服务的企业家、社会组织在做这些事，包括老年人、残疾人、妇女、儿童的事情

---

① 吕纳：《公共服务购买中的政府与社会组织互动关系研究》，博士学位论文，上海大学，2013，第64~65页。
② 见访谈记录20141125甲。

都是 NGO 在做，那时候给我很大触动，我觉得我们在国内也可以这样做。[1]

一般而言，学习的路径可以分为四大类，分别是经验、对他者的观察、系统学习、互动。[2]其中，经验意指学习的过程实际是一个"干中学"（learning-by-doing/using）积累的过程。对他者的观察（learning-by-observing）就是模仿和借鉴的学习过程。系统学习（learning-by-studying）显然是关于基本知识的学习。互动（learning-by-interacting）是指在交往的空间中通过不断了解他人的想法来调整自我的固有思维。

甲去国外的考察本质上是对他者的观察（learning-by-observing），这是一个模仿和借鉴的学习过程。这与推动成立社会组织之间具有很强的关联性。后来，甲又去了加拿大、新加坡专门学习社会福利制度。当然，并不是所有的考察学习最后都会以建立社会组织、创新某个政策等外在形式表现出来，但不得不承认的是，这些在国外的所见所闻影响着政府官员的思维，成为脑袋里储存的"新思想"，一旦时机成熟，这些新的观念和思想就具有转变为现实的可能性。

当然，没有任何东西是可以完全照搬的。任何新观念在异地试验时，都面临本土化的问题。研究者指出国外理念的学习和观察对我国社会组织的改革发展具有指引性。[3] 甲认为国外的学习使她了解到社会组织的内部治理结构，比如有规范的章程、建立理事会、政府不要干预内部的管理。但在中国也出现了一些具有中国特色的情况。她提及由于当时政策的要求，为了关注社会组织的动态，在社会组织内部专门设有政治指导员。

政策制定者倾向于从成功的实践个案和类似个案中学习。[4] 在第一个社会组织建立后，2007 年甲在 D 镇街道建立了第二个社会组织，这一次不

---

[1] 吕纳：《公共服务购买中的政府与社会组织互动关系研究》，博士学位论文，上海大学，2013，第 56 页。

[2] Rene Kemp and Rifka Weehuizen, Policy Learning, What Does It Mean and How Can We Study It? Public Report No. D15.

[3] Jessica C. Teets, *Civil Society Under Authoritarianism: The China Model* (Cambridge: Cambridge University Press, 2014).

[4] Frank Dobbin, Beth Simmons and Geoffrey Garrett, (2007), "The Global Diffusion of Public Policies: Social Construction, Coercion, Competition, or Learning?," *Annual Reviews Sociology* 33: 449-472.

是成立一个新的组织，而是改制助残社会服务体系中的残疾人服务社。笔者在前面章节已经提到，在街镇层面残联主要是通过残疾人服务社来为社区的残疾人提供服务的。当时有政策规定政府官员不能担任社会组织法人，她就借助这次机会将残疾人服务社正式改制，并以民办非企业单位登记注册，探索为残疾人提供多元服务。

二 残联设计形成的合作治理

社会治理改革创新往往是由个性化的领导人物发起的，在该个案中也是如此。研究者指出合作治理的形成机制是多元的，可以通过强制施加、自发形成或者有意设计。[①]助残服务社会化改革是残联有意设计推动的。过去的经验会对组织和个人的行为产生影响。由于区残联的改革是由新上任的理事长甲推动的，残联改革的很多措施不可避免地具有其个人的鲜明风格。

以上甲通过社会组织来打开工作局面的经验，实实在在影响着她的工作思路。所以，到2010年"五一"假期后，甲正式上任该区残联的理事长。依赖官僚制逻辑的残疾人工作方式面临很大的挑战。残联编制很少，而残疾人对社会服务的需求日益增加，甲很快发现传统的对残疾人予以管理和服务的模式已经不适应形势发展，急需新的理念和方式予以解决。依赖社会组织来破解这一难题，成为很自然的选择。在国外的多次考察中，她也特别提到了国外残疾人生存状态对她的影响：

> 在荷兰的时候，我比较震撼的是，有一个残疾人的社区，各种设施都有，而且是家庭式的，男女之间可以谈朋友，可以出去工作，可以恋爱结婚。当时印象很深，我刚去的时候碰到一个小年轻，刚跟一个女孩子在一起谈朋友。不像我们的福利院，它们一个房间里面有几张床，里面是家庭式的，是一个残疾人的托养机构，是一个家庭式的，很温馨，有家人的照片等，就业培训、潜能的挖掘、自身价值的体现等，这些都是由社会组织在做。你知道，在高税收高福利的国家这些完全是可以做到的。[②]

[①] T. Brown, T. Gong and Y. Jing, (2010), "Collaborative Governance in Mainland China and Hong Kong: Introductory Essay," *International Public Management Journal* 15: 393-394.
[②] 见访谈记录20141125甲。

推动这两家社会组织的成立，使甲成为 W 区小有名气的政府官员。当政府越来越意识到社会组织的重要性，上级政府也逐步加大对社会组织的培育时，甲再次成为全区的关注点。该区社团局的一位干部这样告诉笔者，该街道属于该区中心城区也是甲被广泛关注的重要原因：

> 原来她是街道办事处副主任，分管社会管理这一块。这个街道没有农村，所以社会管理尤其重要。一般地，在郊区主要还是经济发展，招商比较重要，还要考虑城市化建设，而在市区社会管理的重要性就凸显了。"夕阳红俱乐部"就是我们区的第一家社会组织，完全是在她带领下做起来的。①

笔者专门就此事访谈了在该街道的残疾人服务社负责人：

> 甲理事长当时是街道办事处副主任，分管我们这块工作，2010 年到区残联。甲理事长的理念比较超前，2007 年我们服务社就已经登记注册了，比其他街镇的服务社早多了。2005 年我就来残疾人服务社了，我做了这么多年基层工作。当时甲理事长在街道的时候，说让我做项目……当时主要是残疾人阳光之家（为智障残疾人提供日常托管服务的机构）这块，送康复服务上门，现在区残联的一些理念在全上海市也是比较领先的。②

第二节 合作提供助残服务的学习与调适机制

残联服务社会化改革本质上是一个学习的过程。所谓学习是指组织或个人由于理念的变化进而影响行为的反复循环过程，包括理念的变化、理念变化后的试验，也包括后续的再学习、再试验。这场改革在残联理事会团队的领导下，在开放的变动环境中，与支持类社会组织、服务类社会组

---

① 见访谈记录 20141104 丁。
② 见访谈记录 20140724D。

织、残疾人及其家人、高校专家围绕作为新生事物的购买服务开展系统内外的共同学习过程。学习内容包括助残社会工作理念和实务、各地购买服务实践进展以及相关政策变化等方面。从学习路径来看，如果说合作各方对于助残社会工作理念和实务的学习属于系统的知识学习（learning-by-studying），那么合作各方对各地购买服务实践进展以及相关政策进行学习从而进行调适的过程则属于"干中学"（learning-by-doing/using）。学习目标是使助残服务社会化改革取得预期的效果，提升残疾人的总体福利水平。

一 残联推动合作治理各方围绕社会工作理念和实务的学习

第一，残联理事会团队的学习和调适能力是改革取得成效的关键。W区已探索出了一套运作机制，在全国的改革实践中走在前面。然而残联成员内部也会就一些议题产生争议，但多数通过学习和调适得以克服。政府购买残疾人服务的改革试验过程是一个非线性的学习过程，也就是说学习并不必然实现创新，而要实现创新，往往需要一定的学习能力。面对环境变化等因素造成的不确定性时接受新信息、学习新知识、尝试新办法，面对新挑战时改进运作能力和适应能力也是重要的。这跟我国早期的经济改革有些类似。有研究者指出在私有制经济、外商投资等方面的试验带动了一场广泛的社会集体学习，特别是在决策者当中……这个过程促进决策者不断学习，转变意识形态。[1]

第二，残联借助支持类社会组织的力量，对服务类社会组织在助残社会工作理念和实务上进行指导，提高助残社会服务递送的专业化和个性化水平。支持类社会组织参与合作治理固然是基于使命的主动参与，而实质是残联与高度专业化的支持类社会组织达成合作，以弥补自身在合同管理和服务市场培育上专业能力的不足。深圳市社工机构 X 和浦东新区社工机构 Y 等支持类社会组织对本地服务类社会组织具有很大的示范作用。从项目培训和学习的主题来看，主要包括社会组织管理（社会组织使命和愿景、内部治理、项目管理）、社会服务与社会政策（助残社会服务体系、社会服务伦理、社会政策），以及社会组织定位与发展趋势三大类。这两家支持类社会组织对服务类社会组织培育的方式和内容也是类似的，主要

---

[1] 韩博天（Sebastian Heilmann）：《中国经济腾飞中的分级制政策试验》，《开放时代》2008年第5期，第47页。

是通过集中培训、一对一的指导等多种形式，围绕机构的能力建设和专业人才的能力建设展开的。以公益项目评估体系的发展为例，评估主体多次发生变化，残联在当地一家支持类社会组织的协助下，建立助残公益项目评估标准，并根据现实评估及反馈多次进行调整，近几年在评估方式上开始探索参与式评估。这些社会组织正是因为在助残领域具有较强的专业能力才得以参与残联的政策过程和日常管理。

第三，社会组织和服务对象之间构成的合供关系在很大程度上也是受社会工作"小组"理念的影响，部分残疾人实现从他助到自助，甚至是助他的转变。残疾人参与服务递送主要是受专业社工理念的影响，即直接递送服务的社会组织往往通过社会工作"小组"的理念鼓励服务对象形成互助小组，参与服务的递送。部分残疾人也在社会工作"小组"理念的影响下，实现"他助"到"助他"的转变，积极参与服务递送。

第四，残联整合和利用专家资源，实现助残工作理论和实务的对接。残联建立助残服务园、助残社会化实验基地，引进支持类社会组织，初步打造了助残服务公益生态链。公益生态链是指慈善公益行业具有一个完整的产业链条或生态系统。有研究指出，公益生态链是在生产公益产品与服务过程中，以公益项目为载体，公益行业内部不同主体根据专业分工所形成的生态系统，其中专业分工与倡导公益文化是公益生态链的主要特征。①从基本要素来看，包括项目的服务对象（残疾人及其家属）、项目需求方（街道和乡镇）、项目执行方（助残社会组织）、项目资助方（残联）、项目评估方（第三方评估机构）、项目支持者（支持类社会组织）、公益慈善研究机构（高等院校）。比如深圳市社工机构、浦东新区社工机构发挥的就是项目支持的作用，通过社工专业知识培训、督导、项目资源对接等开展活动。而与高等院校的合作更多是从助残社会服务的研究角度开展的。总体上，区残联一方面正在打造完整的公益生态链，补强、补全其中薄弱和缺失的环节，另一方面为公益生态链的形成和行业发展创造良好的政策环境。

二 残联推动合作治理各方围绕实践及政策变化的学习

残联通过对其他地域购买服务最新实践的学习来不断完善购买服务的

---

① 赵挺：《公益服务组织与基金会的不对称合作及其矫正：基于秦巴山区两个机构访谈资料的分析》，《中国第三部门研究》2012年第1期，第59~74页。

制度设计，同时根据上级政府关于购买服务的法规政策变化及时进行调整。下文以残联购买服务的模式选择、购买服务的平台设置、服务项目的评价、合同文本调整为具体案例说明残联是如何通过学习来不断完善助残服务社会化改革的。

（一）购买服务的模式选择

购买服务的方式是政府服务外包设计中核心的制度要素。残联开启改革后，购买服务的方式是不断调整的。2009年，上海市民政局委托市社区服务中心，开始了社区服务公益项目的公开招投标，这在当时具有很大的创新性。社区公益项目的资金来自福利彩票公益金，通过市区两级一比一配套的形式，提供安老、助残、扶幼和济困四大类社会服务项目。社区服务招投标项目为各区县的治理创新提供了模板。[1] 在访谈时理事长甲告诉笔者，W区开启购买服务在一定程度上参照了社区服务中心的招投标流程，但并没有完全照搬其公开招标的方式。

研究者从社会组织独立性和购买程序的竞争性、[2] 具体的制度模式[3]等不同角度对政府购买服务的模式进行分类解读，为我们理解政府购买服务的模式提供了多元化的视角。其中的竞争性标准最受研究者关注，但研究者对此褒贬不一，充满争议。主张民营化的学者认为竞争有助于降低成本，提高服务质量，但有研究者指出竞争可能对社会组织之间的信任和合作带来负面影响。[4]有研究者认为竞争模式只是一种理想选择，在有的条件下政府与社会组织通过协商并建立长期固定的合作关系模式更为合适。[5] 但是对于推动治理创新的政策企业家而言，有些制度约束是无法打破的。

---

[1] 周文：《上海市社区服务中心招投标机制经验分享》，资料来自上海交通大学第三部门研究中心购买服务课题组。

[2] 王名、乐园：《中国民间组织参与公共服务购买的模式分析》，《中共浙江省委党校学报》2008年第4期，第5页。

[3] 管兵、夏瑛：《政府购买服务的制度选择及治理效果：项目制、单位制、混合制》，《管理世界》2016年第8期，第58页。

[4] Zhuoyi Wen and Alice M. L. Chong, (2014), "Legitimate Deficit: Competitive Bidding in a Residual and Semi-Democratic Welfare Society," *VOLUNTAS: International Journal of Voluntary and Nonprofit Organizations* 25 (5): 1214-1234.

[5] Ruth H. DeHoog, (1990), "Competition, Negotiation, and Cooperation: Three Models for Service Contracting," *Administration & Society* 22 (3): 317-340.

W区推行改革时，面临的首要问题是社会组织数量少，所以在推行改革的第一年10个公益项目全部采取定向委托的方式，而非公开招投标的方式。地方治理创新只能根据现有的资源来进行推动。而从第二年开始，随着公益项目和资金的增加，不得不采取更为规范的方式。残联的购买方式发生了很大变化，由原来自行组织到现在由区政府采购中心和第三方招标代理公司组织。根据《政府采购法》和当年W区政府发布的《区政府采购集中采购目录和限额标准》的规定，对于纳入集中采购目录的项目（集中采购项目），区残联配合区政府采购中心做好招标文件的编制，区政府采购中心根据《政府采购法》等法律法规的要求，负责具体组织实施。纳入政府采购限额标准内的项目（分散采购项目），由区残联委托招标代理人按照相关规定实行招投标。

（二）购买服务的平台设置

随着购买服务的推进，残联意识到既有的购买服务制度设计存在缺陷。尽管得到区委、区政府的支持，但残联很快发现每年购买服务的资金量越来越大，通过残联去协调相关部门来支持购买服务的实践并不容易，也存在一定的风险。地方政府购买服务管理架构应该是怎么样的？购买平台应该设在哪个部门，由财政局牵头还是由民政局牵头？这些都没有相关的制度规定可以参照。总之，残联意识到现有的通过残联去协调相关成员单位来获得支持的方式并不可持续。

全国各地残联系统间的交流使理事长甲认识到购买服务的关键是获得财政部门的支持。2014年12月，中国残联在北京举办政府购买残疾人服务的培训班，区残联作为中国残联购买服务的试点单位受邀参加。这次会议有中国残联代表、全国试点地区的残联代表、专家等出席。香港社会服务联合会的专家，以及全国试点地区残联代表做了关于政府购买服务的经验分享。在访谈时，甲谈了对这次会议的感受：

> 从趋势来看，购买服务的平台主要是在财政这边，中国残联主要是由计财处负责这个事情，购买服务最关键的是资金监管，这是我最大的一个感受。中国残联党组书记和理事长鲁勇同志专门做了讲话，地方要大胆地试点，也要及时地学习、借鉴和交流。我们的试点获得了中国残联领导的肯定，原来是20分钟的汇报时间，后来给我们特别

增加了时间。这为我们的改革提供了前进的方向。①

2024年底，由W区财政局和民政局牵头制定的《区政府购买社会组织服务实施办法（试行）》出台，2015年1月1日正式执行。该实施办法规定，在区层面建立政府购买社会组织服务工作领导小组，区纪委（监察局）、社工委（社建办）、发展改革委、财政局、民政局、编办等作为成员单位，领导小组办公室设在民政局（社团局）。至此，购买服务的管理架构基本确定，残联进行的购买服务运作也有章可循。

（三）服务项目的评价

区残联没有停止过对其他地域的学习和借鉴。在中国残联组织的政府购买社会服务的培训班上，香港社会服务联合会专家就社会工作方法和社会组织做了分享。甲是这样评价这些专家的经验分享的：

> 会议后我们还拉着这些专家问香港的情况，从社会服务的评估来看，香港也只有项目的评估标准，关于康复服务、培训服务等具体服务的标准是没有的。但我们想做出这个东西，市残联希望我们进行探索。但是香港的情况与内地不一样，比如香港有一个专家认为社会组织可以对政府购买服务说"不"，我觉得在内地社会组织还没有发展到这一步，我们的社会组织如果没有政府支持，怎么活下去。②

深圳市社工机构和上海市浦东新区社工机构之所以能够参与进来，固然与组织自身的专业性有关，也与深圳市和浦东新区两地购买服务和社会组织的超前发展理念及实践有关。这两个支持类社会组织的入驻还带来了两地最新的发展理念。与此同时，区残联曾多次率团去深圳市和浦东新区考察学习。这种学习的动力与购买服务实践作为新事物有关。

（四）合同文本调整

当残联将社会服务外包后，合同是其进行管理的重要工具。通过合同进行管理对残联而言是一项挑战，直接衡量的是其合同管理能力。合同文

---

① 见访谈记录20150210甲。
② 见访谈记录20150210甲。

本是合同管理的重要载体，也是助残服务项目实施的主要依据。合同文本的变化反映的是残联合同管理的调适。残联根据现实的变化进行合同的日常管理，从合同文本的改进可见残联的合同管理能力在学习中不断提升。具体表现在以下三个方面。

一是项目内容。与前三年比较，最近几年合同的规定更为具体。前三年服务内容的规定较为笼统，也没有具体严格的服务要求。这说明在实践初期残联对于某项公益项目应该如何实施并没有经验，自然也难以提出具体的需求。从2014年的规定来看，合同文本中将项目内容分为项目目标和项目要求。这些细节都体现了残联对实际操作更为熟悉。当然对于社会组织而言，也许意味着更多的限制。

二是双方的权利义务。有两个重要的变化，一个是关于残联和社会组织间的沟通问题。从2012年开始，合同文本规定"甲方（残联）每年两次召开项目实施专题会议"，从而及时反馈服务对象的意见，保障项目顺利推进。这实际上成为合作治理中的常规性互动平台。另一个是关于项目实施过程中损失的赔偿问题。2011年的合同文本规定"在合同履行过程中，双方因违约或重大过失造成对方经济损失的应当赔偿"。2012年和2013年的合同文本规定，"在项目实施中，因乙方的主观原因侵害受服务人群的利益，造成恶劣的社会影响或引起受服务人群集体上访，乙方应当赔偿，赔偿金额为项目总额的30%"，可见规定更为详细，反映了残联根据现实进行的适应性调整。而2014年的规定则更具有可操作性，"在项目实施中，因乙方的主观原因侵害受服务人群的利益，造成恶劣的社会影响或引起受服务人群集体上访，乙方应对服务对象做出赔礼道歉、消除影响，如发生损失应当予以赔偿，同时，向甲方承担赔偿，赔偿金额为项目总额的30%。乙方如在履约期内违规或造成其他重大社会负面影响的，甲方有权终止合同"。残联认为当前社会组织在专业服务能力和项目管理能力上的不足，有可能使公益项目未能达到预期目标，甚至会造成残疾人集体上访。

三是项目实施和绩效评估。前文已论述助残服务社会化改革过程中评估主体的变化，这从合同文本中也可得知。2011年合同协议规定，"乙方承接服务项目后，由甲方负责协调有关部门对项目实施情况进行全程跟踪和监督"。2012年合同协议变更为"残联委托专门协会参与全程跟踪并进行监督"。实际上，第三方的专业评估机构是项目实施和绩效评估的重要主体。资金拨付方式也发生变化。从 2011 年到 2013 年，资金分为三次拨付，2014 年开始资金分为两次拨付，这在一定程度上反映残联对社会组织的信任度在增加。

三　社会组织的自我学习与变化

社会组织自身也在学习和成长。对他者的观察和模仿是重要的。区残联曾专门率项目负责人去上海市浦东新区和广州市、深圳市考察助残社会服务提供的实践状况。通过学习，社会组织更为认同区残联的做法是未来的发展趋势，同时认识到广州、深圳与上海在一些理念和做法上的差异性。有一位机构负责人是这样记录自己的学习和反思的：

> 8 月 16 日到 21 日，开展了深圳和广州两地社会组织孵化器、助残服务机构考察学习。在助残社会组织孵化园项目组及深圳社工机构同事的带领下，参观了广州利康家属资源中心、春晖庇护工场、佛山南海桂城关爱中心创意园、深圳恩派公益组织发展中心、深圳残友集团、深圳慈善公益网、深圳市残疾人综合服务中心、深圳市社会组织孵化基地、深圳市民爱残疾人综合服务中心、深圳市新安街道职业康复中心。考察成员做到每站点进行提问、分享，并做到每晚团队分享。考察结束后，每人提交了三五千字的考察感想与工作感悟。[①]

此次去深圳参观学习大家受益很大，在考察感想中大家不但写出了学到了什么，更是站在机构的角度，对区残联推动助残服务社会化改革提出了很好的建议。有位项目负责人是这样总结自己的深圳之行的：

> 通过几天的紧张学习，了解到深圳市 9 个助残机构的发展历程、经验和专业的理念，这些都让我们受益匪浅。在参观了深圳市社会组织孵化基地后，我认为社会组织的发展离不开政府与领导的重视，有专业的孵化园才能培育出成功的社会组织，我们 W 区的助残孵化基地也是如此。希望不久的将来我们区的孵化园能有更完善的设施、更专业的理念，能够发展得更好……春晖庇护工场是为精神病康复者开设

[①] 某社会组织项目负责人撰写。

的职业技能训练工场。通过提供工作，让他们适应社会就业，推动精神病康复者通过自主创业与公开就业的方式回归社会。这种形式与我们区各街镇"阳光基地"相似，但是在场地的规模和工作的专业化程度上差距很大……残友集团从1997年的5名残疾人一台电脑，发展到目前的9个分公司300余名残疾大学生员工，残友集团的就业事业历经坎坷，一路辉煌。在参观过程中我们深刻体会到残友集团对残疾员工的关心和爱护，吃住行全方位地照顾残疾员工，同时我们也看到残疾员工在残友集团的工作热情，每个人充满了对企业的热爱和对郑卫宁先生的尊敬。①

以上可知，深圳和广州两地关于社会组织的孵化、残疾人就业方式都给她留下了深刻的印象。这样的参观学习对残疾人事业从业者是重要的。在学习体会最后，她是这么总结的：

赴深穗的考察学习中，每一个社会机构都有我们借鉴与学习的地方，令我感受最深的是以下几点。其一，残疾人就业方面。看到几个助残机构，发现其管理模式是值得我区各街镇"阳光家园"学习的。赴深穗一行人都表示希望我区在黄草编织、竹刻等领域也形成一定的规模效应，将整个区12个街镇的资源整合，建立一个专业的营销团队。其二，专业人才方面。在考察学习中，我们发现深穗两地因接近香港，他们那里的社工已经是非常专业的。希望我们区的社会组织能培养更多的专业社工，有了专业人才，我们本土的社会工作才能做得更好。我作为机构的一员，一直以实施公益服务项目为主，这次深穗之行让我看到、学到了很多东西，希望自己以后的工作要多结合专业社会工作的理念和方法，提高工作效率，为残疾人事业做出自己的贡献。②

社会组织的从业人员对广东与上海助残事业发展理念上的差异性也有了初步了解。残疾人服务社的负责人认为：

---

① 某社会组织项目负责人撰写。
② 某社会组织项目负责人撰写。

> 深圳的社会化运作跟上海是不一样的。深圳更加开放一点，更接近香港的理念，是真正的民间组织社会化运作。深圳社工机构给我们做能力建设，我们也去广州和深圳考察，还是有很大收获的。[1]

本章小结

改革开放以来我国残疾人事业取得很大的进步。助残服务社会化改革是新时期推动残疾人事业的又一重要举措。这项改革的推行离不开残联团队新观念的学习和调适，残联团队在推行改革过程中也不是没有挣扎。既然社会组织参与残疾人服务的提供是未来残疾人服务提供的趋势，那么残联团队必须加强学习，转变观念，探索助残服务社会化提供的模式。正如邓朴方所讲，"改革开放以来总结并引入大量于我国社会发展有益的新观念，对残疾人事业是重要的。正是这些新观念使我们得以对几十年经济、社会的发展予以重新审视。我国正在按照既容纳健全人，也容纳残疾人这种新观念来重新设计、改造现实社会和现实社会生活。这是一种具有划时代意义的变革。它带来的是这样一个崭新的社会，在那里，所有社会群体包括残疾人，都能够平等劳作生息，共创共享，而不是只容纳健全人而把残疾人阻隔在社会的一隅。我们知道，这就是人们常说的人人共享的社会。我们有条件随着经济、社会的发展做到这点，并且，比别的国家做得更好"。[2]

正是带着这些美好的心愿，该区率先推动了助残服务社会化改革。利益相关者对政策的学习机制是实现有效合作治理的重要因素。利益相关者对政策学习所达成的共识，直接决定新制度的绩效。政府残联与社会组织通过何种学习途径，使利益相关者在政策过程和公共服务提供中保持内在动机，决定合作治理最终成效。区残联发起并主导学习过程，社会组织、残疾人及其家属则参与这个学习过程。区残联的理事长、理事长的工作执

---

[1] 见访谈记录 20140724D。
[2] 中国残疾人联合会编《中国残疾人事业年鉴（1949—1993）》，华夏出版社，1996，第1页（邓朴方撰写的前言）。

行团队、社会组织负责人、公益项目负责人、社工、残疾人等都是这个学习过程中的主体。

　　大致来看，学习分为残联的学习与社会组织自身的学习。具体来看，第一，残联推动合作治理各方围绕社会工作理念和实务的学习。残联领导在国外的多次学习以及社会管理的丰富经验，成为残联发起购买服务创新实践的主要动因之一。残联在发起改革后，首先意识到社会工作理论与实践对助残社会服务专业化和个性化的重要性，以及完整的社会服务市场要素带给购买服务制度实施的活力，逐渐与支持类社会组织形成合作治理关系。同时，残联往往要求服务类社会组织采用社会工作的专业理念来递送社会服务，鼓励服务对象的参与。在学习过程中，高校的专家也在助残社会服务专业化中起到积极作用。第二，残联推动合作治理各方围绕实践及政策变化的学习。残联通过对其他地方购买服务最新实践的学习不断完善购买服务的制度设计，同时根据上级政府关于购买服务的法规政策变化及时进行调整。以上将残联购买服务的模式选择、购买服务的平台设置、服务项目的评价、合同文本调整等作为具体案例说明残联是如何通过学习来不断完善助残服务社会化改革的。第三，社会组织的学习是一个从被动到主动的过程，这是一个漫长的过程，但助残服务社会化改革的有效推进离不开社会组织认知和能力的提升。

第五章
域外政府购买社会组织服务的启示

第一节 政府资助对社会组织的影响

社会组织业已成为国家治理中的重要主体，而政府资助社会组织也越来越普遍，那么政府资助对社会组织会产生什么样的影响？本书系统梳理国外文献中的相关研究，聚焦于发展目标、财务资金、政策倡导、监督问责四项议题，发现除财务资金方面外，政府资助会降低社会组织自主性，但会提高其组织能力。[①] 研究的主要启示在于：志愿失灵并不会因为政府的嵌入而消失；制度主义中制度环境和技术环境的对立统一关系来源于背后不同的同构方式；社会组织自主性研究不应过分强调中国的特殊性；社会组织提高自主性可通过政治合法性孕育社会合法性，也可把握资助所带来的互动机会建立信任；政府培育社会组织需避免不必要的问责考核措施，并以协商的方式共同决策。

一 反思政府资助对社会组织的双重影响

传统上由政府垄断公共产品生产的格局逐渐被新公共管理、协同治理、合作生产等一系列新的治理范式所打破，社会和市场主体正积极承担国家的职责。在这种结构性变革过程中，政府通过签订合同或者拨付赠款的方式资助社会组织提供公共产品或执行公共政策，因此政府资助在社

[①] 本部分内容来自赵挺、袁君翱《政府资助对社会组织的影响：国外文献的述评与启示》，载王名主编《中国非营利评论》第29卷，社会科学文献出版社，2022，第283~295页。

组织的收入中占有较高比例。调查研究显示，政府资助平均占美国社会组织收入的31%，平均占欧洲社会组织收入的45%。[1] 虽然没有确切的调查表明政府资助在中国社会组织收入中所占份额，但是考虑到中国社会组织与政府之间的密切关系，以及近年来中国政府大力出台资助政策以支持社会组织的背景，我们有理由相信政府资助对中国社会组织的重要性。[2]

政府资助社会组织的现象已经较为普遍，这激起了国外公共管理和非营利组织研究者的兴趣。学者从不同的角度思考政府资助对社会组织发展所产生的影响，例如，探讨政府资助是否会挤出私人捐赠、影响组织倡导功能、扭曲组织使命、降低管理效率等。[3] 总的来说，当前相关研究主要从两个角度展开：一类研究认为政府资助对社会组织发展有消极作用；另一类研究认为政府资助对社会组织发展有积极作用。[4] 以政府资助影响组织倡导功能的文献为例，前一类的研究表明随着政府资助对社会组织的重要性越来越大，社会组织会规避不受政府欢迎的活动，这使得组织变得沉默，而后一类的研究则认为接受政府资助后社会组织有了更多与政府接触的机会，从而提高其倡导能力。[5] 政府资助消极与积极之分看似清晰明确，

---

[1] S. W. Sokolowski and L. M. Salamon, *Global Civil Society: Dimensions of the Nonprofit Sector.* 2 (Boulder: Kumarian Press, 2004), p. 90.

[2] D. H. Smith and T. Zhao, (2016), "Review and Assessment of China's Nonprofit Sector After Mao: Emerging Civil Society?" *Voluntaristics Review* 1 (5): 1-67.

[3] K. O'Regan and S. Oster, (2002), "Does Government Funding Alter Nonprofit Governance? Evidence from New York City Nonprofit Contractors," *Journal of Policy Analysis and Management: The Journal of the Association for Public Policy Analysis and Management* 21 (3): 359-379; J. E. Mosley, (2011), "Institutionalization, Privatization, and Political Opportunity: What Tactical Choices Reveal About the Policy Advocacy of Human Service Nonprofits," *Nonprofit and Voluntary Sector Quarterly* 40 (3): 435-457; N. P. Marwell and A. Gullickson, (2013), "Inequality in the Spatial Allocation of Social Services: Government Contracts to Nonprofit Organizations in New York City," *Social Service Review* 87 (2): 319-353; M. Neumayr, et al., (2015), "Public Funding and Its Impact on Nonprofit Advocacy," *Nonprofit and Voluntary Sector Quarterly* 44 (2): 297-318.

[4] J. Onyx, et al., (2008), "Implications of Government Funding of Advocacy for Third-Sector Independence and Exploration of Alternative Advocacy Funding Models," *Australian Journal of Social Issues* 43 (4): 631-648; B. Verschuere and J. De Corte, (2014), "The Impact of Public Resource Dependence on the Autonomy of NPOs in Their Strategic Decision Making," *Nonprofit and Voluntary Sector Quarterly* 43 (2): 293-313.

[5] A. Hudson, (2002), "Advocacy by UK-Based Development NGOs," *Nonprofit and Voluntary Sector Quarterly* 31 (3): 402-418.

实则也使对事物的认知更加含混不清。我们既可以说政府资助促进社会组织倡导活动，也可以说政府资助阻碍社会组织倡导活动，这种情况恰如西蒙所谓的"行政谚语"，相互矛盾却又成立，缺乏研究的科学性。[①]

笔者认为之所以产生这种认知上的悖论，是因为这两类文献如盲人摸象般关注的是组织不同的属性，所展开的讨论也就陷入了鸡同鸭讲的泥淖之中。本研究试图突破"消极—积极"二分法，从"组织自主性"和"组织能力"两个维度重新梳理政府资助影响社会组织的国外文献，以求归纳出一个更科学化的整体性解释，进而丰富我们对国外现状的了解。在后文中，本研究首先交代了研究文献的筛选标准以及"组织自主性"和"组织能力"两个核心概念。其次从"组织自主性"和"组织能力"两个维度整理政府资助影响社会组织发展目标、财务资金、政策倡导和监督问责等方面的研究，厘清背后的因果机制，并得出结论。最后，总结交代本研究的局限性和启示。

二 文献筛选与概念界定

（一）文献筛选标准

在国外的研究中，政府资助与社会组织发展的关系是一项经典议题，研究者围绕各国实际开展了诸多研究，所衍生出的文献和书籍非常多，涉及社会组织的方方面面，由于精力和能力有限，本书依据以下三重标准对相关研究做了一定的筛选。（1）聚焦于发展目标、财务资金、政策倡导、监督问责四项研究议题，原因在于这四项议题引起的争论较大，不同学科背景、不同地域、不同时代的学者都从各自的视野阐述对相应问题的看法，而对相互矛盾与冲突的观点的梳理有助于我们脱离碎片化的认知，从片面走向全面，从含混走向明晰，获得对主题更总体性的把握。（2）选取的文献主要来源于"社会科学文献引文索引"（Social Science Citation Index，SSCI）收录的公共管理、社会学、政治学等类别的期刊，包括 *Journal of Public Administration Research and Theory*、*Public Administration Review*、*Nonprofit Management and Leadership*、*Nonprofit and Voluntary Sector Quarterly* 等一流期刊。虽然期刊排名并不能精确代表文献的质量，但在一定程度上

[①] H. A. Simon, (1946), "The Proverbs of Administration," *Public Administration Review* 6 (1): 53–67.

可以保障研究文献的代表性。(3) 将 Google Scholar 文章被引用量和文献论点新颖度作为依据。当然，将引用量作为评价文献质量的指标也会存在一些问题，比如有些新近发表的文献的引用可能暂时不高却有其独到之处，因此从论文新颖度方面又做了较为主观的判断和梳理。通过这三重标准，最终筛选出 60 篇左右的文献。另外，本研究没有像其他综述对文献进行编码，在研究方法、研究设计、研究主题等方面进行聚类分析。主要原因在于本研究以问题为导向，探究政府资助对社会组织的影响以及背后的机制是如何运行的，其他要素并不是研究的主要关注对象。本研究仅希望从发展目标、财务资金、政策倡导、监督问责这四个"小切口"对政府资助影响社会组织这一"大问题"提供一个初步的分析。

(二) 核心概念界定

组织能力是指一个组织有效地完成其使命和目标的一组属性，有学者将组织能力总结为领导能力、规划能力、财政能力和运营能力。[1] 组织自主性则被定义为"一个组织不受内部和外部约束而制定和追求自我计划和目标的自由"。[2] 有研究者认为，资源提供者会影响目标设定、资源分配和项目或服务选择的自主组织行为。[3] 也有研究者把自主性分为法定自主性和财务自主性，法定自主性是指对组织选择施加限制的法律数量，财务自主性是指组织可利用的资源以及对资源使用的限制数量。[4] 总的来说，组织自主性是指组织自我意志的表达，而组织能力则指组织目标的贯彻落实的能力，前者偏价值理性，后者更注重工具理性。

事实上，如果把国家作为一类组织的话，那么组织能力和组织自主性这对概念早在 20 世纪 70 年代就受到了"找回国家"学派的重视，只不过

---

[1] P. Fredericksen and R. London, (2000), "Disconnect in the Hollow State: The Pivotal Role of Organizational Capacity in Community-Based Development Organizations," *Public Administration Review* 60 (3): 230–239; P. Eisinger, (2002), "Organizational Capacity and Organizational Effectiveness Among Street-Level Food Assistance Programs," *Nonprofit and Voluntary Sector Quarterly* 31 (1): 115–130.

[2] T. Stainton, *Autonomy and Social Policy: Rights, Mental Handicap and Community Care* (Aldershot [u. a.]: Avebury, 1994), pp. 21–22.

[3] K. Jung and M. J. Moon, (2007), "The Double-Edged Sword of Public-Resource Dependence: The Impact of Public Resources on Autonomy and Legitimacy in Korean Cultural Nonprofit Organizations," *Policy Studies Journal* 35 (2): 205–226.

[4] D. H. Vinzant and J. C. Vinzant, (1996), "Strategy and Organizational Capacity: Finding a Fit," *Public Productivity & Management Review* 20 (2): 139–157.

他们是以国家能力和国家自主性来进行表述的。该学派代表人物之一斯考切波（T. Skocpol）等认为国家自主性是指国家确立并追求一些并不仅仅反映社会集团、阶级或者社团需求或利益的目标，而国家能力是指国家实施这类官方目标的能力，构成要素有完整的主权、对领土稳定的控制、忠诚而专业的行政人员、充足的财政资源。国家能力是实现自主性的必要前提，国家能力越高就越能保障自主性。① 本书则以社会组织为研究对象，聚焦发展目标、财务资金、政策倡导、监督问责四个方面来分析政府资助如何影响这两种属性（如图5-1所示）。

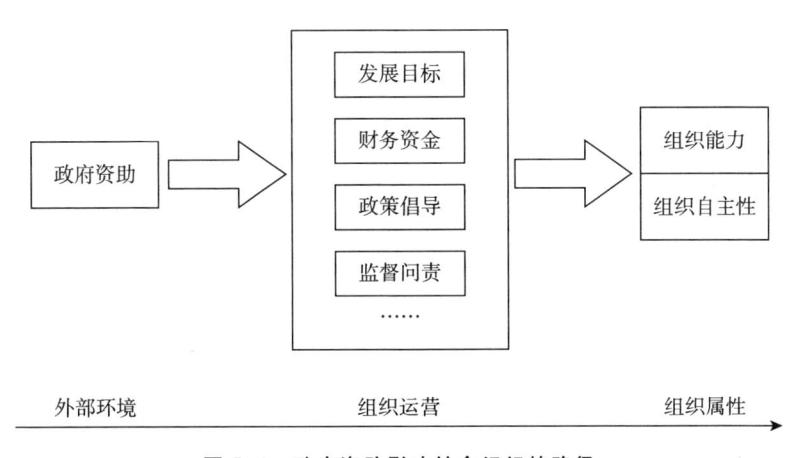

图 5-1　政府资助影响社会组织的路径

资料来源：作者自制。

三　政府资助影响社会组织的四项议题及其争议

（一）政府资助对社会组织发展目标的影响

政府资助会使社会组织产生"使命漂移"问题，即组织偏离或者改变自身的使命、战略和价值，这种情况不仅会导致组织管理过程中的不确定性和模糊性，甚至还会损害组织本身的使命。② 美国俄亥俄州有一家名为"公平住房联系服务"的社会组织，最初的服务目的是为阿克伦市的黑

---

① T. Skocpol and K. Finegold, (1982), "State Capacity and Economic Intervention in the Early New Deal," *Political Science Quarterly* 97 (2): 255-278.

② R. Bennett and S. Savani, (2011), "Surviving Mission Drift: How Charities Can Turn Dependence on Government Contract Funding to Their Own Advantage," *Nonprofit Management and Leadership* 22 (2): 217-231.

人提供平等的住房条件，然而在接受政府资助后，该组织不得不扩大服务群体范围，以满足穷人的住房需求为己任，这显然与最初的目的相悖。在接受资助两年后，"公平住房联系服务"向联邦政府退还了资金，又成为一个完全志愿的组织。① 除了政府强制干预造成"使命漂移"之外，社会组织还会主动追求"使命漂移"来满足制度环境的需要。例如，在医学院中一些研究临床医学的科系比研究基础医学的科系更能获得政府资助，所以基础医学部门为了获得资助，也开始从事大量临床医学的工作与研究。②

由此可见，政府确实会对社会组织的发展目标的自主性产生影响，但同时也有研究表明，政府资助能提高社会组织实现目标的能力。一个原因是，社会组织可以通过承担远超出其使命的工作发展其能力。一家为脑损伤患者家庭提供支持的慈善机构在和政府签订医疗服务体系的合同后，逐渐把业务拓展到为患者提供康复器材、医学研究的行政管理事务、为患有阿尔茨海默病或脑损伤导致听力障碍的人提供援助等领域，该机构主管表示，"在未开拓的领域中和政府签订合同后，可以促使管理层更新和重塑组织"。③ 另一个原因是，政府资助会对社会组织起到"开源节流"的作用，进而促成组织项目的完成。"开源"指政府资助的增加使得社会组织拥有更多的资源来保障项目的支出，使得组织为更多的群众提供服务、扩大服务范围、提高服务质量。④ "节流"指政府资助会降低行政支出和筹款支出，社会组织也因此能够将更多的资金投入组织的项目支出中去。⑤

---

① J. Saltman, (1973), "Funding, Conflict, and Change in an Open Housing Group," *Journal of Voluntary Action Research* 2 (4): 216-223.

② M. H. Moore, (2000), "Managing for Value: Organizational Strategy in For-Profit, Nonprofit, and Governmental Organizations," *Nonprofit and Voluntary Sector Quarterly* 29 (1_suppl): 183-204; M. B. Jones, (2007), "The Multiple Sources of Mission Drift," *Nonprofit and Voluntary Sector Quarterly* 36 (2): 299-307.

③ R. Bennett and S. Savani, (2011), "Surviving Mission Drift: How Charities Can Turn Dependence on Government Contract Funding to Their Own Advantage," *Nonprofit Management and Leadership* 22 (2): 217-231.

④ M. F. Sloan and C. Grizzle, (2014), "Assessing the Impact of Federal Funding on Faith-Based and Community Organization Program Spending," *Public Budgeting & Finance* 34 (2): 44-62.

⑤ P. Hughes, et al. (2014), "Crowding-out and Fundraising Efforts: The Impact of Government Grants on Symphony Rrchestras," *Nonprofit Management and Leadership* 24 (4): 445-464.

（二）政府资助对社会组织财务资金的影响

关于政府资助对社会组织财务资金的影响的文献主要在争论政府资助挤入还是挤出了私人捐赠。一部分文献认为政府资助抑制了私人捐赠，即发生了挤出效应。第一个原因可能是捐赠者是纯粹的利他主义者，只关心慈善物品的总供给，当政府增加对社会组织的支持时，捐赠者会认为自己已通过税收的方式将捐款转移给社会组织，就会有意识地减少私人捐赠。[1] 第二个原因是社会组织只追求自身使命实现而不是收入最大化，因此当社会组织获得政府资助后，其便不再向个人捐赠者进行筹资活动，由此导致私人资助的减少。[2] 第三个原因是捐赠者认为社会组织得到政府资助后失去了独立性和自主性，对其产生了不信任感，因此减少捐赠。[3] 第四个原因是资助的增加使得社会组织更服从政府的安排，个人捐赠者对社会组织的控制受到了削弱，意愿得不到实现，因此他们减少捐赠。[4]

还有一部分文献认为政府资助刺激了私人捐赠，即发生了挤入效应，其中有三种机制。第一种机制是合法性。政府具有一定的社会权威，如果政府对社会组织提供了资助，那么就可以提高社会组织的合法性和可信度，一些不了解社会组织的捐赠者会依据政府资助这一行为进行捐赠。[5] 第二种机制是配捐要求。政府进行资助时可能伴随着匹配捐赠的附带要求，所谓匹配捐赠是指政府将根据社会组织从其他主体筹集来的赠款按照一定比例进行匹配捐赠，这种要求会促使社会组织增加面向私人的劝募活动。[6] 第

---

[1] P. G. Warr, (1983), "The Private Provision of a Public Good Is Independent of the Distribution of Income," *Economics letters* 13 (2-3): 207-211.

[2] J. Andreoni and A. A. Payne, (2011), "Is Crowding out Due Entirely to Fundraising? Evidence From a Panel of Charities," *Journal of Public Economics* 95 (5-6): 334-343.

[3] K. Jung and M. J. Moon, (2007), "The Double-Edged Sword of Public-Resource Dependence: The Impact of Public Resources on Autonomy and Legitimacy in Korean Cultural Nonprofit Organizations," *Policy Studies Journal* 35 (2): 205-226.

[4] A. C. Brooks, (2004), "The Effects of Public Policy on Private Charity," *Administration & Society* 36 (2): 166-185.

[5] A. C. Brooks, (2000a), "Public Subsidies and Charitable Giving: Crowding out, Crowding in, or Both?" *Journal of Policy Analysis and Management* 19 (3): 451-464.

[6] A. C. Brooks, (2000b), "Is There a Dark Side to Government Supportfor Nonprofits?" *Public Administration Review* 60 (3): 211-218; S. W. Sokolowski, (2013), "Effects of Government Support of Nonprofit Institutions on Aggregate Private Philanthropy: Evidence from 40 Countries," *VOLUNTAS: International Journal of Voluntary and Nonprofit Organizations* 24 (2): 359-381.

三种机制是需求信号。政府资助通常是基于公众需求，如果政府将资金投入某一领域，相当于向外界发出信号表明这个领域不仅重要且缺乏资金，个体捐赠者也会因此追随政府的脚步。① 第四种机制是透明度，政府资助的同时也带来了政府的监管，从而提高了社会组织运营过程的透明度，在一定程度上获得了民众的信任，因此私人捐赠的数额得到增加。②

除了关注财务资金的数量之外，学者还注意到资金的稳定性问题。有研究表示，政府可以提供相对稳定的资金支持，使社会组织免受竞争带来的压力。③ 一些社会组织非常重视与政府之间保持良好关系以巩固自身稳定的资金流。④ 有时政府出于扶持和孵化社会组织的考虑，一些社会组织即使在资助期满时未满足政府的标准，依旧还是继续得到了其支持。⑤ 总的来说，关于政府资助对社会组织财务资金的影响的文献主要聚焦于社会组织的组织能力上，而究竟是提高还是降低了组织能力，暂时还没有定论。

（三）政府资助对社会组织政策倡导的影响

社会组织作为国家与社会之间的中介，在政策制定中发挥着不可或缺的作用，其通过参与法律法规的起草与修订、监督政府项目、法庭辩护、呼吁抵制和示威等各种面向政府或公众的方式确保更广泛的利益表达，来纠正不平衡的政治代表性。⑥ 有一部分文献认为政府资助限制了社会组织政策倡导的自主性，一个原因在于政府资助对社会组织生存的重要

---

① A. C. Brooks, (1999),"Do Public Subsidies Leverage Private Philanthropy for the Arts? Empirical Evidence on Symphony Orchestras," *Nonprofit and Voluntary Sector Quarterly* 28 (1): 32–45.

② R. D. Roberts, (1984),"A Positive Model of Private Charity and Public Transfers," *Journal of political Economy*, 92 (1): 136–148.

③ E. E. Garrow, (2011),"Receipt of Government Revenue Among Nonprofit Human Service Organizations," *Journal of Public Administration Research and Theory* 21 (3): 445–471.

④ B. Gazley and J. L. Brudney, (2007),"The Purpose (and Perils) of Government-Nonprofit Partnership," *Nonprofit and Voluntary Sector Quarterly* 36 (3): 389–415.

⑤ T. A. Reiner, (1989),"Organizational Survival in an Environment of Austerity," *Nonprofit and Voluntary Sector Quarterly* 18 (3): 211–221.

⑥ K. LeRoux, (2007), "Nonprofits as Civic Intermediaries: The Role of Community-Based Organizations in Promoting Political Participation," *Urban Affairs Review* 42 (3): 410–422; M. Neumayr, et al., (2015), "Public Funding and Its Impact on Nonprofit Advocacy," *Nonprofit and Voluntary Sector Quarterly* 44 (2): 297–318.

性越来越大,部分社会组织可能会回避激进的政治活动或不受资助方欢迎的活动。① 正如 Wolch 所言:"随着公共资金对组织生存的重要性越来越大,这些群体可能从本质上被吸纳并变得沉默。"② 一些社会组织为了实现自己的政治游说活动,甚至不愿意接受政府的资助。③ 另一个原因是根据法律以及政府合同义务的限制,社会组织不得利用政府资金进行游说活动,也就无法实现组织政策倡导的功能。④

也有研究表明,政府资助会提高社会组织政策倡导的能力。一方面,政府资助能保障稳定的资金流,为社会组织发起政策倡导活动提供足够的支持。⑤ 政府资助和政策倡导活动已经形成了正反馈的关系,社会组织越希望维持政府的资金,就越积极投入政治宣传活动中去。⑥ 另一方面,资助也能使社会组织与政府保持密切关系,为政策倡导提供了机会。一些社会组织在访谈中表示,接受政府资助之后会导致与政府面对面接触和交流增加,甚至能经常接触到一些政府高级官员和部长顾问,并能够进行持续深入的交流与对话,那么所要宣传的事务就更可能进入政策议程中并得以实现。⑦

(四) 政府资助对社会组织监督问责的影响

政府资助对社会组织日常行政事务的影响主要体现在对其的监督问责

---

① M. Chavesc, et al., (2004), "Does Government Funding Suppress Nonprofits' Political Activity?" *American Sociological Review* 69 (2): 292-316.

② J. R. Wolch, *The Shadow State: Government and Voluntary Sector in Transition* (New York: Foundation Center, 1990), p. 215.

③ E. Bloodgood and J. Tremblay-Boire, (2017), "Does Government Funding Depoliticize Non-Governmental Organizations? Examining Evidence from Europe," *European Political Science Review* 9 (3): 401-424.

④ B. L. Leech, (2006), "Funding Faction or Buying Silence? Grants, Contracts, and Interest Group Lobbying Behavior," *Policy Studies Journal* 34 (1): 17-35.

⑤ J. E. Mosley, (2011), "Institutionalization, Privatization, and Political Opportunity: What Tactical Choices Reveal About the Policy Advocacy of Human Service Nonprofits," *Nonprofit and Voluntary Sector Quarterly* 40 (3): 435-457.

⑥ J. E. Mosley, (2012), "Keeping the Lights on: How Government Funding Concerns Drive the Advocacy Agendas of Nonprofit Homeless Service Providers," *Journal of Public Administration Research and Theory* 22 (4): 841-866.

⑦ A. Hudson, (2002), "Advocacy by UK-Based Development NGOs," *Nonprofit and Voluntary Sector Quarterly* 31 (3): 402-418; J. Onyx, et al., (2008), "Implications of Government Funding of Advocacy for Third-Sector Independence and Exploration of Alternative Advocacy Funding Models," *Australian Journal of Social Issues* 43 (4): 631-648.

和所带来的后果。当政府与社会组织签订购买合同后,会对机构的绩效和服务过程进行监督与问责,这可能会影响社会组织的自主性。[1] 政府主要对社会组织人员配备、服务过程和提供设施三个方面有较高的要求。在人员配备方面,政府可能会对社会组织的人员不满意而要求加入新的人员或者裁员。在服务过程中,政府更加注重受益群体最大化以及会在社会组织服务过程中订立非常严格的标准。在提供设施方面,政府可能会提出自己的要求,导致社会组织提供一些原本它们不会提供的设施。[2] 这种复杂的问责要求会使社会组织变得官僚化。官僚化,或称形式化,代表了一个组织被正式的结构组件所管理的程度,如等级权威、正式的规则和程序、有纪律的指挥和分工。[3] 政府资助会加速社会组织的行政化趋势,行政工作越来越多地由专门人员来执行以符合政府的要求,由此带来的巨大的行政负担阻碍了社会组织的灵活性和自主性。[4]

然而这种因监督问责而牺牲的自主性同时也带来了组织能力的提高。一方面,政府对接受政府资助的非营利组织财务问责程度较高,导致这些机构的财务报告的质量比那些依赖私人捐助的机构更高。合规透明的财务报告提高了非营利组织的合法性和可信度。[5] 在调查中也发现,接受政府监督评估的社会组织更具企业家精神,更注重结果,适应性也更强,在绩效和执行能力上都表现得非常出色。[6] 另一方面,官僚化也带来了专业化。专业化是指组织人员配置和运作越来越依赖那些通过正式培训获得专业和

---

[1] J. Alexander, et al., (1999), "Implications of Welfare Reform: Do Nonprofit Survival Strategies Threaten Civil Society?" *Nonprofit and Voluntary Sector Quarterly* 28 (4): 452–475; K. Leroux and H. T. Goerdel, (2009), "Political Advocacy by Nonprofit Organizations: A Strategic Management Explanation," *Public Performance & Management Review* 32 (4): 514–536.

[2] M. Lipsky and S. R. Smith, (1989), "Nonprofit Organizations, Government, and the Welfare state," *Political Science Quarterly* 104 (4): 625–648.

[3] F. C. Harris, (2001), "Black Churches and Civic Traditions: Outreach, Activism, and the Politics of Public Funding of Faith-Based Ministries," *Can Charitable Choice Work*: 140–156.

[4] S. R. Smith, (2008), "The Challenge of Strengthening Nonprofits and Civil Society," *Public Administration Review* 68: S132–S145.

[5] S. Verbruggen, et al., (2011), "Can Resource Dependence and Coercive Isomorphism Explain Nonprofit Organizations' Compliance with Reporting Standards?" *Nonprofit and Voluntary Sector Quarterly* 40 (1): 5–32.

[6] J. Carlson, et al., (2010), "Government Performance Reforms and Nonprofit Human Services: 20 Years in Oregon," *Nonprofit and Voluntary Sector Quarterly* 39 (4): 630–652.

主题知识的有偿员工队伍。政府资助的资金能用于雇用这些专业人员，促使社会组织在项目中执行职业标准，提高服务能力，解决业余性的缺陷。[1] 同时，社会组织可依靠这种高水平的行政能力处理环境的重大变化、管理更大的项目以及实现更多的创新。[2]

当然，除了发展目标、财务资金、政策倡导和监督问责四个方面之外，还有一系列的文献关注到政府资助在其他方面对社会组织的影响。例如，政府资助的社会组织其董事会筹资能力和利益代表能力较弱、[3] 受资助的社会组织可作为补充以提高公共服务质量、[4] 接受政府资助的社会组织更容易与其他公共服务机构达成合作、[5] 政府资助会导致社会组织员工流动和士气低下等问题、[6] 社会组织通过绩效信息保持与政府之间的互相信任、[7] 政府资助会促进社会组织数量增加、[8] 政府拖延付款或取消合同的投机行为会导致社会组织被迫提取准备金和裁减员工[9]等，在这里不一一叙述。这些研究的角度较为细致分散，不足以帮助我们从整体上把握政府和受资助方之间的关系。

---

[1] L. M. Salamon, (1987), "Of Market Failure, Voluntary Failure, and Third-Party Government: Toward a Theory of Government-Nonprofit Relations in the Modern Welfare State," *Journal of Voluntary Action Research* 16 (1-2): 29-49.

[2] R. M. Kramer and B. Grossman, (1987), "Contracting for Social Services: Process Management and Resource Dependencies," *Social Service Review* 61 (1): 32-55.

[3] M. M. Stone, et al., (2001), "Organizational Characteristics and Funding Environments: A Study of a Population of United Way-Affiliated Nonprofits," *Public Administration Review* 61 (3): 276-289.

[4] Y. Shi and Y. Cheng, (2021), "Nonprofit-as-Supplement: Examining the Link Between Nonprofit Financial Support and Public Service Quality," *VOLUNTAS: International Journal of Voluntary and Nonprofit Organizations* 32 (1): 28-44.

[5] H. S. Jang and R. C. Feiock, (2007), "Public Versus Private Funding of Nonprofit Organizations: Implications for Collaboration," *Public Performance & Management Review* 31 (2): 174-190.

[6] K. Akingbola, (2004), "Staffing, Retention, and Government Funding: A Case Study," *Nonprofit Management and Leadership* 14 (4): 453-465.

[7] J. G. Carman, (2010), "The Accountability Movement: What's Wrong with This Theory of Change?" *Nonprofit and Voluntary Sector Quarterly* 39 (2): 256-274.

[8] W. Luksetich, (2008), "Government Funding and Nonprofit Organizations," *Nonprofit and Voluntary Sector Quarterly* 37 (3): 434-442.

[9] B. Never and E. de Leon, (2014), "The Effect of Government Contracting on Nonprofit Human Service Organizations: Impacts of an Evolving Relationship," *Human Service Organizations: Management, Leadership & Governance* 38 (3): 258-270.

四 政府资助对社会组织自主性与能力的影响

通过以上的文献梳理,可以看出政府资助会对社会组织的自主性和能力产生影响(如表5-1所示)。从发展目标来看,政府资助会使社会组织被迫调整任务或者主动迎合政府要求,从而降低组织自主性,但与此同时,又会刺激组织实现创新并保障项目支出,从而提高组织能力;从财务资金来看,政府资助因为税收替代捐赠、社会组织减少筹资活动、民众对社会组织丧失信任、民众自身权利受限等降低组织能力,然而又因为提供了稳定的资金流、提高了组织的合法性、配捐要求面向社会筹资、向社会释放需求信号等提高了组织能力;从政策倡导来看,政府资助会使社会组织回避一些敏感议题,以及资助要求会限制组织无法进行游说,从而降低组织自主性,但又因为保障了稳定的资金流,并为社会组织提供了与政府密切交流的机会,有利于提高组织能力,实现倡导任务;从监督问责来看,社会组织由于政府的资助,获得社会的信任并提升了专业化水平,从而提高组织能力。

综上,除了财务资金方面较难确定究竟降低还是提高组织能力外,从发展目标、政策倡导、监督问责三个方面,我们大致可以得出政府资助会降低社会组织的自主性并提高组织能力的结论。从这一角度出发,我们也就理解了以往关于政府资助积极或者消极作用的争论根源在于未能很好地区分组织的两种不同属性,以至于用自主性作"矛"攻组织能力这块"盾"。这种情形还可以用舍"义"取"生"来做一个相对简明形象的概括。舍生取义本是形容一个人为了追求心中正义而甘愿牺牲自己的生命,如果把自我管理、自我决策、自我发展等自主性行为作为社会组织的"义",那么可以发现,社会组织为获得生存提高组织能力,不得不采取舍"义"取"生"的行为。

表 5-1 政府资助对社会组织影响

聚焦议题	组织属性			
	组织自主性		组织能力	
	机制解释	政策效果	机制解释	政策效果
发展目标	被动调整 主动迎合	降低	刺激创新 保障项目支出	提高

续表

聚焦议题	组织属性			
	组织自主性		组织能力	
	机制解释	政策效果	机制解释	政策效果
财务资金	—	—	税收替代 减少筹资 丧失信任 权利受限	降低
			稳定资金流 提高合法性 配捐要求 需求信号	提高
政策倡导	政治回避 义务限制	降低	稳定资金流 拉近关系	提高
监督问责	官僚化	降低	提高合法性 专业化	提高

资料来源：作者自制。

需要留意的是，本研究虽然认为政府资助会降低自主性提高组织能力，但这一结论同时也存在一些局限。一是本研究没有实现"面面俱到"，仅是选取了部分议题和部分文献，难免挂一漏万，造成结论效度的折损，还需日后进一步扩充。二是本研究无法明确政府资助对社会组织财务资金总量的净效应，还需要留待日后量化研究的探索，因此本书结论对这一议题进行了割舍。三是这一结论仅是从若干"小切口"涌现出来的对结构的一种简洁明了的概括，而在当前中观理论日趋兴盛的背景下，宏观性结论并不是最值得关注的，其背后的各个"小切口"才是日后研究的重要突破点。从中观走向宏观，再从宏观返回中观，是研究螺旋式发展的重要过程。总而言之，本研究仅希望能抛砖引玉，帮助后续社会组织的发展和研究进一步实现新的突破。

五　研究的启示

（一）理论启示

从理论的层面上看，第一，政府资助提高组织能力降低自主性这一结论促成了对志愿失灵理论的反思。萨拉蒙（Salamon）认为，社会组织存在慈善不足、特殊主义、家长式作风、业余主义四种志愿失灵的现象，因此需要政府的介入作为补充。政府可以向社会组织提供足够的资金满足组织发展需要，也可以通过民主的程序决定服务提供的对象与种类和防止服务提供中的家长式作风，从而更好地保障社会组织发挥作用。[1] 然而如果从"组织能力—组织自主性"这一框架来看，政府确实提高了社会组织的能力，弥补其志愿不足、业余主义的问题，但是通过民主程序杜绝家长式作风和特殊主义的同时也降低了社会组织的自主性。那么，政府会不会异化为新的"家长"，政府的偏好会不会形成新的特殊主义呢？若从这一角度来审视志愿失灵理论，何以见得政府能弥补志愿失灵呢？

第二，政府资助提高组织能力降低自主性这一结论对新制度主义也有所拓展。新制度主义认为，组织生存于由法律、规范和文化价值观等组成的制度环境中，为了追求其合法性，组织会实行社会中广为认可的规则、程序和组织架构等。[2] 政府会通过行政命令、法律法规和公共政策等方式，使社会组织遵从政府的统一标准，实现强制性同构。[3] 又因为社会组织缺乏如企业一般明确的绩效考核指标，其会更容易受到制度环境问责压力的影响。[4]

可以发现，新制度主义更多地从组织自主性来思考政社关系，而对强制性同构之后的结果则较少关注，通过以上的文献梳理我们可以知道，社会组织虽然自主性受限，但是其组织能力得到了提升。而新制度主义的一个奠基性的主张认为组织所处的技术环境和制度环境是相冲突的，如果组织遵从制度化规则，就会影响效率；如果组织追求效率优先，就会影响组织的合法性。因此，组织常常将组织的内部运作和正式结构分离开来。但从组织能力提升这一结论来看，社会组织的技术环境和组织并不必然是相悖的，组织符合制度环境要求的同时也实现了提高效率的目标。

---

[1] L. M. Salamon, (1987), "Of Market Failure, Voluntary Failure, and Third-Party Government: Toward a Theory of Government-Nonprofit Relations in the Modern Welfare State," *Journal of Voluntary Action Research* 16 (1-2): 29-49.

[2] J. W. Meyer and B. Rowan, (1977), "Institutionalized Organizations: Formal Structure as Myth and Ceremony," *American Journal of Sociology* 83 (2): 340-363.

[3] P. J. DiMaggio and W. W. Powell, (1983), "The Iron Cage Revisited: Institutional Isomorphism and Collective Rationality in Organizational Fields," *American Sociological Review* 48 (2): 147-160.

[4] P. Frumkin and J. Galaskiewicz, (2004), "Institutional Isomorphism and Public Sector Organizations," *Journal of Public Administration Research and Theory* 14 (3): 283-307.

那么，该如何解释制度环境和技术环境既对立又统一的关系呢？要回答这个问题，我们恐怕需要回到新制度主义的起点。韦伯认为组织普遍追求科层制的原因是竞争压力下追求效率的最大化，但是迪马乔和鲍威尔则强调，促进组织理性化的动力机制已发生改变，组织结构的趋同越来越不是出于竞争或者绩效需求的推动，而是规范导致的制度性同构所形成的，基于对韦伯的批判，新制度主义由此衍生出一系列研究。[1]

在对组织和环境关系进行分析时，不应该忽视竞争性同构的作用。当社会组织所处的制度环境和技术环境相冲突时，其背后更多的是制度性同构或者更精确地说是三种制度性同构之一的强制性同构在发挥作用，组织的行为很多并非自愿，因此也就不难理解会发生"脱耦"的问题。当制度环境和技术环境相重合时，更多的是由竞争性同构所形成的，技术环境的部分因素也是建立在制度环境的基础之上的，制度框架限定了组织发展的目标和提高效率的策略，具体地说，社会组织为了获得资源和生存空间，会主动压缩自身的功能来迎合政府标准，并在政府许可的活动范围内寻求组织发展，这个过程组织则是主动作为，制度环境和技术环境也就紧密结合在一起。从上述分析来看，本研究为更全面地理解组织与环境之间的互动关系提供了一个相对适宜的框架。

第三，这一结论也促成了对中国社会组织自主性研究的反思。有研究倾向于认为中国社会组织处于"强国家—弱社会"的结构性背景下，社会组织缺乏相应的自主性，社会组织必须采取各种策略寻求政府的庇护，因此呈现出"依附性自主"的现象。[2] 但是从本书的研究结论来看，社会组织缺乏自主性似乎并不仅仅局限于中国，这一问题在国外同样具有一定的普遍性。质言之，社会组织自给自足的迷思缺乏相应的客观事实依据，自主性不足是所有社会组织面对的共同挑战。

当前研究应该把"管理"带回"政治"中去。缺乏自主性不仅应该在"国家—社会"这一政治学意味较浓厚的背景下讨论，更应该在"委托—代理"这一管理学模型中进行讨论。在服务外包的过程中，政府会利用剩余控制权来应对各种道德风险问题，这并不一定是某些能力较强的国家的

---

[1] 参见周雪光《组织社会学十讲》，社会科学文献出版社，2003，第86页。
[2] Y. Lu, (2007), "The Autonomy of Chinese NGOs: A New Perspective," *China: An International Journal* 5 (2): 173-203.

专属，也并不一定是国家对社会进行钳制的佐证。监管只有强弱的组内差异，而不是有无的组间差异。现有研究早已关注到了照搬西方理论来解释中国现象所带来的水土不服的问题，[①] 下一步应以一种审慎的、"去政治化"的思维方式看待中国问题，破除对中国的刻板印象，不过分强调研究对象的特殊性，使得研究更为理性和具有解释力。

（二）管理启示

改革开放以来，虽然政社关系得到了较大调整，但是中国政府对待社会组织始终是控制与赋权并重，所以本研究所得出的政府资助提高组织能力、降低组织自主性的结论对于社会组织和政府的管理人员来说似乎是不言自明的常识，但这并不意味着思考的无价值，社会现象的背后常常存在多种机制作为解释，掌握背后复杂多样的机制解释更有助于我们对社会组织发展有一个全过程的、动态的了解。

上文中整理的因果机制对于社会组织管理人员来说，可能有以下几点启示。第一，政府资助可以提高社会组织的合法性，赢得公众的信任和重视，久而久之，当社会组织逐渐获得社会合法性并成为民众生活中不可或缺的一部分时，是否可以将此作为与政府议价的资本获得更多的自主性，若是如此，社会组织需要高度重视与民众的联系，响应群众的需求。第二，政府可以为社会组织提供稳定的资金流，而稳定的资金流也意味着政社之间的互动是一个持续长久的过程，上文中亦可得知政府资助可促进政府和社会组织之间的交流，那么这种持续不断的互动过程是否也会使政府逐渐理解并信赖社会组织，使社会组织从需要警惕的"代理人"转变为安全可靠的"管家"，继而提升组织自主性？若是如此，社会组织则需要拓宽各种沟通渠道保持与政府之间的密切关系。

对于政府来说，如果不重视资助的方式方法，那么培育扶持社会组织的事业就会陷入有能力无自主的内卷化陷阱之中。因此对于政府也可能有两点启示：第一，政府资助过程中的监督管理确实会导致社会组织能力提升，但不能否认这一过程也伴随着行政压力的增加，因此政府应尽量避免不必要、不合理的问责考核制度，在专业化和体制化之间保持平衡；第二，政府资助会使社会组织产生"使命漂移"问题，这是因为政府习惯于

---

① C. E. Nevitt, (1996), "Private Business Associations in China: Evidence of Civil Society or Local State Power?" *The China Journal* 36: 25-43.

科层逻辑，社会组织作为公众表达诉求的工具，其更多地代表公共价值和利益，因此政府应考虑以协商的方式与社会组织共同决策，将社会组织视为互通有无的"伙伴"而非随意差遣的"伙计"。

第二节 美国政府购买社会组织服务的实践

本研究通过对亚利桑那州坦佩市政府购买社会组织服务的案例进行剖析，试图探讨政府购买服务的运作模式及其对我国的借鉴意义。具体来讲，政府购买的服务项目是如何设立的、如何评审的，又是如何进行绩效评价的？购买服务的运作模式具有什么特征？对我国政府购买服务的制度实践有何借鉴价值？以下部分首先简要介绍本研究所选案例的概况，并交代资料来源。其次，从项目管理的视角对坦佩市政府购买社会组织服务的具体运作过程进行深入描述。再次，本研究将概括融合模式的特征。最后，结合我国实际提出若干有针对性的建议。

一 坦佩市政府购买社会组织服务的案例概述

一般地，政府购买社会组织服务涉及政府、社会组织、服务对象、评估方等利益相关主体。其中，政府是项目的资助和问责主体，社会组织是项目的设计和执行主体，而服务对象既可以被动接受服务，也可以主动参与服务的递送，还可以是服务的评价主体。评估方的角色主要是通过相对客观中立的立场对项目服务的绩效进行评价。

坦佩市属于地方政府层级，是凤凰城大都会区的一部分。根据2009~2011年美国社区调查机构的数据，其人口规模为163928人。坦佩市购买服务的资金部分来自市政府，部分来自全市的社区发展基金。每年有40家左右社会组织参与购买服务，多数属于501（c）（3）类组织，主要在坦佩市范围内开展服务，具体服务包括六类：家庭暴力庇护服务；年轻人预防服务；为穷人提供的服务；为无家可归者提供居所；老年人服务；残疾人服务。从购买服务的管理来看，坦佩市政府并没有具体负责购买服务的管理工作，而是由一家坦佩社区委员会的社会组织负责操办，形成资金分配方案，并推荐给坦佩市政府进行最终决策。

本节的资料来源包括三部分：（1）对3家社会组织的访谈，详细了解坦佩市政府购买社会组织服务的运作和管理，这3家社会组织分别是坦佩社区委员会、坦佩救世军组织和坦佩社区行动组织；①（2）通过参加会议与志愿服务形式进行了长短不一的参与式观察；（3）项目总结和年报等文字资料，特别是2013~2014年度和2014~2015年度的基本数据。有必要指出的是，坦佩社区委员会属于支持类社会组织，其使命是向有需求的社区成员伸出援助之手，营造一个儿童、老人和其他居民互相关心的坦佩社区。坦佩救世军组织和坦佩社区行动组织是服务类社会组织，主要针对社区各类群体提供具体服务。

二 政府购买社会组织服务的项目制运作

政府资助的服务项目的最终落地依赖于有效的项目管理，包括项目设立、项目评审、项目执行、项目评估等基本环节。②从项目设立来看，服务需求的调研是基本前提。从项目评审来看，由坦佩社区委员会和居民共同完成，而且评审标准的设计比较精细。项目评估则采取多元化的方式进行。总体上，从坦佩市项目运作过程来看，公民是可以很好地参与其中并产生影响力的，而且这个过程对个体和社会产生了积极的影响。

（一）基于社区服务需求调研后的项目设立

科学设立公益项目的前提是明确真正的社会问题，③这得益于坦佩社区委员会自身的研究功能。以无家可归者这个群体为例，坦佩社区委员会已经对这个群体的内涵、外延和产生的影响因素进行深入的研究。具体来讲，从内涵来看，无家可归者是指缺乏固定和常态的住宿地的一个群体。从外延来看，这个群体包括小孩、家庭暴力的受害者、习惯性的流浪汉、吸毒人员、精神病人、居住在乡村的人、老年人、退伍军人等。除了界定内涵和外延，坦佩社区委员会对这个群体产生的主要影响因素也进行了研

---

① 2013~2014年笔者在美国亚利桑那州立大学访问，其间访谈了多家社会组织以了解美国地方政府购买社会服务（包括残疾人服务）的具体实践。在调研的基础上完成《美国地方政府购买社会组织服务中的融合模式及其借鉴》一文，并发表在《科学发展》2019年第9期。坦佩社区委员会、坦佩救世军组织、坦佩社区行动组织分别是Tempe community council、Tempe salvation army、Tempe community action。对这三家机构的访谈见访谈记录稿SQ20140325、JS20131217、TP20131220、XD20140404。

② 韩俊魁：《非营利组织项目管理》，社会科学文献出版社，2015，第3页。

③ Peter H. Rossi, Mark W. Lipsey and Howard E. Freeman, *Evaluation: A Systematic Approach*, 7th ed. (Thousand Oaks, CA: Sage Publications, 2004), p.105.

究，包括家庭暴力、没有便宜的房子可以租赁、严重的疾病或残障、沉溺导致的功能失调、精神问题。所以，政府资助的公益项目往往是针对特定群体所可能产生的社会问题而设立的。

其次是通过广泛而有效的调研来掌握需求分布。在研究的基础上，坦佩社区委员会每年会就社区的服务需求向多个社会部门进行调研，了解各项服务的应急程度及居民对其的真实需求，从而在项目资助中给予考虑。一般地，调研的对象包括坦佩社区委员会的理事会成员、教会、警察局、学校、消防部门、健康部门等。调研方式简单而不失科学性，而且具有参与性，以在学校的调研为例，包括主观题和客观题共三个题目。

> 这次调研的结果将作为项目立项评审的工具之一。第一个问题：你认为坦佩市服务这六类群体的情况如何。第二个问题：根据应急程度1~6分对资助这六类群体的服务进行排序。第三个问题：请提出任何关于设立项目、服务某类群体的建议。最后是感谢你的参与，帮助坦佩社区委员会实现使命，如果您有任何问题，请联系我们。①

通过需求调研，坦佩社区委员会对每年应该关注的社会问题和服务群体有较为清晰的认识。综合考虑目前运作的项目以及正在出现的社会问题，在当年的项目设立和评审中给予考虑，这主要在项目评审的标准中体现出来。也就是说，涉及这六类服务的项目有很大的可能性得到优先资助。

（二）精细化设计的项目评审标准

坦佩社区委员会认为根据应急程度社区提供的服务可以分为三个层次：帮助家庭和居民脱离危机、建立稳定状态，以及保持自给自足。这意味着地方政府在资助社会组织服务时是有基本的职能定位和服务边界的。那么根据什么标准来决定哪些项目可以获得资助、资助多少、哪些不能获得资助呢？对此有更为精细化设计的项目评审标准。

项目评审是通过计分和排序进行的。项目评审标准分为三个部分：项目设计科学性、面试答辩表现，以及服务项目的重要性（见表5-2）。其

---

① 来自调研资料。

中,项目设计科学性评判维度包括管理能力、服务能力、项目效果、资金运用以及撬动资金的能力,该环节主要由参与的志愿者决定,其中项目申报书的资金支出设计由坦佩社区委员会把关。在面试的时候,志愿者一般是与坦佩社区委员会的财务主管一起参与的。服务项目的重要性是由每个年度的社区调研结果决定的,2014~2015年的调研结果显示,以上六类服务项目的重要性分别计分20分、18分、16分、14分、12分。项目评审最后得分就是以上三部分的总和,其中前两者分别占据总分的40%,后者占据20%。

表5-2 项目评审的标准与具体指标

项目评审标准	具体指标	评审主体	计分
项目设计科学性	管理能力、服务能力、项目效果、资金运用以及撬动资金的能力	志愿者为主,其中预算部分由坦佩社区委员会把关	40分
面试答辩表现	无内部资料显示	由志愿者和坦佩社区委员会共同决定	40分
服务项目的重要性	分为12~20分五个等级	坦佩市社区(根据每年项目需求调研后打分)	20分

资料来源:根据调研资料整理而成。

根据该计分标准,坦佩社区委员会与志愿者共同对申报的项目进行评审和排序。项目最终的资金额度取决于每年度地方政府的财政预算总额、项目评审总分以及该项目在上一年度的资助金额。因此,在每年的财政预算逐渐减少的情况下,排名靠前的项目基本能够按照项目书的金额得到资助,排名靠后的项目存在资助金额打折,甚至被淘汰的风险。

(三) 社区居民广泛参与的项目评审

项目评审是参与式的,由社区居民和坦佩社区委员会共同完成。项目评审是一个联合社区居民就项目的资助做出决定的过程。只要在这个城市工作和生活,并且有兴趣参与就可以成为评审人员。坦佩社区委员会对志愿者不发放任何津贴,唯一的要求是填写保密协议。每年会有四五十名志愿者参与,以下结合调研资料从志愿者的具体任务、特征、参与动机三个方面进行简要分析。

第一,志愿者的主要任务是参加评审和面试。首先是志愿者报名和参与培训，了解社区的基本情况，诸如多少人无家可归、贫困线是多少等。然后是参与评审，在网站上阅读申请书，包括预算表、"990表"等信息。次年1月对参与的社会组织人员进行面试，并进行综合打分。志愿者在一个完整的流程中每人贡献将近20小时。

第二，志愿者比较多元，多数是中产阶层人士。根据笔者在项目评审讨论会上的观察，评审当天参加的志愿者共17人，其中4人来自坦佩社区委员会，包括2名董事会成员，以及2名机构工作人员，其他13人来自坦佩市社区。这17人构成的特点如下：男性有8人，女性有9人；较年长的有11人，较年轻的有2人；其中1名为残障人士。

第三，从志愿者参与动机来看，参与本身已成为社区日常生活的一部分，参与同时意味着监督。在与这些志愿者进行交流的过程中，一对年长夫妇告诉笔者："我们已经生活在这个社区四十年，现在没有完全退休，有闲暇的时间，参与让我们更加年轻，我们都是纳税人。"一位年轻人告诉笔者："我已经第五年参加了，我从小是在这样的环境中长大的，所以我需要回馈社会。"同时，志愿者也会表达自我的不满，一位老先生认为对长达40页的项目表格进行评估本身是不合理的。

（四）多元简单的项目绩效评估

项目绩效评估主要包括以下三个方面。一是社会组织自评估。在申请项目时，申请书当中涉及具体指标测量和结果效果陈述，社会组织需要按照申请书的要求来进行自我评估。另外，一旦项目获得资助，这些申请书将作为公开文件，受到社会的监督。二是坦佩社区委员会与社会组织的定期沟通。社会组织需要每季度向坦佩社区委员会汇报项目执行情况。三是坦佩社区委员会的现场指导。不少服务项目还会有现场的督导来保证项目的正常运作。

三 政府购买社会组织服务项目的运作模式

本案例呈现的是政府购买社会组织服务的一种创新模式，与竞争性招标模式和定向委托模式并不完全相同（见表5-3）。在坦佩社区，任何社会组织都可以前来申请政府资助的项目，但是所有组织都面临申请资金打折扣，甚至被淘汰的风险。从2013年和2014年收集的资料来看，由于每年的财政预算逐渐缩减，很多社会组织尽管获得资助，但申请的资金打了折扣。少部分的社会组织没有申请到任何资金,多是由于项目设计不具科学性和可行性,也有社会组织第一年申请被驳回的情况。而在定向委托模式下,参与其中的社会组织基本能够获得政府资助。竞争性招标模式则是完全竞争的,从实践看参与的和中标的社会组织数量比例往往大于等于三比一,也就是说参与其中的社会组织具有很大的可能性申请不到资金。

服务项目向所有社会组织开放,任何社会组织都可以前来申请,但项目并非"大锅饭",具有有限竞争的特征,同时具有定向委托模式的长期合作而达成的相对稳定性,不妨称之为"融合模式"。具体而言,从运作的市场条件来看,融合模式只是要求有限数量的符合资质条件的社会组织。从价值理念来看,如果说竞争性招标模式追求的是基于效率假设的低成本和高质量公共服务,定向委托模式追求的是稳定合作基础上的高质量公共服务,那么融合模式则试图兼顾效率和稳定合作的价值来提供高质量的公共服务。

表 5-3　竞争性招标模式、定向委托模式和融合模式的比较

政府购买社会组织服务模式的类型	竞争性招标模式	定向委托模式	融合模式
竞争性程度	完全竞争	无竞争性	有限竞争
市场条件	充分的符合资质条件的社会组织	具有唯一的符合资质条件的社会组织	具有有限数量的符合资质条件的社会组织
价值理念	基于效率假设的低成本高质量公共服务	稳定合作基础上的高质量公共服务	兼顾效率和稳定合作的高质量公共服务
适用服务领域	可量化和评估的公共服务	较难量化和评估的社会服务	较难量化和评估的社会服务

资料来源:作者自制。

融合模式的形成表面上似乎与坦佩社区人口稀少和资金充裕有关,但实际上与社区长期发展过程中形成的精细化制度设计和文化引导是分不开的。

第一,立项科学、评审精细和信息公开是融合模式运作的制度支撑。坦佩社区委员会对社区需求的总体情况及其变化趋势有很好的把握,同时每年通过全社区的调研来掌握社区的新变化和新需求,这是项目立项科学性的保障。精细化的评审主要是通过 30 余年的实践运作逐渐改进而形成的。而信息公开主要体现在获得政府资助的项目的申请书必须无条件向社

会公开，因为很多项目是长期的连续性项目，社区公民对项目比较熟悉，是社会监督的重要力量，使得社会组织较为珍惜自身的声誉。总之，融合模式的良好运作离不开科学立项、精细评审和信息公开这三大制度支撑。在长期的发展中，项目的立项和评审环节基本实现民主性和科学性的有机结合，同时社会监督实现常态化，保障融合模式的良性运作。

第二，社区合作和公民参与的哲学是融合模式运作的文化基础。融合模式的运作也离不开社区合作和公民参与的文化支撑。法国思想家托克维尔为我们理解美国基层的公民结社和公民文化提供了有益帮助。概况来讲，融合模式的文化基础分为以下两个方面。

一是社区营造的是公民参与的文化。通过评审机制，不少公民以志愿者身份投入20小时参与评审和资金分配的讨论。实际上公民参与不止于评审环节，几乎贯穿融合模式的全过程。在项目立项过程中，对此感兴趣的公民参与需求的表达，然后进入评审环节，再是项目执行的社会监督。这本质上是公民参与的文化所致。坦佩社区委员会的秘书长告诉笔者："坦佩社区打造的不是竞争的理念，而是团结和合作的理念，这是我们社区的文化。"（来自调研资料）对于这一点，在对坦佩社区行动组织项目主管的访谈中，笔者也深有感触。

二是社区合作和公民参与的文化正是在日常性实践中习得的。从参与式观察来看，社区是公民素养练习的场所，在志愿者参与的过程中讨论的主题包括资金分配的公平性问题、项目的社会影响力、社会组织声誉和能力的不同评价。针对大家的不同想法，坦佩社区委员会会采纳一些建议，同时工作人员对一些误解进行回应。这实质上是一个公民驱动的过程，正是新公共服务学者所倡导的培养新公民的理念。

四　美国经验对我国购买服务项目制度建设的启示

（一）政府购买服务的模式选择是我国购买服务制度建设的核心要素

政府购买社会组织公共服务已经在我国展开，目前各级地方政府正在积极探索适合本地的模式。总体上各地实践的制度化程度不一，发展水平也不尽相同。从中央的顶层设计和目前的发展趋势来看，政府购买服务将逐渐成为各级政府治理社会的常规性工具，这意味着购买服务的制度化是必然趋势。从理论和经验上进一步明晰政府购买服务的制度要素构成及其运作逻辑，无疑有助于购买服务的整体性制度设计。有研究者指出，我国政府购买服务的实践发展受到西方制度的深刻影响。[①] 在这样的背景下，更好地研究国外经验并从中获得借鉴就变得尤为重要，这在某种程度上将影响我国政府购买服务制度化实践的走向。

从公共政策实践来看，购买模式的选择也是地方政府实践中遇到的难题。竞争性程度直接影响公共财政和其他公共资金的使用效率和公平分配问题，自然成为购买模式制度设计的核心因素。一般地，根据竞争性标准，政府购买社会组织服务的模式分为两种基本类型：竞争性招标和定向委托。前者是指政府在购买服务过程中对社会组织的选择是竞争性的，主要体现为投标社会组织和中标社会组织数量上的差额；后者则是指政府通过直接委托的方式，选择相对固定的社会组织来提供服务。从目前我国市场化改革的方向来看，前者似乎是比后者更具合法性的模式，但前者也显示出不少的缺陷，特别是在社会服务领域。

（二）融合模式在我国实施的适用性分析

在美国，融合模式的运作有赖于制度与文化的双重基础，既包括科学立项、精细评审和信息公开的制度支撑，也包括社区合作和公民参与的文化基础。这在前文已经提及。总体上，美国地方政府购买服务的发展已经超越计划与市场之争，到达寻求公平与效率平衡的阶段。[②]政府购买服务已经进入较为成熟的阶段，这是融合模式出现的重要原因。从案例的经验来看，经过30多年的发展，融合模式的运作比较稳定，既表现在坦佩市政府、坦佩社区委员会和其他社会组织之间形成稳定合作关系，又表现在每年度社会组织参与具有相对稳定性。

与美国不同，我国政府购买服务的实践尚处于初步发展阶段，多数地方政府从最初的地方政府创新，进入初步的制度化发展阶段。从政府购买服务模式的实践来看，竞争性招标所产生的社会组织之间的相互陪标甚至是恶性竞争，已对社会组织行业的良性发展特别是社会资本产生负面的影

[①] 陆春萍：《我国政府购买公共服务的制度化进程分析》，《华东理工大学学报》（社会科学版）2010年第4期，第102页；杨宝：《政府购买公共服务模式的比较及解释：一项制度转型研究》，《中国行政管理》2011年第3期，第41页。

[②] 句华：《美国地方政府公共服务合同外包的发展趋势及其启示》，《中国行政管理》2008年第7期，第103页。

响；与此同时，定向委托所反映的体制内购买对政府职能转变可能并没有实质性的推动作用。融合模式的实施，是对竞争性招标和定向委托的一种超越。

融合模式能否在我国真正落地，取决于相关制度的配套和公共参与文化的形塑。在我国，政府购买服务的实践是走在立法之前的。这意味着政府购买服务的制度设计面临潜在的制度变革，关于立项、评审、评估、信息公开的制度设计的优化和改进具有很大的可行性。与中微观层次的制度配套比较，公共参与文化的塑造或许更难一些。在我国政府购买社会组织服务的发展过程中，尽管公共参与的浓厚氛围远没有形成，但社会组织和公众开始参与其中。良性的制度设计对公共文化具有积极形塑的作用。公共参与渠道拓展的制度化有助于培养公民的参与和合作文化。从这个意义上说，融合模式在我国实施的文化基础也是可以慢慢培育的。所以，融合模式在我国的实施是具有可适用性的。

(三) 对我国政府购买服务制度建设的具体借鉴意义

在新时代国家治理体系和治理能力现代化的政策话语下，推行政府购买社会组织公共服务根本上是为了推动政府职能转变和社会组织发展，建立政府和社会的新型合作关系。从这个意义上说，我国的政府购买服务还存在较大改进空间。以下从基本理念、制度设计和实践操作三个层次来探讨案例经验，特别是融合模式对我国政府购买社会组织服务制度建设的借鉴意义。

第一，从基本理念来看，融合模式将有限竞争和动态的长期合作有机结合，成为政府购买服务制度建设的重要选项。从具体实践来看，我国各地政府采用的方式比较多元，除了竞争性招标和定向委托外，有些地方完全按照《政府采购法》关于购买方式的规定来进行，而《政府采购法》实际上规范的主要是货物、工程和政府内部所需的服务，对公共服务的适用性存在很大的争议。从发展趋势来看，各地政府从形式上倾向于采用竞争的方式来进行服务购买，地方政府的行为选择不难得到解释，这是一种政治正确并且政治风险较小的选择。但竞争不完全等同于竞争性招投标，融合模式也体现出有限竞争的特征。在初步的制度化发展阶段，地方政府实际上很难对购买服务的制度设计有完整的理性化的认识，在很大程度上是根据自身有限的实践经验和对他者的模仿学习来进行制度设计的。各级地方政府应该突破竞争性招标和定向委托的二元思维，因地制宜地进行多元化探索实践，将融合模式作为购买服务制度建设的重要选项。融合模式本质上能够兼顾效率和公正的价值，将有限竞争和长期合作营造的社会团结的文化有机结合起来。

第二，从制度设计来看，融合模式的实施需要项目立项制度、公众参与制度等中微观制度的配套。一是改进项目立项制度，根据公民真实需求和社会问题的识别来设计项目。坦佩市地域小，需求调研是全市性的，这在我国是很难模仿的，但案例经验表明，需求调研针对的不是政府的需求，而是社会的需求。在我国，社会服务的需求整体上供不应求，地域分布不均，在这样的背景下，应该根据服务需求的轻重缓急进行有序的供给，在满足社会服务需求的同时，逐步地解决社会问题。二是建立公众参与渠道，鼓励利益相关方积极参与购买服务的制度建设。目前，在实践中社区居民和服务对象在需求调研和项目绩效评估时存在零星的、不充分的参与。有待进一步拓展的参与途径包括：鼓励服务对象参与服务递送，甚至是参与服务递送的决策；鼓励公民参与项目评审，改变精英主导的局面；鼓励社会组织通过倡导参与制度建设等。从短期来看，项目立项和评审诸多环节的参与有助于项目的科学合理运作，解决我国公益项目验收主要依赖最终绩效评估的倾向问题；从长期来看，有序地参与能够降低购买服务的运作成本，使各方真正受益。

第三，从实践操作来看，融合模式的制度优势在社会服务领域尤其明显，具体由支持类社会组织进行管理运作。在公共服务范畴中，社会服务是非常重要的部分。在政府购买服务的过程中，社会服务由于其自身的特殊性，与其他类型的服务在购买方式上存在差异性。社会服务的主要对象包括老年人、儿童和未成年人、残疾人等群体。与硬性服务比较，社会服务总体上比较复杂，关注人自身的变化，服务绩效本身难以测量。这些因素决定完全的竞争性招标在社会服务领域是不适用的，而融合模式在社会服务领域是值得探索的，适宜小范围试验，然后逐渐进行推广。同时，案例经验显示地方政府主要委托坦佩社区委员会进行管理运作，两者之间是一种基于君子协议的合作关系。坦佩社区委员会参与购买服务的管理运作，较好地使融合模式运转起来，这或许与这类社会组织自身能够较好兼顾竞争和合作的价值有关。在我国，社会组织发展过程中逐渐出现服务类社会组织和支持类社会组织两种类型，前者是直接服务于基层的原子化组织，后者则更多是承接政府职能，协助政府对原子化组织提供支持和服务的组织。政府在逐渐清晰自身职能的前提下，与支持类社会组织进行合作，推进购买服务的制度建设，是值得期待的发展方向。

第六章
以社会组织培育推动合作治理发展

第一节 助残服务社会化改革的实践经验

为了给各类残疾人提供个性化的社会服务，进一步完善残疾人公共服务体系，W区残联率先在全国推行助残服务社会化改革。从全国来看，地方残联购买社会组织服务是一项地方治理创新。2010年，W区发起这项改革，2015年，其被纳入中国残联在全国推行购买服务实践的试点。2013年，国务院办公厅出台《关于政府向社会力量购买服务的指导意见》，这是全国第一份关于政府购买社会力量的重要文件。2014年，财政部、民政部、中国残联等部门联合发布《关于做好政府购买残疾人服务试点工作的意见》。2019年，中国残联、财政部出台《关于进一步推动政府购买助残服务的实施意见》，文件指出自2014年推动政府购买助残服务试点以来各地试点工作取得明显成效，提出"到2020年，在全国残联系统全面实施政府购买助残服务，2025年基本建立比较完善的政府购买助残服务机制"这一基本目标。2020年，财政部颁布《政府购买服务管理办法》。2021年，上海市出台《上海市政府购买服务管理办法》。政府购买社会组织服务的制度设计至今基本定型。

地方政府和残联推动的这项改革从发起至今已经15年，产生了较大的社会影响，对残联角色的转变、社会组织发展、残疾人及其家人的福利改善都具有积极的影响。2018年2月，W区残联迎来了新任理事长，助残服务社会化改革进入了发展的新阶段，新任理事长提出了所谓的"助残服务社会化工作的2.0版本"。W区助残服务社会化改革这项工作大致可以分为两个阶段：第一个阶段是 2010~2017 年，主要是治理创新改革时期；第二个阶段是 2018 年至今，由于从全国到地方这项工作的相关制度设计逐渐明确，该区的购买社会组织残疾人服务也变成一项日常性的工作。本书主要关注第一个阶段的改革。

公共服务的过程分为公共服务的政策过程和公共服务的提供环节。在地方政府和残联购买社会组织服务的情境下，助残服务的政策过程变得较为复杂。简单来讲，当地方政府和残联与其他的社会组织合作提供服务时，作为购买方的政府和残联必须对这些社会组织进行有效管理以实现改革的目标，其中残联的合同管理能力变得尤为重要。在改革之初，助残服务领域专门从事残疾人相关服务的社会组织不仅数量少，而且服务水平不高，作为服务对象的残疾人及其家属多数只是被动地接受服务，很少主动参与服务的提供，所以推动助残社会组织的成立和专业化发展，培育助残服务市场的逐渐成熟，是推动助残服务社会化改革的重要举措，也是实现有效合同管理的关键。

助残服务项目合作提供的过程包括项目的立项、实施和评估。公共服务的项目化运作是公共服务领域较新的现象。助残服务项目的发起和设立分为自上而下和自下而上两种方式，具体分为五种情况。既有上级政府和残联要求设立的项目，也有区残联由于工作开展需要设立的项目，还包括由社会组织和残疾人推动设立的项目。社会组织和残疾人在其中发挥的角色比较有限。从实际运作来看，这不完全是由于残联限制社会组织和残疾人的参与，而是由于多数服务类社会组织的能力不足。在改革初期，残联专门设立由残疾人服务社承接的"议事厅"项目来征集残疾人及其家属对残疾人工作的意见和建议，但由于残疾人服务社协商议事以及有效整合多元意见的能力不足，项目运作并不理想。在助残服务项目的实施过程中，残联为社会组织提供资金、服务网络、项目设计基础数据、初始进入的社会资本等，社会组织除了作为社会服务的直接递送者外，还是残联和残疾人之间的中介者和社会创新的试验者。在新的社会服务体系下，部分服务项目中残疾人的角色也发生变化，开始逐渐实现从被动接受服务到主动参与助残服务项目的规划、设计和递送的转变。残疾人及其家属与服务的递送者构成多种合供形态。残疾人的角色发生变化，主要是受到社会工作"小组"理念的影响。项目评估是合作提供服务过程中的最后环节。本地支持类社会组织积极探索助残服务项目的评估指标体系，进一步完善评估机制，发挥了治理的角色。

残联购买服务的改革探索本质上是一场在残联领导下、在开放变动的环境中，高校专家、支持类社会组织、服务类社会组织、残疾人、社区成员围绕作为新生事物的"购买服务"展开的系统内外的共同学习过程。笔者称之为"学习型合作治理"。残联在发起改革后，首先意识到专业社会工作对于提高助残社会服务的专业化和个性化的重要性，以及完整的社会服务要素市场对于购买服务制度实施的关键所在，逐渐与支持类社会组织形成参与型合作治理关系。为了推动改革的持续创新，地方残联推动合作治理各方围绕购买服务的政策变化及全国各地的实践进展开展学习，逐渐完善关于购买模式、评估机制、合同文本等方面的制度设计。与此同时，服务类社会组织和残疾人也在这个过程中不断学习和调适。服务类社会组织采用社会工作的专业理念来递送助残社会服务，同时鼓励服务对象的积极参与。在这个学习过程中，高校的专家也在助残社会服务专业化中起到积极作用。

第二节　学习型合作治理模式的兴起与价值

一　学习型合作治理模式兴起的原因

学习型合作治理的出现不是偶然的。这项改革之所以能够不断推进，离不开作为推动者的地方残联理事会团队，特别是作为"舵手"的理事长甲的个人特质和探索精神。我国的社会治理创新多数是由这种具有社会企业家精神的政府官员推动的，W区的个案也不例外。领导人的学习和探索固然重要，但学习型合作治理的出现还与以下三大因素相关：作为新生事物的购买服务、残联的基本属性，以及助残社会组织的初步发展。

（一）作为新生事物的购买服务

2010年，区残联开启这场购买服务的改革实践。从购买服务在上海的发展来看是比较早的，从助残服务领域来看更加如此。这意味着购买服务是一项新生事物。具体来讲，作为新生事物的购买服务具有三个特点。

第一，残联购买服务的实践没有现成的模式可以参考。2010年，当新任理事长上台后,既有助残服务体系已经不能满足残疾人的社会服务需求,凭借过去扶持和培育社会组织的经验,借助社会组织来提供服务是一个思路。在访谈中,理事长告诉笔者当时其实并不知道这就是现在政府力推的"政府购买服务"的形式。对于残联而言,只能根据现实情况自我探索,在"干中学",不断推进改革进程。

第二,残联的改革创新面临失败的可能性。在改革之初,第一年只有10个项目,涉及114万元的残疾人就业保障金。第二年项目增加到23个,资金增加到542万元。随着改革的推进,到2015年尽管项目还是23个,但项目资金已经达到了1400万元。残疾人得到了切实的实惠,但同时也面临各种管理、技术上的问题。比如社会服务供应市场存在缺陷、社会组织专业能力不高、公益项目的评估不精细等。此时,残联必须直面困难,否则改革将面临失败的结果。残联只有在理念和认知上不断更新,才能在实践中推动改革的落地。正是因为这点,残联必须与其他利益相关者在观念认知、解决思路、行动方案上达成共识,而学习是使合作治理各方统一认识并积极行动起来的重要方法。

第三,残联在探索实践中必须关注其他地区购买服务的发展。从管理模式上看,上海各个区县在探索上是有差异的。当时至少有三种不同的管理模式:静安区由社会建设办公室负责购买社会组织公共服务的管理运作;杨浦区和虹口区主要是由民政部门牵头购买社会组织公共服务这项工作;而浦东新区则是由区和各个街道进行多元化的探索。从购买服务管理来看,静安区、杨浦区和虹口区的实践是比较制度化的,而浦东新区的实践就比较多元化,既有区社会建设指导中心负责全区层面的购买服务管理工作,又有塘桥街道进行街道层面的购买服务体系的改革,也有浦东新区公益组织项目合作促进会这样的社会组织负责浦东公益服务园的购买服务管理工作。W区残联购买服务的改革主要是由残联自身推动的,这在获得管理自主性的同时也面临财政和审计部门问责的可能性。2015年,自从该区进入中国残联关于购买服务的改革试点后,残联已经认识到由财政部门主导购买服务工作是未来发展的趋势。

(二)残联的基本属性

根据《中国残疾人联合会章程》的规定,中国残联属于人民团体,地方残联则是其地方组织,发挥代表、服务和管理的基本作用。残联也是国务院批准免予登记的社会团体。所以，从法律上看残联具有社会性和民间性。但在实际运作中，残联具有明显的行政化的倾向。这主要体现在：其一，残联工作人员由国家财政供养，有国家财政编制，在 W 区残联 22 名员工中，有 18 人具有公务员和事业单位的正式编制；其二，残联受区政府和区残疾人工作委员会领导，执行残疾人工作委员会的相关政策。由于残疾人工作委员会是一个议事协调机构，其办公室设在残联，残联实际上成为残疾人工作管理和服务的最重要的机构，目前几乎按照行政管理方式运作。

由于定位和实际运作中的差异性，残联实际具有"亦官亦民"的双重属性。其管理功能更多是其为"官"的一面，代表和服务功能则更多是其为"民"的一面。当然对于不同层级和不同区域的残联组织而言，"官"和"民"的属性只有程度的差异，现实中并不存在完全的行政化和完全的民间化两个极端。如果从国家治理体系和治理能力现代化的改革背景下进行解读，残联的功能开始从管理向更多的服务和代表转型，学习型合作治理的出现与残联从行政化向社会化的回归有关。

残联组织的双重属性具有较强的动员能力，这是实现持续的学习行动的组织保障。残联有作为"官"的一面，由于行政的逻辑和管理的思维，残联倾向于通过行政指令的方式进行日常行政管理，这是具有比较优势的。比如对于街镇残联和残疾人服务社，残联主要通过这样的形式进行动员。而与此同时，残联也有作为"民"的一面。在对社会组织和残疾人的动员上，如果处理得当，这双重属性可能蕴含的矛盾就不会发生。高动员的优势使残联的学习行动得以持续开展。

（三）助残社会组织的初步发展

助残社会组织初步发展是促成学习型合作治理的重要原因。前文已提及残联改革之初遇到的两大问题：全区社会组织数量少以及专业服务能力不高。除此之外，不少服务类社会组织对于自身没有清晰的认识。学习机制推动了这些组织的规范化发展。

第一，社会组织没有良好的内部治理。残联利用既有的组织资源，对体制内 12 家街镇残疾人服务社进行改制，从非正规就业组织全部改制为社会组织。街镇残疾人服务社是传统助残服务体系中的主要服务单位，对于本街镇的残疾人状况比较熟悉。但是残疾人服务社对于什么是社会组织、社会组织运作的方式等没有清晰的认识。组织内部治理中理事会和社务会的运作机制也是在不断的学习过程中规范起来的。

第二，社会组织没有专业化的服务能力。随着改革的推进，残联很快意识到社会组织服务递送水平直接决定购买服务的成败。不仅残疾人服务社缺乏专业化的服务能力，不少本土扶持成立的社会组织也是如此。于是残联借助支持类社会组织和高校专家在社会工作理念和实务上的专业能力，推动这些社会组织的专业化提升。

二 学习型合作治理的类型学意义

学习型合作治理是我国本土化实践过程中形成的模式。我国在国家治理和社会治理中对其他国家模式的选择和接纳具有学习的特征。中国面临治理的内生需要，但是治理模式的选择和搭配是从外部学习的结果。[①] 当代中国的治理对学习并没有足够的重视，从学理上的概念化探讨是不够的。在政府和残联购买残疾人服务的情形下，残联与其他社会组织合作互动，通过学习与调适实现有效治理，笔者称之为"学习型合作治理"。

从权力视角来看，支持类社会组织参与了地方政府和残联主导的公共服务政策过程，而服务类社会组织并没有参与。支持类社会组织的参与并不是基于使命的主动参与，而是由于其在社会工作理念和实务上的专业性而获邀参与。从残疾人的参与来看，主要是受到服务递送方关于社会工作"小组"理念的影响。这样的参与更多是基于"知识权力"的参与。残联与支持类社会组织之间属于参与型合作治理关系，而残联与服务类社会组织之间并不存在这样的关系。从资源依赖来看，两者是互相依赖的。表面上社会组织更多地依赖于残联，但随着改革的不断推进，实际上残联不得不依赖这些社会组织来继续推行改革。由于助残服务市场的不成熟，残联只能不断引进专业的社会组织来培育既有的服务类社会组织。这无疑属于互依型的合作治理。但值得注意的是，从合作的资源类型来看，专业知识是非常重要的。

本书的研究表明残联和支持类社会组织的合作治理多少具有平等的特

[①] 敬乂嘉：《治理的中国品格和版图》，载敬乂嘉主编《网络时代的公共管理》，上海人民出版社，2011，第26~50页。

征，但残联和服务类社会组织的合作只是资源上的互相依赖，并没有权力上的分享，这样的合作并不具有伙伴关系的特征。在购买服务的相关研究中，一些学者担心社会组织对公共资金过度依赖，容易成为政府的附属。有人批评认为正是政府和残联的主导使服务类社会组织成为地方政府和残联的附属品。但是面对不同属性的公共组织和不同发展程度的社会组织时，这样的结论未免有些绝对。本研究不完全认为残联在控制社会组织，因而将其视为附属的机构，而是相关研究者忽视了多数服务类社会组织处于初步发展阶段的事实。社会组织（特别是残疾人服务社）是从原有助残服务体系中分化出来的，这些社会组织承接公益项目的动力和能力不足。残联如果不进行主导，残疾人服务社就没有动力承接项目，也没有提升服务能力的机会。

　　学习型合作治理是一个能更好地解释研究案例治理过程的概念。第一，从权力视角来看，社会组织是基于"知识权力"的参与。残联开放政策过程，本质上是为了弥补合同管理和服务市场培育能力的不足。第二，残联通过与社会组织和残疾人的互动来调适权力。残联根据系统外环境和治理目标权变地开放政策过程。只要有利于合作治理目标，残联允许社会组织和残疾人的有序参与。当社会组织能力不足时，政策过程的参与渠道自动关闭。第三，从资源依赖视角来看，合作双方互相依赖的资源包括资金、服务网络、社会资本等。在合作过程中，助残服务提供过程中的社会工作相关知识和各地购买服务的政策变化与实践动态等也至关重要。系统外环境对合作治理必然产生影响，学习型合作治理重视外在环境的动态变化，地方政府的社会治理创新必须从系统外的政策变化和实践进展来寻求改革的合法性，保障改革不断向前推进。

　　回到本书开篇笔者谈及的基本学术关注点，我国各地正在发生的社会改革创新不少是在政府主导下进行的，这些治理创新不但没有如詹姆斯·C. 斯科特所说的"失败"，反而取得不俗的成绩。这与合作治理过程中互动主体的学习和调适是分不开的。在我国，上级政府推动政社分开的宏观背景下，不少社会组织是从体制内分化而产生的。总体上这些组织在理念和专业能力上都处于初步发展阶段。本研究表明，在残联的支持和培育下，服务类社会组织专业化水平逐渐提升。当然这个学习的过程将是漫长的,但政府与社会组织在互动过程中的学习成为重塑合作形态的重要影响因素。

学习型合作治理对目前一些地方政府购买社会组织服务下的合作关系具有一定的解释力。对于刚开启购买服务改革实践的地方政府而言,如果领导人善于将社会治理创新的目标和个人政绩有机结合,那么学习型合作治理的解释力就更强。残疾人、老年人、青少年等社会各类群体对社会服务需求的要求越来越高,社会组织参与社会服务提供成为发展趋势。然而,在这个过程中社会组织的专业服务能力参差不齐。地方政府为了更好地推行购买服务,将社会工作的理论和方法引入社会服务中也是必然的趋势,培育社会组织成为其重要工作。如果社会组织是从体制内分化出来的,这样的状况或许会更加明显。当然,随着各地购买服务的实践从初期的创新到逐渐的制度化,以及社会组织总体上专业化水平的提升,这种学习的特征将会变弱。

第三节 上海市政府培育社会组织发展的模式

上海在经济社会领域的改革与发展较快。自20世纪90年代以来,特别是进入21世纪后,上海社会组织的发展便驶入了"快车道",这为其他地方的改革发展提供了先进经验。[①] 从图6-1可知,2000年上海市登记在册的社会组织存量是2555个,2010年登记在册的社会组织存量是9900个,到2020年登记注册的社会组织数量高达17048个,20年间增长了近6倍,其中社会服务机构的发展最为迅速。从上海社会组织的发展来看,无论是个体层次的社会组织还是系统层次的第三部门,均表现出比较符合组织生命周期的特征。基于此,上海的各级政府主要通过孵化落地机制、项目支持机制和生态建设机制,推动社会组织初创、成长和发展。本研究的数据主要来自2011~2020年关于上海社会组织改革发展的田野调查。[②]

---

① 徐家良、王昱晨:《上海社会组织发展与创新70年》,《上海交通大学学报》(哲学社会科学版)2019年第4期,第6页。
② 其中部分调查内容,详见赵挺《地方政府如何培育社会组织发展——组织生命周期视角的分析》,《东岳论丛》2023年第11期,第178~184页。

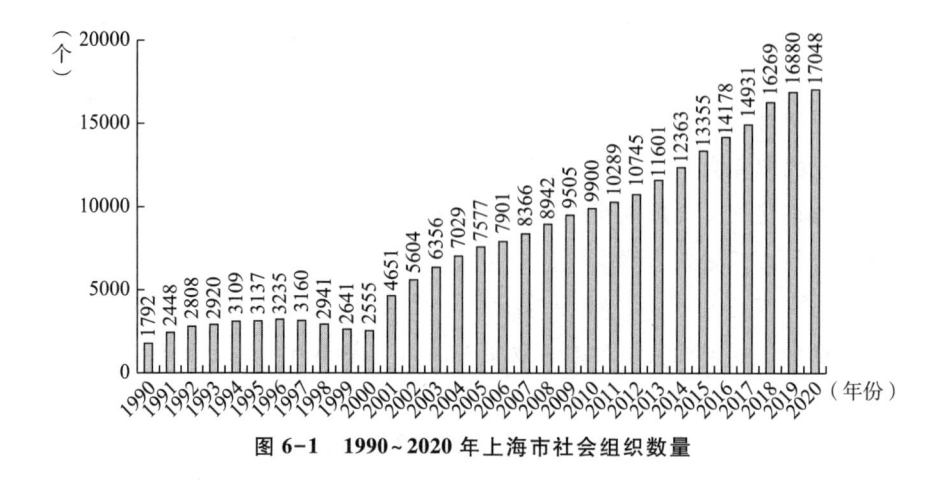

图 6-1　1990~2020 年上海市社会组织数量

一　孵化落地机制：实现社会组织初创

孵化作为政府培育社会组织的一种理念与具体方式是晚近才逐渐形成的。孵化的理念和实践首先发生在企业领域，企业通过孵化的方式来培育小微型企业的发展。① 后来地方政府借鉴企业孵化的理念并将其应用在公益慈善领域。所谓孵化落地机制，是指政府通过场地、信息等资源要素的支持促使社会组织初创的过程。从孵化对象来看，主要是针对暂未达到注册条件，但是群众需求大、发展前景好、服务能力弱的草根组织。通过孵化，未注册的草根组织得以正式注册，获得合法身份，提升组织能力。

上海是国内较早采取公益孵化的理念和方式来扶持社会组织发展的城市之一。早在 2009 年，浦东新区民政局推动成立了浦东公益服务园来孵化社会组织，邀请少数明星机构入园，通过以点带面的方式孵化社会组织。当时浦东新区有 1400 余个社会组织，能够入驻的只有 20 余个。② 浦东新区的做法成为上海区级政府培育社会组织的样本，浦东新区民政局也因此获得第六届中国地方政府创新奖。从浦东公益服务园运作来看，"其功能主要是一个选苗、立根、树魂的过程，通过邀请明星社会组织入驻，真正

---

① 刘道纯：《专业孵化器的理论基础和运营机制》，《第四届中国北京高新技术产业国际周暨中国北京国际科技博览会论坛报告集》，2001，第 242 页。
② 姬中宪：《园区模式：社会组织发展的一种新路径——以浦东公益服务园为例》，《江苏行政学院学报》2012 年第 1 期，第 61 页。

为浦东新区甚至是上海市社会组织行业的发展提供示范和引领作用"。[1] 2013年11月，上海公益新天地园正式开园，这是一个集展示、孵化、服务多功能于一体的平台，其中设有市级社会组织孵化基地"上海公益创业基地"。截至2020年12月，上海全市共有33个社会组织孵化基地，分布在市、区和街道三个层级（见表6-1）。

表6-1 上海市社会组织孵化基地

单位：个

不同行政层级	代表性孵化基地	数量	特征
市级孵化基地	上海公益创业基地	1	主要起到示范和引领作用
区级孵化基地	浦东公益服务园、徐汇区社会公益孵化园、闵行区社会组织培育发展中心	11	覆盖了多数区县
街道孵化基地	南京西路街道社会组织培育基地、延吉新村街道社会组织孵化园、嘉定镇街道社会组织公益实践园	21	街道孵化基地的差异性较大

资料来源：根据上海市社会团体管理局统计的内部资料整理而成。

地方政府与支持类社会组织互动协作模式是上海各级政府孵化社会组织的特色。从孵化落地机制的具体运作来看，一般由地方政府出台具体的孵化政策，然后由支持类社会组织从注册辅导、办公场地支持等方面展开孵化业务。在这方面，浦东新区政府与上海浦东非营利组织发展中心的合作模式具有一定的代表性。浦东新区是社会改革的先行示范区，在浦东新区政府的支持下，2007年4月上海浦东非营利组织发展中心作为国内第一个公益孵化器在浦东新区投入运营。该支持类社会组织创始人吕朝认为："公益组织孵化器的设计宗旨是为初创阶段尚不成熟的社会组织提供一个支撑性平台，让初创的社会组织能有探索自己业务模式的时间……若进入孵化器太早，机构还没有全职人员投入做事，很难在业务上有所成长，也难以探索出适合自己发展的道路；进入孵化器太晚，机构本身已经趋于成熟，孵化器所能提供的条件对于组织来说作用就不大。"[2]

---

[1] 访谈上海市社会团体管理局副局长，2016年12月27日。
[2] 参见赵照《支持性社会组织与都市治理——恩派公益组织发展中心个案研究》，硕士学位论文，浙江大学，2011。

上海通过孵化机制培育社会组织的模式产生了积极效果。"新途""多背一公斤"等机构在上海孵化出壳。2009年公益组织孵化器项目荣获首届上海"慈善项目奖"。民政部领导对通过公益孵化器培育社会组织发展的方式给予充分肯定，并多次强调要在上海乃至全国更大范围内推广。[1] 随着公益孵化理念逐渐从上海拓展至北京、四川、广东乃至全国各地，不少支持类社会组织开始从事孵化业务，公益孵化也成为地方政府培育社会组织的重要机制。目前，该机构已在全国各地累计培育1000多个社会组织。

政府通过孵化机制协助社会组织明确了对社会问题的界定与服务人群的定位，以及提供组织发展初期所需的人财物资源。但孵化机制只是培育社会组织实现了初创，社会组织的成长和发展阶段还需要更多的政府支持。尽管笔者很难获得详细数据，但笔者了解到有部分孵化出壳的社会组织由于各种原因走向"消亡"。根据社会组织生命周期论的观点，社会组织的衰弱甚至消亡多数是社会信任危机、人员流失和资金困境等原因造成的，当然也有可能是组织使命的完成造成的。由于新冠疫情的影响，一些社会组织由于人员流失和资金困境处于几乎不运作的状态。

二 项目支持机制：促进社会组织成长

所谓项目机制是指政府通过项目资助的方式，特别是对社会组织能力建设的持续推动，促进社会组织成长。目前，项目制已成为社会组织成长的制度环境的重要组成部分。[2] 社会组织经历初创期的生存阶段，进入成长期。成长期的社会组织为了给服务对象提供更多更好的服务，必须保障资金的稳定性和服务的专业性。资金是社会组织发展中最重要的资源要素之一，保障资金来源的稳定性对处于成长阶段的社会组织无疑是重要的。项目支持主要通过政府购买服务、公益创投、拨款等方式来运作。从发展趋势来看，政府主要通过项目合同与社会组织开展合作。在项目开展过程中，社会组织的专业化服务能力得以提升。

调研表明上海的政府培育与社会组织项目化运作遵循两种改革模式，

---

[1] 参见上海市社会团体管理局2012年内部报告，题为《上海社会组织孵化培育基地建设情况报告》。
[2] 王向民：《中国社会组织的项目制治理》，《经济社会体制比较》2014年第5期，第130~140页。

分别是增量改革模式和存量改革模式。增量改革模式是指政府并不对既有的公共服务体系进行实质性改革，项目化服务是作为既有公共服务体系的补充；存量改革模式是指政府通过项目化服务对既有的公共服务体系进行改革。

从实践来看，增量模式以上海市民政局率先发起的社区服务公益招投标为典型。2009年，上海市民政局下属事业单位上海市社区服务中心组织的政府购买服务公益招投标实践，使上海市成为全国政府购买服务竞争性招投标改革的领跑者。[1] 大量社会组织提供社区安老、济困、优抚和助残等多项服务，但这并不妨碍既有的由政府、事业单位构成的公共服务体系运作。

目前，上海各区在购买服务过程中采取不同的管理模式，逐渐体现出存量改革模式的基本特征。随着项目化运作的制度化发展，社会组织的项目制运作与政府职能转移、事业单位分类改革以及购买服务产生逻辑关联。政府职能的转移与事业单位的分类改革意味着公共部门让渡制度化空间，使既有的公共服务体系发生转型。换言之，社会组织的项目化运作为社会力量参与公共服务带来了机会，但也在一定程度上对原来的公共服务体系产生冲击。社会组织或可被视为既有公共服务提供者的竞争者。

存量改革模式的出现与项目制作为地方政府创新逐渐走向制度化发展有关。2013年国务院办公厅颁布《关于政府向社会力量购买服务的指导意见》，这是第一个全国层面的相关公共政策，意味着政府购买服务从地方性的创新变成全国性的制度安排。2020年财政部印发《政府购买服务管理办法》，进一步规范和完善政府购买服务工作。目前，上海市已出台《上海市人民政府关于进一步建立健全本市政府购买服务制度的实施意见》《上海市政府购买服务管理办法》《上海市承接政府购买服务社会组织推荐目录》。全国各地政府购买服务的项目运作也基本上进入了规范化和制度化状态。

上海市静安区在社会组织项目化运作方面已积累了较为成熟的经验。从政府推动角度来看，早期主要是由静安区社会建设办公室牵头推动。[2]

---

[1] 访谈上海市社区服务中心主任，2011年5月26日。
[2] 静安区主要是社会建设办公室牵头推动政府购买服务。参见静安区社建办负责人的分享，2014年11月24日。

随着政府购买社会组织服务制度化的推进，由区财政局、编办、民政局、地区办、纪委监委、审计局等多部门协同推进公共服务的项目化购买，有力推动了社会组织的发展。截至2022年6月底，静安区有登记注册社会组织1033个，每万人社会组织的数量是上海市的2倍，主要分布在社会服务、教育、文化、工商服务业等领域，出现了上海市静安区社会组织联合会、柏万青老娘舅工作室、金钥匙社区服务业发展中心等品牌社会组织。

三 生态建设机制：助推社会组织发展

社会组织在初创和初步成长后，进入漫长而稳定的发展阶段。为了产生持续的甚至是更大的社会影响力，社会组织必须保障组织内部治理的制度化和规范化，与此同时，社会组织意识到行业环境对组织可持续发展的影响。政府开始启动生态建设机制来促进社会组织的进一步发展。生态建设机制是指政府为社会组织的整体发展进行基础设施建设和行业文化营造，从而为其发展打造生态系统。一般而言，生态建设机制的运作依赖于社会组织行业内部的分工与合作以及良性行业文化的营造。

首先，社会组织在发展过程中实现了更细化的基于功能分化的分类，这是生态建设机制运作的组织基础。上海映绿公益事业发展中心、静安区社会组织联合会等支持类社会组织的出现，体现了行业分工，也是生态建设的重要标志。上海的支持类社会组织大致可以分为两种组织形式。第一种是社会组织服务中心。2005年以来上海以普陀区为代表设立了社会组织服务中心开展枢纽式管理。目前，上海每个街镇都设有社会组织服务中心，在运行过程中承担了部分政府职能。第二种是社会组织联合会。2007年以来上海以静安区为代表，陆续建立社会组织联合会开展服务。从静安区社会组织联合会的实践来看，这种联合会比较好地平衡了政府授权与社会组织的利益代表。[①] 根据《中国公益支持机构发展现状调研报告》，截至2014年5月，我国共有支持类社会组织175家，其中上海的支持类社会组织有30家，占17.1%。[②] 与服务类社会组织不同，支持类社会组织主要发

---

① 访谈静安区社会组织联合会会长，2021年1月28日。
② 这份报告由上海映绿公益事业发展中心调研撰写而成，资助机构是南都公益基金会。

挥行业研究、发展咨询、行业监督等作用。[1] 从具体功能进行分类，支持类社会组织分为资金支持、能力支持、智力支持、信息支持、综合服务等5种类型，[2] 在上海的实践中，以上各种类型都已存在，呈现均衡良好的发展态势。

其次，良性的行业文化是生态系统各主体间的黏合剂，是生态建设机制运作的价值支撑。为了营造良好的公益慈善文化，上海自2011年以来连续十年举办公益伙伴日活动以推动政府、市场与社会组织之间的合作。政府与慈善行业互动合作不断推进行业的自律规范与行业文化发展，2018年《上海社会组织自律公约》的产生具有代表性。在上海市委统战部、市民政局、市社团局的指导下，上海近100家社会组织代表及近20位京沪专家参与了研讨。公约倡导社会组织使命为先、诚信为本、优化治理、协同发展、人才培养、追求卓越。这份由上海实务界和学术界共同发起的社会组织自律公约的正式公布，或可被视为上海在行业自律文化和生态建设上的努力成果。

以上海社区社会组织的培育为例，各区政府依托于社会组织服务中心与社会组织联合会等支持类社会组织开展具体的培育工作，地方政府、支持类社会组织、一线服务的社会组织之间已经形成紧密的分工与合作网络。在项目制的培育推动下，针对老年人、残疾人、青少年等群体的公益项目大量产生，社会工作者、志愿者、公民等社会主体参与其中。这些项目带来的体验、学习与反思对行业文化营造总体上起到了积极作用。总体上看，在生态建设机制的推动下，良性的行业文化营造除了需要政府的政策引导，在很大程度上还依赖具有公民品格的社会群体的参与以及社会组织的积极推动。

四　上海市政府培育社会组织发展模式的反思

（一）社会组织发展的生命周期论

组织生命周期论（Organizational Life Cycles）是组织研究中的重要理论，在1959年由马森·海尔瑞最早提出。他从组织与生物之间的关系出

---

[1] David L. Brown and Archana Kalegaonkar, (2002), "Support Organizations and the Evolution of the NGO Sector," *Nonprofit and Voluntary Sector Quarterly* 31 (2): 231-258.
[2] 丘仲辉主编《支持性社会组织概览》，社会科学文献出版社，2019，第21页。

发，认为组织的发展和生物的成长轨迹是类似的。后来葛瑞纳较为系统地对组织生命周期的概念进行了阐述。① 所谓组织生命周期论，是指组织的发展经历初创、成长、发展、消亡等环节。该理论主要应用于企业领域，②后来有研究者将其应用于公共部门。

我国社会组织领域存在生命周期现象，这已被少数研究者敏锐地关注到。有研究者以个体层次的农村社会组织为例，发现组织发展具有阶段性特征，每个阶段的任务重心、危机挑战不同，需要政府扮演的角色也不同。③ 也有研究者以大都市的社工机构为例，认为在社会组织发展的不同阶段，政府培育对其产生的影响是一样的。④ 从系统层次来看，我国社会组织整体发展也具有明显的阶段性特征。陶传进认为自 20 世纪 90 年代以来，社会组织发展可以划分为四个阶段，分别是理念先行的社会组织发展的阶段、社会组织专业化发展的阶段、政府与社会组织间的合作阶段以及社会组织生态系统建设阶段。⑤

社会组织发展具有自身的规律。历史地看，全球范围内非营利组织发展经历了四个阶段，产生了四代不同特点的非营利组织：第一代非营利组织致力于扶贫济困，服务对象更多是被动接受服务；第二代非营利组织致力于社区发展，通过动员和赋权民众解决社区问题；第三代和第四代非营利组织开始关注具体的政策领域，更多通过倡导活动影响公共政策，促进制度完善和改革。⑥ 可见，随着第三部门的发展壮大，社会组织的功能在不断发生变化，从最初的直接递送服务，到参与社区动员，逐渐参与政策倡导，推进制度的革新。从发展演变来看，服务类社会组织比倡导类社会组织更早出现。目前我国社会组织基本属于第一代和第二代。杨团对全球社会组织的发展也持有类似的看法，她对 19 世纪 50 年代至今的社会组织发

---

① E. Larry Greiner, (1998), "Evolution and Revolution as Organizations Grow," *Harvard Business Review* 76 (3): 55-64.
② 〔美〕伊查克·爱迪思：《企业生命周期》，赵睿译，华夏出版社，2004。
③ 赵晓峰、刘涛：《农村社会组织生命周期分析与政府角色转换机制探究——以鄂东南一个村庄社区发展理事会为例》，《中国农村观察》2012 年第 5 期。
④ 乜琪：《SWOT 模型与政府培育社会组织模式研究——以 B 市 M 机构为例》，《社会建设》2018 年第 2 期。
⑤ 陶传进：《社会组织发展的四阶段与中国社会演变》，《文化纵横》2018 年第 1 期。
⑥ David C. Korten, *Getting to the 21st Century: Voluntary Action and the Global Agenda* (West Hartford, CT: Kumarian Press, 1990); David C. Korten, (1987), "Third Generation NGO Strategies: A Key to People-Centered Development," *World Development* 15: 153-154.

展进行划分，认为社会组织总体上经历传统慈善向公民慈善的转型，特别是二战后现代基金会的发展使"科学慈善"出现，公民权利的普及使非营利组织快速发展，20世纪90年代以来国际意识形态的深刻变革促进了全球层面非营利组织的广泛合作和快速发展。[1]

我国社会组织发展可以大致分为初创、成长、发展、消亡四个阶段。在不同的发展阶段，社会组织面临不同的资源需求、任务重心和机会挑战。根据社会组织的生命周期论，社会组织主要是创始人为了满足特定社会需求而成立的；[2] 社会组织经历初创阶段后进入成长期，为了给服务对象提供更多更好的服务，组织必须保障资金来源的稳定和服务能力的提升；一旦社会组织进入稳定的发展期，社会组织为了产生持续的甚至是更大的社会影响力，必须保障组织内部治理的制度化和规范化，但这与组织的志愿性和灵活性产生张力；由于社会信任危机、人员流失和资金困境，社会组织会进入衰退甚至是消亡。[3] 笔者对社会组织发展的四个阶段划分是初步的和探索性的。概括来讲，从个体层次来看，我国社会组织处于不同的生命周期发展阶段；从系统层次来看，由社会组织个体构成的第三部门整体同样处于不同的发展阶段，各地的发展具有较大的差异性。一般而言，经济社会发展较好的地区，第三部门的发展相对成熟。

21世纪以来，上海市社会组织得到快速发展，这离不开政府的培育，而且地方政府的培育机制遵循社会组织生命周期。[4] 主要是基于以下两点理由。第一，在国家治理体系和治理能力现代化的政策背景下，多数地方政府在培育社会组织方面面临较大的制度压力。其中一部分是自上而下的政策执行压力，另一部分则是同级政府的竞争压力。如何因地制宜探索出一条社会组织发展的本土化路径是多数地方政府正在思考的重要问题。2006年，中共十六届六中全会通过了《中共中央关于构建社会主义和谐

---

[1] 杨团：《全球非营利组织的发展阶段考察与研究》，载中国社会科学院外事局编《跨世纪考察：经济发展与社会变革》，经济管理出版社，2002，第423~450页。
[2] Gary Bess, (1998), "A First Stage Organization Life Cycle Study of Six Emerging Nonprofit Organizations in Los Angeles," *Administration in Social Work* 22 (4): 35-52.
[3] David Horton Smith, Robert A. Stebbins and Jurgen Grotz, eds., *The Palgrave Handbook of Volunteering, Civic Participation, and Nonprofit Associations* (Basingstoke: Palgrave Macmillan, 2016), pp. 954-962.
[4] 赵挺：《地方政府如何培育社会组织发展——组织生命周期视角的分析》，《东岳论丛》2023年第11期。

社会若干重大问题的决定》，提出建设服务型政府、推进社区建设、健全社会组织，且首次提出"社会组织"概念。上海召开社会建设大会，下发了《关于进一步加强本市社会组织培育基地建设的指导意见》，该文件的指导思想是把握社会组织发展规律、尊重社会组织主体地位。2011年时任上海市社团管理局官员撰文称对不同发展阶段的社会组织应该提供有针对性的支持。[①] 第二，来自国际社会的竞争压力，使得政府在培育社会组织方面具有更强的动机。2002年，上海举办了"中国与加拿大非政府组织发展与管理路径"国际会议，这次国际会议的主题是"政府培育与社会组织的能力建设"，时任上海市社团管理局局长谢玲丽指出，"加入WTO迫使我们要加快培育发展各种代表公共利益和文化理念的民间组织，建立起国际交往的对等联系载体和通道"。[②] 多数地方政府在社会建设和社会管理的实践中逐渐意识到社会力量的成长是有规律可循的。政府官员在自我探索以及与社会组织的频繁互动中认识到社会组织能力的差异性，这本质上是由于社会组织处于不同的发展阶段。在上海培育社会组织发展过程中，政府官员已经把社会组织发展的生命周期规律视为社会组织发展规律的重要组成部分。

（二）上海市政府培育社会组织发展的特征

改革开放以来，随着我国经济社会的发展，社会组织实现了快速发展。总体上看，社会组织发展是政府培育推动和社会组织自身发展的共同结果。本研究引入组织生命周期的视角，通过对上海的案例分析，指出无论是个体层次的社会组织发展还是系统层次的社会组织发展，均遵循自身的生命周期，经历初创、成长、发展、消亡等阶段。地方政府根据社会组织所处的不同发展阶段进行不同方式的培育，相应地通过公益孵化、项目支持、生态建设三种机制有针对性地推动社会组织的发展。比较来看，孵化落地机制和项目支持机制更多是政府对个体层次的社会组织或特定类型社会组织的支持，而生态建设机制则是对整个社会组织部门的支持，并且生态支持体系的建设是漫长的。

---

① 曾永和：《社会组织发展支持体系研究：以上海为例》，《中共青岛市委党校 青岛行政学院学报》2011年第1期。
② 谢玲丽主编《NGO在中国——2002年民间组织发展与管理 上海国际研讨会论文集》，上海社会科学院出版社，2003，第23页。

从对上海社会组织长时段的观察来看，政府培育社会组织取得了一定的成效，但本研究并不否认政府培育过程中产生的具体问题。以项目机制的运作为例，项目机制总体上对社会组织发展的正面影响是显著的，主要体现在以下方面：保持了社会组织资金来源的相对稳定性，产生了诸多品牌项目；社会组织习得了项目运作的规范过程，提升了专业化运作能力，甚至学会了与政府的良性互动。与此同时，项目制对社会组织自主性产生了负面影响。这在国内实务界与理论界达成共识，这一发现也与国外的研究结论具有相似之处。[①]

本书对上海社会组织发展进行了探索性研究，对政府何以推动社会组织发展提供了初步解释。然而，研究也不可避免地存在不足：其一，对地方政府培育社会组织运作机制的实证分析有提升的空间，从田野调查来看，同一个或同一类社会组织在不同发展阶段的差异性需要几年甚至更长的时间才能显现，这为获取实证资料增加了难度；其二，笔者结合组织生命周期的分析视角，提出了地方政府培育社会组织的孵化机制、项目机制和生态建设机制，是对上海较长时段的观察，并不一定能够解释其他区域的实践发展，这需要未来更多的跟踪研究与比较研究。

一些研究已经表明地方政府培育社会组织有自身的行为逻辑。地方政府培育社会组织过程遵循吸纳社会的逻辑和风险控制的逻辑。[②] 这与笔者的研究结论并不矛盾，在一定程度上能够说明地方政府培育社会组织过程中的具体偏好，即地方政府在孵化社会组织过程中倾向于选择服务类社会组织而不是倡导类社会组织来承接具体服务项目，故而有些社会组织的发展更好，如行业协会商会类、科技类、公益慈善类、城乡社区服务类社会组织。一项全国性的实证研究表明，地方政府适度地嵌入能促进社会组织发展，但从长远来看这种嵌入应遵循社会组织发展规律。[③] 针对南京和广州两地的实证研究也表明地方政府培育社会组织本质上是在推动社会组织

[①] 赵挺、袁君翱：《政府资助对社会组织的影响：国外文献的评述与启示》，载王名主编《中国非营利评论》第29卷，社会科学文献出版社，2022，第282页。

[②] 黄晓春：《当代中国社会组织的制度环境与发展》，《中国社会科学》2015年第9期；何艳玲、李妮：《为创新而竞争：一种新的地方政府竞争机制》，《武汉大学学报》（哲学社会科学版）2017年第1期。

[③] 颜克高、林顺浩：《地方政府行政嵌入与社会组织发展——基于中国220个地级市的实证研究》，《公共行政评论》2017年第5期。

发展的同时加强对社会组织的控制，以适应国家治理目标的行为。[①] 笔者认同这样的观点，特别是地方政府在培育过程中应遵循社会组织的发展规律。从近些年社会组织的管理实践来看，虽然地方政府开始加强对部分社会组织的规制，但从较长时段看政府总体上还是保持对部分社会组织的培育力度。

社会组织自身的发育和生长基本遵循初创、成长、发展至消亡的过程。如果地方政府对社会组织的培育能够遵循社会组织发展的阶段性特征，那么社会组织能够得以快速发展。从这个意义上看，社会组织发展的动力既来自政府的培育，又基于组织生命周期的自我发育。在不同的生命周期发展阶段，社会组织的资源需求、任务重心和面临的挑战都是不一样的，相应的，地方政府培育社会组织的机制具有很大的差异性。这揭示了中国社会组织的发展具有不同于西方社会的路径。比较国内外政府购买社会组织公共服务制度的实践，可以发现美国政府在20世纪60年代开启购买服务时，社会组织已经具有专业的服务能力与相对独立自主的属性。在我国，社会组织总体上还比较弱，而且不少社会组织从一成立就具有官方色彩，高度依赖政府的资源。从国家与社会关系的转型来看，我国各级政府采取培育发展社会组织的策略，这样的发展路径具有现实合理性。与国外学者研究的旨趣比较，培育社会组织更为国内的学者所关注。我国的社会组织总体上尚处于初步发展阶段，政府培育社会组织发展是很重要的公共政策实践问题。比较而言，欧美发达国家的社会组织发展的历史相对较长，在实际的政策过程中也存在管理社会组织的议题，但不存在显著的培育社会组织的政府行为。

第四节　推动地方政府培育社会组织发展的对策

一　政府改革、项目制与社会组织发展

改革开放以来，我国社会组织经历从无到有、从弱小到不断发展壮大

[①] 许芸：《社会组织培育的历史逻辑和当今实践：基于南京地区的例证》，南京大学出版社，2016，第93页；谢菲：《地方政府对社会组织培育的政治嵌入——基于广州市级政府层面的实证研究》，《广州大学学报》（社会科学版）2015年第6期。

的过程。社会组织发展总体上与政府支持、市场需要和社会团结是分不开的。政府政策环境的改进无疑是中国社会组织发展的重要影响因素,政府对社会组织的认识更为深入,政府官员对社会组织发展表现出较为支持的态度。社会组织的不断发展为社会创造了就业岗位,这在经济发展稍显疲软的背景下显得尤为重要。社会组织的逐步壮大反映了社会对其的需求,本质上这体现的是社会结构的重组,而且这种重组是以社会主体的团结和凝聚、社会空间的拓展为基本目的的。

在我国政府与社会组织关系研究中,缺乏一种时间维度去考察政府与社会组织间的关系。在改革开放后我国开始了全能主义国家的转型,社会主义市场经济体制建立的过程就是我国私有企业从限制发展到鼓励发展,从弱小到壮大的过程。同样的,中国社会组织的发展经历早期的政府管制到现在各级地方政府采用多元方式培育社会组织发展。政府对社会组织的认识是一个动态深化的过程,社会组织也在实践中不断探索与政府关系的建构路径。

资金是社会组织成长中最重要的资源要素。从政府资助社会组织的方式来看,逐渐从直接拨款转向签订项目合同。项目机制是指政府通过购买服务、公益创投等项目资助的方式支持社会组织的发展。政府职能的改革必然要求社会组织的参与,政府通过项目支持的方式推动社会组织的发展,所以政府职能转移、政府购买项目化服务与社会组织发展之间是存在逻辑关联的。项目支持机制已成为社会组织成长的日常制度环境中的重要组成部分。目前中央至地方各级政府力推政府购买服务改革,旨在通过政府购买服务更有效地推动政府职能转变和促进社会组织发展。

在新公共管理运动后,政府、社会组织、市场之间如何进行合作并实现有效治理为世界各国政府所关注。政府失灵理论、市场失灵理论与志愿失灵理论共同印证了政府、市场、社会组织三者都不是万能的,社会组织在政府与市场不能有效发挥作用的领域起到辅助作用,但社会组织需要政府和市场的资源。目前,在国家治理体系和治理能力现代化的政策话语下,政府、社会组织、市场之间的合作治理是必然的发展趋势。

社会组织项目制是公共服务领域中的新现象。项目制主要指中央政府或上级政府通过专项转移支付渠道，以特定项目的形式发包，限定资金用途，由地方政府最终实施的一种制度形式。[①] 1994年分税制改革，财权不断上收，而事权不断下放，导致中央政府和地方政府在财权和事权上的不匹配。在这样的背景下，中央政府试图通过财政专项转移支付提高地方政府在具体专项事务上的积极性，最终形成以财政为核心的项目管理机制。[②] 自此之后，中央财政开始以"项目"的方式向各级政府分配经费，并逐渐开创所谓的"项目治国"模式。

作为一种新制度形式，项目制被广泛应用于各个领域，社会服务领域也不例外。改革开放以来，随着我国公共服务体系不断转型，公共服务供给的变迁经历了从政府单一主体生产到政府与非政府部门合作供给的漫长发展过程。[③] 这一发展历程进一步强化了政府的兜底保障职责，强调充分发挥社会组织的参与力量。党的十八大以来，推进社会治理理念和体制创新在财政政策上体现为专项支持基层社会的各类公共服务项目，项目制逐渐成为政府购买社会组织服务的基本方式。与从科层结构角度探讨的政府间项目制不同，社会服务领域的项目制承接者并不是科层组织，而是社会组织。[④] 可以说，在政府购买服务阶段广泛适用的社会组织项目制扩大了原有项目制运作的研究边界，项目制不再只是统合上下级政府的治理方式，更是统合国家和社会的一种纽带或机制。

二 地方政府培育社会组织面临的挑战

第一，地方政府培育社会组织的制度激励不足。地方政府的行为是有自身的逻辑可循的，在地方发展主义的背景下政府的首要工作是发展经济。但随着社会治理重要性的增加，地方政府将更多的精力投入社会组织发展，政府的行为特征开始发生一些变化，这在东部发达地区尤其明显。有研究者从地方政府间的竞争出发，认为政府间的竞争从经济增长的竞争

---

① 折晓叶、陈婴婴：《项目制的分级运作机制和治理逻辑——对"项目进村"案例的社会学分析》，《中国社会科学》2011年第4期。
② 周飞舟：《财政资金的专项化及其问题：兼论"项目治国"》，《社会》2012年第1期。
③ 翁士洪：《改革开放40年中国公共服务供给的制度变迁》，《云南大学学报》（社会科学版）2019年第3期。
④ 豆书龙、叶敬忠：《项目制研究何以成为"显学"：概念辨析、性质定位与实践探索》，《内蒙古社会科学》（汉文版）2019年第4期。

向培育社会组织的竞争转变。[①] 当经济增长不再只是衡量政府治理成效的唯一指标，社会建设、社会创新的影响力等软指标也成为各地政府关注的重要对象。这表明，地方政府的注意力从为"经济增长"而竞争转移到为"社会创新"而主动适应环境上来，走上为善治而竞争的轨道。地方政府之间的竞争主要是由政府内部的发包制决定的。有研究者指出中国政府间关系呈现的一系列特征，主要体现为多层级权力关系下以属地管理为基础的行政逐级发包制，或者说"行政发包制"，既区别于韦伯意义上的官僚科层制，也区别于纯粹的外包制，属于一种居于两者之间的混合形态。[②]

不同于发展经济，地方政府对于培育发展社会组织的激励不够，使得风险控制成为地方政府惯用的逻辑，从而影响社会组织培育的有效性。[③] 在这种逻辑的引导下，基层政府根据社会组织开展活动的范围建立严格的筛选机制，将社会组织看作政府开展公共服务的一种基层延伸工具，培育出的社会组织也在既定的条条框框中受到限制，难以发挥社会组织的自主性，也就对社会组织的培育有效性产生一定的影响。一些地方政府在实践中往往选择性地培育发展具有合法性的社会组织。[④] 实际上，与监督管理类政策比较，目前培育发展类政策偏少。[⑤]

第二，地方政府培育社会组织发展的效果不明显。从培育效果来看，政府介入社会组织之初，效果往往是迅速而明显的，但随着社会组织进入漫长的发展阶段，政府在其中发挥的作用似乎越来越小。由于政府通过孵化机制、项目机制和生态支持机制所产生的社会影响难以测量，有个别研究者甚至认为公益孵化是地方政府开出的"错误药方"。[⑥] 笔者认为少数研

[①] 何艳玲、李妮：《为创新而竞争：一种新的地方政府竞争机制》，《武汉大学学报》（哲学社会科学版）2017年第1期。

[②] 周黎安：《转型中的地方政府：官员激励与治理》（第二版），格致出版社、上海人民出版社，2017，第29页。

[③] 黄晓春：《当代中国社会组织的制度环境与发展》，《中国社会科学》2015年第9期。

[④] 许鹿、罗凤鹏、王诗宗：《组织合法性：地方政府对社会组织选择性支持的机制性解释》，《江苏行政学院学报》2016年第5期。

[⑤] 李健、荣幸：《"放管服"改革背景下社会组织发展的政策工具选择——基于2004至2016年省级政策文本的量化分析》，《国家行政学院学报》2017年第4期。

[⑥] 谭志福：《公益孵化器：正确的诊断与错误的药方——兼论地方政府在社会组织培育中的角色》，《中国行政管理》2014年第8期。

究者怀疑政府培育社会组织的效果是可以理解的,但公益孵化在培育社会组织中确实发挥着不可替代的作用,研究者要认识到社会组织发展的阶段性和长期性特征。

从疫情防控中社会组织所发挥的作用来看,实际上志愿组织、基金会、行业协会,甚至草根自组织是发挥较大作用的。[①] 这在一定程度上说明社会组织的整体能力与政府培育具有一定的关系。目前,对政府培育社会组织的效果分析缺乏充分的研究,既有的研究往往建立在笼统的单一指标基础上,对社会组织发展的评价难免不够准确。政府培育社会组织的效果分析应该建立在科学的指标体系建构和测量基础上,通过历时性的跟踪研究,从纵向上分析社会组织发展的程度和政府在不同阶段的具体作用,进而做出较为客观和综合的评价。

三 地方政府培育社会组织的原则

第一,从微观上看,政府培育社会组织的基本原则是遵循组织生命周期,把握社会组织自身的发展规律,对不同类型特征的社会组织进行不同方式的培育。组织生命周期效仿生物体的生命历程,将组织也等同视为具有"生命"的个体。社会组织的生命周期过程包括初创、成长、发展、消亡四个阶段,地方政府应当有的放矢,根据社会组织所处不同阶段的特点,采取公益孵化、项目支持、生态建设三种机制,有针对性地推动社会组织的发展。地方政府在不同生命周期过程中扮演的角色也要有所区分,例如,在初创期主动接触社会组织并增加日常的联系,更多扮演的是一种催产者的角色;在成长期提供各类资源和制度环境支持,针对社会组织与政府的项目制合作逐渐增多,政府部门要扮演好监管者的角色,但避免政府部门直接干预社会组织的成长进而导致行政化的倾向;在发展期政府部门的任务主要是营造良好的行业发展环境,引导社会组织实现可持续发展,政府应该定位为"掌舵"而非"划桨"的角色。

第二,从中观上看,处理好政府培育与社会组织自我管理的张力,防止政府过度介入可能产生的负面影响。政府在培育社会组织方面存在人力、物力、财力等方面资源的优势。政府部门可以利用这一部分优势,在

---

① 吴新叶:《社会组织参与公共卫生突发事件治理的激励机制——以政策工具为视角》,《中国社会组织研究》2020年第1期。

社会组织的培育过程中让渡部分资源，在配套制度、资金、人员等方面提供支持，但考虑到政府部门所具有的天然权力膨胀倾向，因此培育时需要注意边界。换言之，政府推动过程中既要充分发挥培育社会组织作用，又要保持社会组织独立运营管理。地方政府需要因势利导，根据不同情境下社会组织的发展阶段和能力水平，改进政府培育政策，推动社会组织自主发展。从表面上看，政府培育与社会组织发展似乎存在深层次的悖论，一方面是政府培育资助社会组织能够提升社会组织在发展目标、政策倡导、监督问责方面的组织能力，另一方面组织能力提升是以牺牲社会组织的自主性为代价的。笔者认为，政府培育与社会组织发展之间并不存在不可克服的矛盾，这两者之间的张力有时是可以缓解的。另外，对不同发展阶段的社会组织而言自主性和服务能力的重要性是不一样的。社会组织是有特定的使命和愿景的，社会组织通过专业运作提升组织绩效，实现组织使命。从这个意义上说，社会组织的根本目标是实现组织使命，而保持组织自身的自主性是实现组织使命的路径之一。

第三，从宏观上看，在国家治理体系转型与政府改革过程中为社会组织的发展提供制度化空间，真正实现国家与社会组织的良性互动。国家治理体系和治理能力现代化在很长一段时间将是党和政府长期的工作重心。不管是治理体系转型还是政府改革，国家始终在主动建构社会领域的发展。[1] 国家主导社会建设，让渡社会发展空间，已经催生出国家与社会之间的一个广泛的空间，即国家与社会组织呈现相互渗透、相互交融的领域。地方政府将党建引领作为基本的抓手，多发挥培育职能，少采取规制手段，促使国家与社会良性互动。

四 地方政府培育社会组织的具体策略

第一，加强政府孵化服务供给过程中的需求导向和精细化设计。尚未注册的草根组织和刚登记注册的处于初创期的社会组织，这两者的具体需求是不一样的。政府通过孵化园提供公共服务过程中应进行精细化设计，除了一般性服务外，更重要的是个性化服务。应该对孵化出壳的社会组织加强跟踪，观察其社会适应能力以检验孵化的实际成效。公益服务园选址

---

[1] 陈国强、潘鸿雁：《存在与自主：国家主动建构下的"社会"》，《社会建设》2017年第2期。

时应注重区域优势，吸纳具有代表性的公益组织入驻，特别是支持类社会组织的入驻，真正发挥社会组织集聚办公的效应和影响力。同时，公益服务园的项目资助应紧扣民生服务，以解决民生问题、落实民生需求为重心。

第二，地方政府要认识到社会组织项目制的实践能够推动政府职能转变与公共服务体系转型。社会组织项目制在实践过程中面临着事本主义、短期性、不确定性等特征，但是对国家治理体系转型具有推动作用。对于社会组织而言，项目制能够带来服务能力的提升，但同时对其自主性有负面影响，社会组织要认识到这点并在实践中保持清醒。

第三，地方政府和社会组织要认识到项目制的实践为双方互动提供了平台。作为项目制重要实践形式之一的政府购买社会组织服务，实质上是通过项目建构起政社互动的常规性平台。在社会组织项目制出现之前，政府与社会组织的互动比较少见，双方难以有深入的了解，也谈不上真正的信任关系。社会组织项目制为实现国家与社会的合作共治提供了现实的可能性。

第四，地方政府应认识到社会组织发展的阶段性和长期性，社会组织从初创和成长进入发展阶段后，营造良好的社会组织生态环境是重要的。从上海的实践来看，社会组织生态建设的实践包括社会组织的内部分工、行业基础设施建设、良性行业文化的营造等一般性要素。对于尚没有开启生态建设的地方政府，不妨从这些一般性要素的培育开始。

第五，拓展政府生态系统建设中的社会参与机制。社会组织生态系统的建设需要政府、市场、社会甚至全体民众的参与。只有政府逐渐让渡公共服务空间，全社会逐步参与公益慈善活动，政府的生态建设机制才能真正起作用，最终建立起一个依法治理的、动态有序的社会组织培育管理体制。

附 录

助残服务社会化改革相关人员访谈

1. 社会组织访谈提纲

机构是什么时候发起成立的？组织使命和愿景是什么？组织的资金来源包括哪些？

章程在组织决策中发挥什么作用？理事会的人员构成及其实际履责情况如何？

承接了哪些项目？如何实施项目？社工是如何介入的？项目立项、实施、评估过程中遇到什么问题？如何与政府和残联互动以解决问题？社会组织如何参与政策过程？

做项目对社会组织产生什么影响？如何评价助残服务社会化改革？

序号	访谈人员	访谈时间	备注	访谈记录编码
1	残疾人艺术团（F）的副总干事、艺术总监	2014-7-3 10：00-12：00	观看残疾人演出现场	20140703F
2	本地支持类社会组织（A）的项目主管	2014-7-3 13：00-14：30	参观区残联孵化园	20140703A
3	残疾人服务社（X）的项目主管、总干事	2014-7-11 14：00-16：30	前后分别访谈，参观社区五大专门协会	20140711X
4	残疾人服务社（H）的员工	2014-7-18 13：00-14：00	参观残疾人手工艺品制作	20140718H
5	残疾人服务社（C）项目主管、总干事	2014-7-22 10：00-12：20	前后分别访谈，参观社区残疾人之家	20140722C

续表

序号	访谈人员	访谈时间	备注	访谈记录编码
6	残疾人服务社（D）的总干事	2014-7-24 9：00-12：00	参观	20140724D
7	本地社工机构（G）的总干事	2014-7-24 13：30-14：30	参观	20140724G
8	外地社工机构（Q）的员工	2015-1-8 12：30-13：30	参观	20150108Q

2. 政府和残联官员访谈提纲

当时为什么要发起这项改革？在改革过程中遇到了什么问题？是如何解决的？

改革过程中是如何与上级残联互动的？如何与区残疾人工作委员会成员单位互动的？

这项改革对残联、社会组织和残疾人具有什么影响？

这项改革所取得的效果与何种因素有关？这项改革是否具有可持续性？

编号	访谈人员	访谈时间	访谈记录编码
1	区残联理事长甲	2014-11-25 14：00-16：00	20141125 甲
2	区残联理事长甲	2015-2-10 13：50-16：00	20150210 甲
3	区残联办公室主任乙	2014-7-3 8：10-9：00	20140703 乙
4	区残联办公室主任乙	2014-7-18 8：30-9：30	20140718 乙
5	上海市残联前理事长丙	2014-11-24 14：00-16：00	20141124 丙
6	区社团局副局长丁	2014-11-4 13：50-16：00	20141104 丁

3. 参与 W 区残联活动一览表

	主题和内容	时间	地点	参加人员
1	捐赠项目汇报会	2014-12-25 下午	区残联	残联方、区社会建设办公室主任、企业捐赠方、社会组织受赠方
2	2015 年助残公益服务项目开评标（第一场）	2015-1-6 下午	区残联	残联方、评审专家、第三方招投标代理公司人员
3	2015 年助残公益服务项目开评标（第二场）	2015-1-7 下午	区残联	残联方、评审专家、第三方招投标代理公司人员

续表

	主题和内容	时间	地点	参加人员
4	2015年助残公益服务项目开评标（第三场）	2015-1-8下午	区残联	残联方、评审专家、第三方招投标代理公司人员
5	2015年助残公益服务项目集中采购开评标	2015-1-9上午和下午	区机关事务局	残联方、区机关事务局、评审专家、第三方代理公司人员
6	2014年助残公益项目总结会暨2015年项目启动会	2015-1-23下午	区残联	残联方、社会组织方、街镇残联、五大专门协会等

4. 跟踪调研情况

2020年5月、10月、12月、2021年8月调研助残服务体系的变化及其挑战。

政府购买助残服务的相关政策文件

《中国残联 财政部关于进一步推动政府购买助残服务的实施意见》，残联发〔2019〕38号
《政府购买服务管理办法》，财政部令第102号
《上海市政府购买服务管理办法》，沪财发〔2021〕3号
《上海市残疾人联合会关于印发〈上海市市级政府购买助残服务指导性目录〉的通知》，沪残联规〔2024〕4号

中国残联　财政部关于进一步推动政府购买助残服务的实施意见

残联发〔2019〕38号

各省、自治区、直辖市残联、财政厅（局），新疆生产建设兵团残联、财政局，黑龙江垦区残联：

推广政府购买服务是党中央、国务院全面深化改革，加快转变政府职能，提高国家治理能力，促进经济结构转型升级的重大举措。中国残联在财政部等相关部门指导下，自2014年推动开展政府购买助残服务试点以来，各地积极作为，试点工作有序推进，取得明显成效。为进一步贯彻落实党中央、国务院决策部署，扩大政府购买助残服务规模，提高残疾人公共

服务能力和水平，现就进一步推动政府购买助残服务工作提出以下意见。

一 总体要求

（一）指导思想。

以习近平新时代中国特色社会主义思想为指导，按照党中央、国务院决策部署，扎实有序推进政府购买助残服务，不断提高规范化、制度化、标准化管理水平，着力提升财政资金使用效益和残疾人公共服务管理水平。

（二）基本原则。

一是坚持深化改革。各地要准确把握并持续坚持政府购买服务改革的正确方向，充分利用各方资源，全方位进一步推动政府购买助残服务工作。

二是坚持标准规范。各地要认真结合本地区实际，建立健全政府购买助残服务指导性目录，加强项目预算管理，完善项目服务标准、考核标准和支出标准，注重规范操作，明确助残服务质量要求。

三是坚持公开透明。各地要遵循公开、公平、公正原则，通过竞争择优选择助残服务项目承接主体，同时建立退出机制，促进承接主体强化服务、提高水平、认真履约。

四是加强监督管理。各地要切实履行残联组织作为政府购买助残服务的主体职责，结合实际建立服务指南、行为规范、质量承诺、服务记录追溯、服务绩效评价等制度，做好政府购买助残服务的全过程监督管理。

（三）主要目标。

到2020年，在全国残联系统全面实施政府购买助残服务，2025年基本建立比较完善的政府购买助残服务机制。

二 具体举措

（一）拓展实施范围。

各省（区、市）在2014年试点的基础上，积极推广试点经验，2020年在本省（区、市）范围内全面开展政府购买助残服务。

（二）增加购买内容。

各地应在原有五大类助残服务的基础上，将《"十三五"推进基本公共服务均等化规划》明确的残疾人康复、教育、就业文化、体育、照料、无障碍等基本公共服务中适合通过政府购买服务方式提供的内容，全部纳入政府购买服务范围。

（三）扩大购买规模。

各地要根据年度助残服务项目，合理选择适合政府购买服务方式实施的具体项目，依法依规确定符合条件的企业、事业单位和社会组织等作为助残服务项目承接主体。对于适合的助残服务项目，应优先通过政府购买服务的方式实施。

（四）完善购买机制。

1. 建立健全分级政府购买助残服务指导性目录体系。各地残联要积极会同当地财政部门，根据本地实际编制政府购买助残服务指导性目录，将符合条件的残疾人基本公共服务纳入当地政府购买服务指导性目录清单，逐步形成省、地市、县三级政府购买助残服务指导性目录体系。

2. 加强政府购买助残服务预算编制。各地组织实施政府购买助残服务，应当遵循先有预算、后购买服务的原则。对纳入政府购买助残服务指导性目录的服务事项，积极安排政府购买助残服务项目所需支出，编制政府购买助残服务预算，做到与年度预算、中期财政规划有效衔接。

3. 建立政府购买助残服务标准体系。各地要按照基本公共服务标准体系建设精神，在认真梳理现有残疾人服务标准和规范基础上，根据残疾人需求和本地实际，制定本地的残疾人服务标准、考核标准和支出标准，推进标准的有效实施，规范政府购买行为，提升服务供给质量。

4. 灵活采用多种方式确定承接主体。各地残联应加强与当地财政部门沟通，结合本地区的相关政策文件和实际情况，探索创新购买方式，认真落实《财政部 民政部 工商总局关于印发〈政府购买服务管理办法（暂行）〉的通知》（财综〔2014〕96号）、《财政部关于推进和完善服务项目政府采购有关问题的通知》（财库〔2014〕37）号、《财政部关于印发〈政府采购竞争性磋商采购方式管理暂行办法〉的通知》（财库〔2014〕214号）等文件，根据购买内容的供求特点、市场发育程度等因素，按照方式灵活、程序简便、公开透明、竞争有序的原则确定承接主体。一是属于政府集中采购目录内或采购限额标准以上的助残服务项目，采用公开招标、邀请招标、竞争性谈判、竞争性磋商、单一来源采购等方式确定。鼓励依法采用竞争性谈判、竞争性磋商等竞争性非招标方式确定承接主体。二是属于政府集中采购目录以外且采购限额标准以下的助残服务项目，按照公平、效率原则自行确定承接主体。三是符合凭单制形式实施的助残服务项目，购买主体应当通过合法合规程序，择优确定不少于3家服务机构同时作为承接主体，由服务对象选择具体服务机构为其提供服务。

5. 加强合同履约管理。政府购买助残服务应实行合同化管理，明确购买主体和承接主体的责任义务。合同期限一般为1年，对于购买内容相对固定、连续性强、经费来源稳定、价格变化幅度小的助残服务项目，购买主体与承接主体签订的合同可适当延长履行期限，最长可以设定为3年。

6. 开展全过程绩效管理。各地应当建立事前有目标，事中有监控，事后有评价，评价结果有应用的全过程政府购买助残服务绩效管理体系。绩效目标应在项目立项时予以明确，并纳入服务采购文件和合同约定中。各地自主或委托第三方对绩效目标执行情况进行跟踪，发现偏离目标行为应及时予以纠正，跟踪结果应与合同资金支付挂钩，评价结果应作为下一年度选择承接主体、编制项目预算的重要依据。

（五）培育助残组织。

各地要切实落实《财政部　民政部关于通过政府购买服务支持社会组织培育发展的指导意见》（财综〔2016〕54号），采取孵化培育、人员培训、项目指导、公益创投等多种途径和方式，建立助残社会组织负责人培训制度，加强分类指导和重点支持，推进社会组织能力建设，进一步促进助残社会组织发展。

三　工作要求

（一）转变观念，加强组织领导。

政府购买助残服务是一项综合性改革工作，政策性强，涉及面广，各地要用发展的眼光、改革的理念，按照政府主导、部门负责、社会参与、共同监督的原则，积极作为，大胆探索，创新残疾人服务供给机制和方式，提升残疾人服务的社会化、专业化、市场化水平，促进残疾人公共服务资源的优化配置，为广大残疾人提供优质高效的基本公共服务。

（二）突出重点，积极有序推广。

各地要结合地区财力状况和服务能力水平，在充分调研、准确把握残疾人需求基础上，全面梳理并主动提出购买助残服务的内容和事项，将政府购买助残服务纳入政府购买服务大局，将符合条件的残疾人基本公共服务纳入政府购买服务指导性目录，统筹财政资金和社会资源，优先保障与改善残疾人民生密切相关的服务，条件成熟一个推动一个，让有限的资金用到残疾人最需要的地方。

（三）建章立制，规范操作程序。

各地要逐步完善政府购买助残服务的各项程序规定与相关管理办法，按服务领域和项目制定服务标准，建立以项目申报、项目评审、组织购买、资质审核、合同签订、项目监管、绩效评估等为主要内容的规范化购买流程，规范开展工作。

中国残疾人联合会　财政部
2019 年 8 月 12 日

政府购买服务管理办法

财政部令第 102 号

第一章　总则

第一条　为规范政府购买服务行为，促进转变政府职能，改善公共服务供给，根据《中华人民共和国预算法》、《中华人民共和国政府采购法》、《中华人民共和国合同法》等法律、行政法规的规定，制定本办法。

第二条　本办法所称政府购买服务，是指各级国家机关将属于自身职责范围且适合通过市场化方式提供的服务事项，按照政府采购方式和程序，交由符合条件的服务供应商承担，并根据服务数量和质量等因素向其支付费用的行为。

第三条　政府购买服务应当遵循预算约束、以事定费、公开择优、诚实信用、讲求绩效原则。

第四条　财政部负责制定全国性政府购买服务制度，指导和监督各地区、各部门政府购买服务工作。

县级以上地方人民政府财政部门负责本行政区域政府购买服务管理。

第二章　购买主体和承接主体

第五条　各级国家机关是政府购买服务的购买主体。

第六条　依法成立的企业、社会组织（不含由财政拨款保障的群团组织），公益二类和从事生产经营活动的事业单位，农村集体经济组织，基层群众性自治组织，以及具备条件的个人可以作为政府购买服务的承接主体。

第七条　政府购买服务的承接主体应当符合政府采购法律、行政法规规定的条件。

购买主体可以结合购买服务项目的特点规定承接主体的具体条件，但不得违反政府采购法律、行政法规，以不合理的条件对承接主体实行差别待遇或者歧视待遇。

第八条　公益一类事业单位、使用事业编制且由财政拨款保障的群团组织，不作为政府购买服务的购买主体和承接主体。

第三章　购买内容和目录

第九条　政府购买服务的内容包括政府向社会公众提供的公共服务，以及政府履职所需辅助性服务。

第十条　以下各项不得纳入政府购买服务范围：

（一）不属于政府职责范围的服务事项；

（二）应当由政府直接履职的事项；

（三）政府采购法律、行政法规规定的货物和工程，以及将工程和服务打包的项目；

（四）融资行为；

（五）购买主体的人员招、聘用，以劳务派遣方式用工，以及设置公益性岗位等事项；

（六）法律、行政法规以及国务院规定的其他不得作为政府购买服务内容的事项。

第十一条　政府购买服务的具体范围和内容实行指导性目录管理，指导性目录依法予以公开。

第十二条　政府购买服务指导性目录在中央和省两级实行分级管理，财政部和省级财政部门分别制定本级政府购买服务指导性目录，各部门在本级指导性目录范围内编制本部门政府购买服务指导性目录。

省级财政部门根据本地区情况确定省以下政府购买服务指导性目录的编制方式和程序。

第十三条　有关部门应当根据经济社会发展实际、政府职能转变和基本公共服务均等化、标准化的要求，编制、调整指导性目录。

编制、调整指导性目录应当充分征求相关部门意见，根据实际需要进行专家论证。

第十四条　纳入政府购买服务指导性目录的服务事项，已安排预算的，可以实施政府购买服务。

第四章　购买活动的实施

第十五条　政府购买服务应当突出公共性和公益性，重点考虑、优先安排与改善民生密切相关，有利于转变政府职能、提高财政资金绩效的项目。

政府购买的基本公共服务项目的服务内容、水平、流程等标准要素，应当符合国家基本公共服务标准相关要求。

第十六条　政府购买服务项目所需资金应当在相关部门预算中统筹安排，并与中期财政规划相衔接，未列入预算的项目不得实施。

购买主体在编报年度部门预算时，应当反映政府购买服务支出情况。政府购买服务支出应当符合预算管理有关规定。

第十七条　购买主体应当根据购买内容及市场状况、相关供应商服务能力和信用状况等因素，通过公平竞争择优确定承接主体。

第十八条　购买主体向个人购买服务，应当限于确实适宜实施政府购买服务并且由个人承接的情形，不得以政府购买服务名义变相用工。

第十九条　政府购买服务项目采购环节的执行和监督管理，包括集中采购目录及标准、采购政策、采购方式和程序、信息公开、质疑投诉、失信惩戒等，按照政府采购法律、行政法规和相关制度执行。

第二十条　购买主体实施政府购买服务项目绩效管理，应当开展事前绩效评估，定期对所购服务实施情况开展绩效评价，具备条件的项目可以运用第三方评价评估。

财政部门可以根据需要，对部门政府购买服务整体工作开展绩效评价，或者对部门实施的资金金额和社会影响大的政府购买服务项目开展重点绩效评价。

第二十一条　购买主体及财政部门应当将绩效评价结果作为承接主体选择、预算安排和政策调整的重要依据。

第五章　合同及履行

第二十二条　政府购买服务合同的签订、履行、变更，应当遵循

《中华人民共和国合同法》的相关规定。

第二十三条　购买主体应当与确定的承接主体签订书面合同，合同约定的服务内容应当符合本办法第九条、第十条的规定。

政府购买服务合同应当明确服务的内容、期限、数量、质量、价格，资金结算方式，各方权利义务事项和违约责任等内容。

政府购买服务合同应当依法予以公告。

第二十四条　政府购买服务合同履行期限一般不超过1年；在预算保障的前提下，对于购买内容相对固定、连续性强、经费来源稳定、价格变化幅度小的政府购买服务项目，可以签订履行期限不超过3年的政府购买服务合同。

第二十五条　购买主体应当加强政府购买服务项目履约管理，开展绩效执行监控，及时掌握项目实施进度和绩效目标实现情况，督促承接主体严格履行合同，按照合同约定向承接主体支付款项。

第二十六条　承接主体应当按照合同约定提供服务，不得将服务项目转包给其他主体。

第二十七条　承接主体应当建立政府购买服务项目台账，依照有关规定或合同约定记录保存并向购买主体提供项目实施相关重要资料信息。

第二十八条　承接主体应当严格遵守相关财务规定规范管理和使用政府购买服务项目资金。

承接主体应当配合相关部门对资金使用情况进行监督检查与绩效评价。

第二十九条　承接主体可以依法依规使用政府购买服务合同向金融机构融资。

购买主体不得以任何形式为承接主体的融资行为提供担保。

第六章　监督管理和法律责任

第三十条　有关部门应当建立健全政府购买服务监督管理机制。购买主体和承接主体应当自觉接受财政监督、审计监督、社会监督以及服务对象的监督。

第三十一条　购买主体、承接主体及其他政府购买服务参与方在政府购买服务活动中，存在违反政府采购法律法规行为的，依照政府采购法律法规予以处理处罚；存在截留、挪用和滞留资金等财政违法行为的，依照

《中华人民共和国预算法》、《财政违法行为处罚处分条例》等法律法规追究法律责任；涉嫌犯罪的，移送司法机关处理。

第三十二条　财政部门、购买主体及其工作人员，存在违反本办法规定的行为，以及滥用职权、玩忽职守、徇私舞弊等违法违纪行为的，按照《中华人民共和国预算法》、《中华人民共和国公务员法》、《中华人民共和国监察法》、《财政违法行为处罚处分条例》等国家有关规定追究相应责任；涉嫌犯罪的，移送司法机关处理。

第七章　附则

第三十三条　党的机关、政协机关、民主党派机关、承担行政职能的事业单位和使用行政编制的群团组织机关使用财政性资金购买服务的，参照本办法执行。

第三十四条　涉密政府购买服务项目的实施，按照国家有关规定执行。

第三十五条　本办法自 2020 年 3 月 1 日起施行。财政部、民政部、工商总局 2014 年 12 月 15 日颁布的《政府购买服务管理办法（暂行）》（财综〔2014〕96 号）同时废止。

上海市政府购买服务管理办法

沪财发〔2021〕3 号

第一章　总则

第一条　为规范政府购买服务行为，进一步促进政府职能转变，改善公共服务供给，提高财政资金使用效益，根据《中华人民共和国民法典》《中华人民共和国预算法》《中华人民共和国政府采购法》《政府购买服务管理办法》（中华人民共和国财政部令第 102 号）等法律法规的规定，结合上海市实际，制定本办法。

第二条　本办法所称政府购买服务，是指本市各级行政机关将属于自身职责范围且适合通过市场化方式提供的服务事项，按照政府采购规定的方式和程序，交由符合条件的服务供应商承担，并根据服务数量和质量等因素向其支付费用的行为。

第三条　政府购买服务应当遵循预算约束、以事定费、公开择优、诚实信用、讲求绩效原则。

第四条　本市政府购买服务实行指导性目录与禁止性事项相结合的管理模式。

第五条　市财政部门负责制定市级政府购买服务制度，指导各区、各市级部门政府购买服务工作。

区财政部门负责本行政区域政府购买服务管理工作，制定区级政府购买服务制度。

市、区各部门负责建立健全本部门政府购买服务工作机制和管理制度，规范开展政府购买服务工作。

审计部门依法对本市政府购买服务进行审计监督。

第二章　购买主体和承接主体

第六条　本市各级行政机关是政府购买服务的购买主体。

购买主体是政府购买服务的责任主体，具体负责组织实施购买服务活动。

第七条　依法成立的企业、社会组织（不含由财政拨款保障的群团组织），公益二类和从事生产经营活动的事业单位，农村集体经济组织，基层群众性自治组织，以及具备条件的个人可以作为政府购买服务的承接主体。

第八条　承接主体应当符合民事主体和政府采购有关法律法规规定的条件。

购买主体可以结合购买服务项目的特点规定承接主体的具体条件，但不得违反政府采购法律法规的有关规定，以不合理的条件对承接主体实行差别待遇或者歧视待遇。

第九条　公益一类事业单位、使用事业编制且由财政拨款保障的群团组织，不作为政府购买服务的购买主体和承接主体。

第三章　购买内容和目录

第十条　政府购买服务内容根据政府职能确定，并与经济社会发展水平相适应，包括政府向社会公众提供的公共服务和政府履职所需辅助性服务。

第十一条　以下各项不得纳入政府购买服务范围：

（一）不属于政府职责范围的服务事项；

（二）应当由政府直接履职的事项，包括但不限于行政决策、行政许可、行政处罚、行政强制、行政复议、内部制度制定等；

（三）政府采购相关法律法规规定的货物和工程，以及将工程和服务打包的项目；

（四）融资行为；

（五）购买主体的人员招、聘用，以劳务派遣方式用工，以及设置公益性岗位等事项；

（六）法律、行政法规以及国家规定的其他不得作为政府购买服务内容的事项。

各区、各市级部门应当结合实际情况，对上述禁止性事项予以细化，明确本区、本部门政府购买服务禁止性事项具体内容。

第十二条　政府购买服务的具体范围和内容实行指导性目录管理，指导性目录依法予以公开。

第十三条　本市政府购买服务指导性目录在市与区两级实行分级管理。市、区财政部门分别牵头制定本级政府购买服务指导性目录，市、区各部门在本级指导性目录范围内编制本部门政府购买服务指导性目录。

市、区财政部门制定的指导性目录应当报同级人民政府同意后实施。市、区各部门编制的本部门指导性目录应当报同级财政部门备案。

第十四条　指导性目录应当根据经济社会发展实际、政府职能转变和基本公共服务均等化、标准化的要求，经充分征求相关部门意见后适时调整。

市、区财政部门调整本级指导性目录应当报同级人民政府同意。市、区各部门调整本部门指导性目录应当报同级财政部门备案。

第十五条　纳入政府购买服务指导性目录的服务事项，已安排预算的，可以实施政府购买服务。

第十六条　未纳入指导性目录的服务事项，同时不属于第十一条所列范围的，由购买主体会同财政部门报同级人民政府同意后，可以实施政府购买服务。

第四章　预算管理

第十七条　政府购买服务应当突出公共性和公益性，重点考虑、优先安排与改善民生密切相关，有利于转变政府职能、提高财政资金绩效的项目。

政府购买的基本公共服务项目的服务内容、水平、流程等标准要素，应当符合国家和本市基本公共服务标准相关要求。

第十八条　政府购买服务项目所需资金应当在相关部门预算中统筹安

排，并与中期财政规划相衔接。

预算主管部门应当按照各单位职责安排预算经费，不得将本级履职所承担的经费列入下级单位预算，不得将行政机关履职所承担的经费列入事业单位预算。

第十九条 政府购买服务应当先有预算、后购买服务，未列入预算的项目不得实施。购买主体原则上不得将政府购买服务项目作为增加财政支出的依据。

第二十条 购买主体应当根据国家规定和行业标准，科学设定服务需求和目标要求，综合物价、工资、税费等因素，根据厉行节约的原则，合理测算政府购买服务所需资金。

第二十一条 购买主体在编报年度部门预算时，应当反映政府购买服务支出情况。政府购买服务支出应当符合预算管理有关规定。

第二十二条 对预算已安排资金但尚未明确通过购买方式提供的服务项目，年度预算执行中，根据实际情况需要转为政府购买服务方式实施的，购买主体应当按照预算调整有关规定报同级财政部门审核后实施。

第五章 购买活动

第二十三条 购买主体应当根据购买内容及市场状况、相关供应商服务能力和信用状况等因素，按照"方式灵活、程序简便、公开透明、竞争有序"的原则，组织实施政府购买服务工作，择优确定承接主体。

第二十四条 购买主体向个人购买服务，应当限于确实适宜实施政府购买服务并且由个人承接的情形，不得以政府购买服务名义变相用工。

第二十五条 政府购买服务项目购买环节的执行、资金支付和监督管理，包括集中采购目录及限额标准、采购政策、采购方式和程序、信息公开、质疑投诉、失信惩戒等，按照政府采购、国库集中支付和其他相关法律法规制度执行。

对于集中采购目录以外限额标准以下的政府购买服务项目，购买主体应当按照预算安排和内控制度实施，可以参照竞争性谈判、竞争性磋商、单一来源采购等政府采购非招标方式执行。

第六章 合同及履行

第二十六条 政府购买服务合同的签订、履行、变更，应当遵循《中华人民共和国民法典》和政府采购法律法规的相关规定。

第二十七条　购买主体应当与确定的承接主体签订书面合同，合同约定的服务内容应当符合本办法第十条、第十一条的规定。

政府购买服务合同应当明确服务的内容、期限、数量、质量、价格，资金结算方式，各方的权利义务事项和违约责任等内容。

第二十八条　政府购买服务合同履行期限一般不超过1年；在预算保障的前提下，对于购买内容相对固定、连续性强、经费来源稳定、价格变化幅度小的政府购买服务项目，可以签订履行期限不超过3年的政府购买服务合同。

第二十九条　购买主体应当加强政府购买服务项目履约管理，及时掌握项目实施进度，督促承接主体严格履行合同，按照合同约定向承接主体支付款项。

承接主体应当按照合同约定，认真组织实施服务项目，按时完成服务项目任务，保证服务数量、质量和效果。

第三十条　承接主体不得将服务项目转包给其他主体。

第三十一条　承接主体应当建立政府购买服务项目台账，依照有关规定或合同约定记录保存并向购买主体提供项目实施相关重要资料信息。

第三十二条　承接主体应当严格遵守相关财务规定规范管理和使用政府购买服务项目资金。

承接主体应当配合相关部门对资金使用情况进行监督检查。

第三十三条　承接主体可以依法依规使用政府购买服务合同向金融机构融资。

购买主体不得以任何形式为承接主体的融资行为提供担保。

第七章　绩效管理

第三十四条　购买主体应当加强政府购买服务项目预算绩效管理，按规定开展事前绩效评估，编报绩效目标，加强合同履约期间的绩效执行监控，定期对所购服务实施情况开展绩效评价。

第三十五条　购买主体应当按规定对政府购买服务项目绩效目标完成情况开展绩效自评。预算主管部门根据工作需要开展部门评价的，应建立由预算主管部门和服务对象组成的评价机制，必要时可以运用第三方评价评估。

第三十六条　财政部门可以根据需要对购买主体的政府购买服务整体工作开展绩效评价，也可以对受益对象为社会公众且社会关注度高、预算金额较大的政府购买服务项目开展重点绩效评价。

第三十七条　购买主体及财政部门应当将绩效评价结果作为承接主体选择、预算安排和政策调整的重要依据。

第八章　信息公开

第三十八条　购买主体应当按照规定公开政府购买服务信息，涉及国家秘密，以及公开后可能危及国家安全、公共安全、经济安全、社会稳定，或者涉及商业秘密、个人隐私的信息除外。

第三十九条　购买主体实施购买服务前，应当按照政府采购的有关要求，公开采购意向并及时向社会公告购买内容、规模、对承接主体的资质要求和应当提交的相关材料等有关信息。

第四十条　购买主体签订购买服务合同后，应当按规定及时将购买的服务项目内容、合同金额、具体承接对象等相关信息向社会公开。

第四十一条　完成购买服务及其绩效评价工作后，购买主体应当按规定及时将绩效评价结果信息向社会公开。

第九章　监督管理和法律责任

第四十二条　有关部门应当建立健全政府购买服务监督管理机制。购买主体和承接主体应当自觉接受财政监督、审计监督、社会监督以及服务对象的监督。

第四十三条　购买主体、承接主体及其他政府购买服务参与方在政府购买服务活动中，存在违反政府采购法律法规行为的，依照政府采购法律法规予以处理处罚；存在截留、挪用和滞留资金等财政违法行为的，依照《中华人民共和国预算法》、《财政违法行为处罚处分条例》等法律法规追究法律责任；涉嫌犯罪的，移送监察、司法机关处理。

第四十四条　财政部门、购买主体及其工作人员，存在违反本办法规定的行为，以及滥用职权、玩忽职守、徇私舞弊等违法违纪行为的，按照《中华人民共和国预算法》《中华人民共和国公务员法》《中华人民共和国监察法》《财政违法行为处罚处分条例》等国家有关规定追究相应责任；涉嫌犯罪的，移送监察、司法机关处理。

第十章　附则

第四十五条　党的机关、人大机关、政协机关、监察机关、检察机关、审判机关、民主党派机关、行政执法机构和使用行政编制的群团组织机关使用财政性资金购买服务的,参照本办法执行。

第四十六条 涉密政府购买服务项目的实施,按照国家有关规定执行。

第四十七条 各区、各市级部门应当结合本区、本部门实际情况,制定本区、本部门开展政府购买服务的具体办法。

第四十八条 本办法由上海市财政局负责解释。

第四十九条 本办法自2021年5月25日起施行,有效期至2026年4月30日,2021年5月1日至2021年5月24日期间本市政府购买服务管理相关事宜参照本办法执行。

附件:上海市市级政府购买服务指导性目录

代码	一级目录	二级目录	三级目录
A	公共服务		
A01		公共安全服务	
A0101			公共安全隐患排查治理服务
A0102			公共安全情况监测服务
A0103			安全生产事故调查服务
A0104			安全生产应急救援服务
A02		教育公共服务	
A0201			课程研究与开发服务
A0202			学生体育活动组织实施服务
A0203			校园艺术活动组织实施服务
A0204			教学成果推广应用服务
A0205			国防教育服务
A03		就业公共服务	
A0301			就业指导服务
A0302			职业技能培训服务
A0303			创业指导服务
A0304			人才服务
A04		社会保障服务	
A0401			儿童福利服务
A0402			基本养老服务
A0403			社会救助服务
A0404			扶贫济困服务

续表

代码	一级目录	二级目录	三级目录
A0405			优抚安置服务
A0406			残疾人服务
A0407			法律援助服务
A05		卫生健康公共服务	
A0501			传染病防控服务
A0502			地方病防控服务
A0503			应急救治服务
A0504			食品药品安全服务
A0505			特殊群体卫生健康服务
A06		生态保护和环境治理服务	
A0601			生态资源调查与监测服务
A0602			野生动物疫源疫病监测服务
A0603			碳汇监测与评估服务
A0604			废弃物处理服务
A0605			环境保护舆情监控服务
A0606			环境保护成果交流与管理服务
A0607			农业农村环境治理服务
A07		科技公共服务	
A0701			科技研发与推广服务
A0702			科技成果转化与推广服务
A0703			科技交流、普及与推广服务
A0704			区域科技发展服务
A0705			技术创新服务
A08		文化公共服务	
A0801			文化艺术创作、表演及交流服务
A0802			群众文化活动服务
A0803			文物和文化保护服务
A09		体育公共服务	
A0901			体育组织服务
A0902			体育场馆服务
A10		社会治理服务	
A1001			社区治理服务

续表

代码	一级目录	二级目录	三级目录
A1002			社会组织建设与管理服务
A1003			社会工作服务
A1004			人民调解服务
A1005			志愿服务活动管理服务
A11		城乡维护服务	
A1101			公共设施管理服务
A12		农业、林业和水利公共服务	
A1201			农业绿色发展和可持续发展服务
A1202			农业资源与环境保护服务
A1203			农作物病虫害防治服务
A1204			外来入侵生物综合防治服务
A1205			动物疫病防治服务
A1206			品种保存和改良服务
A1207			公益性农机作业服务
A1208			农产品质量安全服务
A1209			渔业船舶检验监管服务
A1210			森林经营与管理服务
A1211			林区管理服务
A1212			水利设施养护服务
A13		交通运输公共服务	
A1301			交通运输保障服务
A1302			交通运输社会监督服务
A1303			交通运输应急演练服务
A14		灾害防治与应对服务	
A1401			防灾减灾预警、预报服务
A1402			防灾救灾技术指导服务
A1403			防灾救灾物资储备、供应服务
A1404			灾害救援救助服务
A1405			灾后防疫服务
A1406			灾情调查评估服务
A1407			灾害风险普查服务

续表

代码	一级目录	二级目录	三级目录
A15		公共信息与宣传服务	
A1501			公共信息服务
A1502			公共公益宣传服务
A1503			公共公益展览服务
A1504			公共信息系统开发与维护服务
A16		行业管理服务	
A1601			行业规划服务
A1602			行业调查与处置服务
A1603			行业统计分析服务
A1604			行业职业资格准入和水平评价管理服务
A1605			行业规范服务
A1606			行业标准制修订服务
A1607			行业投诉处理服务
A1608			行业咨询服务
A1609			行业人才培养服务
A17		技术性公共服务	
A1701			技术评审鉴定评估服务
A1702			检验检疫检测及认证服务
A1703			监测服务
A1704			气象服务
A18		其他公共服务	
A1801			对外合作与交流服务
A1802			农村金融发展服务
B	政府履职辅助性服务		
B01		法律服务	
B0101			法律顾问服务
B0102			法律咨询服务
B0103			法律诉讼及其他争端解决服务
B0104			见证及公证服务

续表

代码	一级目录	二级目录	三级目录
B02		课题研究和社会调查服务	
B0201			课题研究服务
B0202			社会调查服务
B03		会计审计服务	
B0301			会计服务
B0302			审计服务
B04		会议服务	
B0401			会议服务
B05		监督检查辅助服务	
B0501			监督检查辅助服务
B06		工程服务	
B0601			工程造价咨询服务
B0602			工程监理服务
B0603			其他适合通过市场化方式提供的工程服务
B07		评审、评估和评价服务	
B0701			评审服务
B0702			评估和评价服务
B08		咨询服务	
B0801			咨询服务
B09		机关工作人员培训服务	
B0901			机关工作人员技术业务培训服务
B0902			其他适合通过市场化方式提供的机关工作人员培训服务
B10		信息化服务	
B1001			机关信息系统开发与维护服务
B1002			数据处理服务
B1003			网络接入服务
B1004			其他适合通过市场化方式提供的信息化服务
B11		后勤服务	
B1101			维修保养服务

续表

代码	一级目录	二级目录	三级目录
B1102			物业管理服务
B1103			安全服务
B1104			印刷和出版服务
B1105			餐饮服务
B1106			租赁服务
B1107			其他适合通过市场化方式提供的后勤服务
B12		其他辅助性服务	
B1201			翻译服务
B1202			档案管理服务
B1203			外事服务

上海市残疾人联合会关于印发《上海市市级政府购买助残服务指导性目录》的通知

沪残联规〔2024〕4号

各区残联、市残联各处室：

中国残联自2014年推动开展政府购买助残服务试点，本市积极响应、有序推进，不断规范政府购买助残服务工作，有效提升了残疾人公共服务能力和水平。根据《中国残联、财政部关于进一步推动政府购买助残服务的实施意见》（残联发〔2019〕38号）中"建立健全分级政府购买助残服务指导性目录体系"的要求，结合《上海市残疾人事业发展"十四五"规划》任务目标，参照《上海市市级政府购买服务指导性目录》，编制了《上海市市级政府购买助残服务指导性目录》（以下简称《市级目录》），现印发给你们，并就有关事项通知如下：

一、《市级目录》按照残疾人及其家庭在基本生活、社会支持、成长发展、法律服务和其他公共服务等五方面的需求，设置17个项目内容，涉及残疾人就业、社会保障、卫生健康、文化体育、无障碍环境建设、公共信息宣传、辅助器具适配、科技成果推广以及相关技术性服务等。目录可作为购买主体购买助残服务项目及有关部门评价审核的依据。

二、购买主体应按照《上海市政府购买服务管理办法》有关规定组织实施，加强项目管理。

三、根据社会经济发展变化、购买服务政策变化、公众需求和工作实际等情况，适时修订《市级目录》。

四、各区应在《市级目录》框架下，结合工作实际，形成各区政府购买助残服务目录。

五、本通知自 2024 年 10 月 1 日起施行，有效期至 2029 年 9 月 30 日。

上海市残疾人联合会
2024 年 8 月 13 日

上海市市级政府购买助残服务指导性目录

服务项目类别	服务项目名称	服务项目内容	对应市级政府购买服务指导性目录编号
1. 残疾人基本生活需求	1.1 残疾人居家养护服务项目	为符合条件的残疾人提供料理家务、生活护理等居家养护服务。	A0406
	1.2 残疾人日间照料服务项目	为符合条件的残疾人提供护理照料、生活自理能力和社会适应能力训练、职业康复、劳动技能培训、辅助性就业、心理疏导等服务。	A0406
	1.3 残疾预防和残疾人康复服务项目	为符合条件的残疾人群提供健康体检、医学筛查、康复评估、诊断治疗、功能训练、个案护理等服务；对符合条件的残疾人提供生活能力、认知能力、职业能力、社会融入能力的功能训练或自助互助康复服务；对符合条件的残疾人提供心理干预服务。为符合条件的残疾人提供送康复服务上门、康复随访、康复咨询、心理疏导、家庭病床、训练指导等社区康复服务。为社区内有就诊、就医需求的困难残疾人提供家庭出诊、就医资源链接等服务。提供预防残疾普及推广服务。	A0406
	1.4 残疾人辅助器具适配服务项目	为残疾人辅助器具适配提供专业技术支持、适配评估、适配全流程协助、来电来访处理、售后服务跟踪，对补贴类、特定辅具适配进行验证以及社区辅具展示、体验、租借等服务。	A0406

续表

服务项目类别	服务项目名称	服务项目内容	对应市级政府购买服务指导性目录编号
2. 残疾人及其家庭社会支持需求	2.1 残疾人无障碍环境建设服务项目	为符合条件的本市户籍残疾人提供家庭无障碍环境改造服务（家庭无障碍改造工程除外）。提供残疾人无障碍环境督导服务。提供信息无障碍所需公共信息采集、告知服务，在电视节目中提供字幕、手语辅助等支持服务。	A0406
	2.2 助残社会工作服务项目	为残疾人及其家庭提供综合帮扶、社会支持、社会融合等社会工作服务。提供残疾人盲文、手语普及推广服务。	A0406
	2.3 助残志愿服务活动管理服务项目	为各类助残志愿服务组织提供活动指导、业务培训、能力培育等服务。	A0406
	2.4 助残社会组织管理服务项目	为各类助残社会组织提供项目指导、业务培训、孵化培育、能力建设等服务。支持社会组织开展各类助残服务。	A0406
	2.5 助残服务网络建设项目	各类惠残政策、助残服务等公共信息系统开发与维护等服务。	A0406
3. 残疾人成长发展需求	3.1 残疾人就业服务项目	为符合条件的残疾人提供职业能力评估、就业咨询、就业岗位提供、职业指导、非物质文化遗产项目指导培训、就业援助等服务。为符合条件的残疾人提供职业相关技能培训、农村实用技术培训、见习岗位培训、实训基地培训等服务。为符合条件的残疾人提供创业培训、创业指导等相关服务。	A0406
	3.2 残疾人教育服务项目	为社区中残疾儿童提供医教结合训练、家庭支持、随班就读等服务。为残疾人终身教育提供支持服务。	A0406

续表

服务项目类别	服务项目名称	服务项目内容	对应市级政府购买服务指导性目录编号
3. 残疾人成长发展需求	3.3 残疾人文化服务项目	提供残疾人艺术团队运营服务。组织开展艺术作品创编，实施艺术人才培养，组织艺术节目参赛、交流及演出活动。提供残疾人艺术训练、演出场地等服务。为残疾人群体开展艺术普及、阅读交流、文化教育、文艺演出、文化培训、活动指导等活动提供服务。在公共图书馆内提供盲文和有声读物阅读服务，开展残疾人无障碍影视服务。通过互联网、新媒体等方式，为残疾人提供网上群众文化活动服务。	A0406
	3.4 残疾人体育服务项目	组织残疾人各类群众体育、康复体育活动，开展残疾人体育教育。提供基层残疾人体育活动场所、器材器械维护服务。	A0406
	3.5 残疾人事业宣传服务项目	提供残疾人事业宣传活动的策划、组织、实施等服务。提供残疾人事业新媒体运营服务。提供残疾人事业相关法律、法规、政策的宣传教育服务。	A0406
4. 残疾人法律服务需求	4.1 残疾人权益维护服务项目	提供公益性法律咨询服务。为符合条件的残疾人转介法律援助提供便利服务。为经济困难或特殊案件的残疾人提供法律救助服务。	A0406
5. 残疾人其他公共服务需求	5.1 残疾人事业科技成果应用与推广服务	提供残疾人康复、辅助器具等领域科技成果应用与推广等服务。	A0406
	5.2 其他残疾人服务	提供残疾评定、康复评估、无障碍环境建设评估、无障碍环境认证等服务。残疾评定上门服务条件评估服务，残疾人状况和需求调查、监测、评估、数据处理分析等。	A0406

参考文献

一 中文专著与论文

艾尔巴比:《社会研究方法》(第十一版),华夏出版社,2009。

〔美〕保罗·A.萨巴蒂尔、汉克·C.詹金斯-史密斯编《政策变迁与学习:一种倡议联盟途径》,邓征译,北京大学出版社,2011。

〔美〕彼得·德鲁克:《非营利组织的管理》,机械工业出版社,2009。

蔡禾、周林刚:《关注弱势群体——城市残疾人群体研究》,社会科学文献出版社,2008。

曹锦清:《如何研究中国》,上海人民出版社,2010。

陈琳:《关于政策学习的理论探索》,《学习月刊》2010年第12期下半月。

程凯等编写《中国残疾人事业大事编年(1949—2008)》,华夏出版社,2008。

〔美〕大卫·霍顿斯·密斯等:《非营利管理词典:术语与概念》,吴新叶译,北京大学出版社,2018。

单学鹏:《中国情境下的协同治理研究有何不同?——一项系统性回顾》,《公共管理评论》2025年第1期。

邓金霞:《如何确定政府购买公共服务的价格——以上海为例》,《中国行政管理》2020年第11期。

邓正来:《国家与社会——中国市民社会研究》,北京大学出版社,2008。

范明林:《中国社会政策和社会工作研究:本土化和专业化》,《社会》2007年第2期。

〔美〕菲利普·库珀:《合同制治理——公共管理者面临的挑战与机遇》,

竺乾威等译，复旦大学出版社，2007。

〔美〕盖伊·彼得斯：《政府未来的治理模式》，吴爱明、张成福译，中国人民大学出版社，2013。

〔美〕戈德·史密斯、威廉·D.埃格斯：《网络化治理：公共部门的新形态》，孙迎春译，北京大学出版社，2008。

郭小聪、聂勇浩：《服务购买中的政府-非营利组织关系：分析视角及研究方向》，《中山大学学报》（社会科学版）2013年第4期。

韩博天：《中国经济腾飞中的分级制政策试验》，《开放时代》2008年第5期。

何欣、霍语涵：《我国残疾人自助组织发展现状及政策分析：基于组织环境视角》，《广东工业大学学报》（社会科学版）2013年第6期。

何欣、魏雁滨：《专业化：残疾人自助组织发展的影响因素》，《中国人民大学学报》2011年第5期。

何欣：《中国残疾人自助组织发展的社会性影响因素分析》，中国劳动社会保障出版社，2014。

何艳玲：《公共行政学史》，中国人民大学出版社，2018。

胡伟：《政府过程》，浙江人民出版社，1998。

黄宗智：《国家与社会的二元合一：中国历史回顾与前瞻》，广西师范大学出版社，2022。

〔美〕杰弗里·菲佛，杰勒尔德·R.萨兰基克：《组织的外部控制：对组织资源依赖的分析》，东方出版社，2006。

〔美〕杰伊·M.沙夫里茨、艾伯特·C.海德主编《公共行政学经典》（第七版），中国人民大学出版社，2019。

景跃进、陈明明、肖滨：《当代中国政府与政治》（第二版），中国人民大学出版社，2024。

敬乂嘉：《合作治理：再造公共服务的逻辑》，天津人民出版社，2009。

敬乂嘉：《社会服务中的公共非营利合作关系研究——一个基于地方改革实践的分析》，《公共行政评论》2011年第5期。

孔繁斌：《公共性的再生产——多中心治理的合作机制构建》，江苏人民出版社，2008。

〔美〕莱斯特·M.撒拉蒙：《公共服务中的伙伴——现代福利国家中的政

府与非营利组织的关系》，田凯译，商务印书馆，2008。

李健、李苗苗、马小红：《残疾人社会组织发展现状、问题与对策建议》，《残疾人研究》2020年第3期。

李泉：《治理理论的谱系与转型中国》，《复旦学报》（社会科学版）2012年第6期。

李泉：《治理思想的中国表达：政策、结构与话语演变》，中央编译出版社，2014。

李友梅、肖瑛、黄晓春：《当代中国社会建设的公共性困境及其超越》，《中国社会科学》2012年第4期。

李友梅：《中国社会管理新格局下遭遇的问题——一种基于中观机制分析的视角》，《学术月刊》2012年第7期。

李姿姿：《国家与社会互动理论研究述评》，《学术界》2008年第1期。

刘霞：《公共组织学习理论》，中国社会科学出版社，2005。

卢晖临、李雪：《如何走出个案——从个案研究到扩展个案研究》，《中国社会科学》2007年第1期。

陆德阳、（日）稻森信昭：《中国残疾人史》，学林出版社，1996。

吕纳：《公共服务购买中的政府与社会组织互动关系研究》，博士学位论文，上海大学，2013。

〔美〕罗伯特·登哈特：《公共组织理论》，扶松茂、丁力译，中国人民大学出版社，2011。

〔美〕罗伯特·殷：《案例研究：设计与方法》，周海涛等译，重庆大学出版社，2004。

〔美〕罗纳德·哈里·科斯、王宁：《变革中国——市场经济的中国之路》，徐尧、李哲民译，中信出版社，2013。

欧文休斯：《公共管理导论》，中国人民大学出版社，2010。

〔美〕乔尔·S.米格代尔：《社会中的国家——国家与社会如何相互改变与相互构成》，张长东校，李杨等译，江苏人民出版社，2013。

秦琴：《农村残疾人社会组织建设现状分析——基于湖北的调查》，《江西社会科学》2014年第6期。

秦琴、曾德进：《政府、残联和残疾人民间组织的关系研究》，《社会科学》2014年第4期。

萨瓦斯：《民营化与公私部门的伙伴关系》，周志忍等译，中国人民大学出版社，2003。

尚晓援：《中国残疾儿童家庭经验研究》，社会科学文献出版社，2013。

唐钧、李敬主编《广东省残疾人社会服务体系研究》，研究出版社，2010。

〔美〕唐纳德·凯特尔：《权力分享：公共治理与私人市场》，北京大学出版社，2009。

唐文玉：《权威型合作与民主型合作——合作治理的政治社会学类型分析》，《广东行政学院学报》2011年第5期。

田凯：《组织理论：公共的视角》，北京大学出版社，2020。

汪锦军：《走向合作治理：政府与非营利组织合作的条件、模式和路径》，浙江大学出版社，2012。

王辉：《合作治理的中国适用性及限度》，《华中科技大学学报》（社会科学版）2010年第11期。

王浦劬、〔美〕莱斯特·M.萨拉蒙等：《政府向社会组织购买公共服务研究：中国与全球经验分析》，北京大学出版社，2010。

王绍光：《学习机制与适应能力：中国农村合作医疗体制变迁的启示》，《中国社会科学》2008年第6期。

王绍光：《治理研究：正本清源》，《开放时代》2018年第2期。

王诗宗：《治理理论及其中国适用性》，浙江大学出版社，2009。

王颖、折晓叶、孙炳耀：《社会中间层：改革与中国的社团组织》，中国发展出版社，1993。

吴新叶：《大都市社会管理中的NGO参与：制度化路径及其实现》，《上海行政学院学报》2013年第5期。

吴新叶：《社会治理的政党逻辑》，华东师范大学出版社，2022。

吴新叶：《执政党与非政府组织：理论的超越与现实的路径——以超越"国家-社会"范式的视角》，《学术论坛》2006年第12期。

奚从清、林清和主编《残疾人社会工作》，浙江大学出版社，2013。

夏书章：《加强合作治理研究是时候了》，《复旦公共行政评论》2012年第2期。

萧新煌、官有垣、陆宛苹主编《非营利部门：组织与运作》（第二版），巨流图书公司，2009。

熊万胜：《江山与人民：中国治理体系解析》，中国人民大学出版社，2022。

徐家良等编著《第三部门概论》，北京大学出版社，2020。

徐家良等：《改革开放后上海社会组织创新发展研究》，上海交通大学出版社，2018。

徐家良、卢永彬、曹芳华：《公益孵化器的价值链模型构建研究》，《中国行政管理》2014年第12期。

徐家良：《新组织形态与关系模式的创建——体制吸纳问题探讨》，《北京大学学报》2008年第3期。

徐家良、赵挺：《政府购买公共服务的现实困境与路径创新：上海的实践》，《中国行政管理》2013年第8期。

徐家良、赵挺：《政府购买公共服务评估研究》，《政治学研究》2013年第5期。

燕继荣：《协调治理：社会管理创新之道——基于国家与社会关系的理论思考》，《中国行政管理》2013年第2期。

杨立华：《学者型治理：集体行动的第四种模型》，《中国行政管理》2007年第1期。

杨团、金锦萍等：《民办残疾人康复服务机构发展状况报告——对北京市的调查》，《学习和实践》2008年第5期。

杨团主编《非营利机构评估：上海罗山市民会馆个案研究》，华夏出版社，2001。

俞可平主编《治理和善治》，社会科学文献出版社，2004。

郁建兴、滕红燕：《政府培育社会组织的模式选择：一个分析框架》，《政治学研究》2018年第6期。

郁建兴、王诗宗：《治理理论的中国适用性》，《哲学研究》2010年第11期。

〔美〕詹姆斯·C.斯科特：《国家的视角：那些试图改善人类状况的项目是如何失败的》，王晓毅译，社会科学文献出版社，2004。

张康之：《合作治理是社会治理变革的归宿》，《社会科学研究》2012年第3期。

张明军：《社会管理研究在中国：进路与焦点》，《学术界》2012年第1期。

赵挺：《地方政府如何培育社会组织发展——组织生命周期视角的分析》，

《东岳论丛》2023 年第 11 期。

赵挺：《美国地方政府购买社会组织服务中的融合模式及其借鉴》，《科学发展》2019 年第 9 期。

赵挺、袁君翱：《政府资助对社会组织的影响：国外文献的述评与启示》，载王名主编《中国非营利评论》第 29 卷，社会科学文献出版社，2022。

郑功成：《残疾人社会保障：现状及发展思路》，《中国人民大学学报》2008 年第 1 期。

中国残疾人联合会编《中国残疾人事业年鉴（1994—2000）》，华夏出版社，2002。

中国残疾人联合会编《中国残疾人事业统计年鉴（2016）》，中国统计出版社，2016。

中国残疾人联合会编《中国残疾人事业统计年鉴》，中国统计出版社，2013。

中国社会科学院社会政策研究所：《国家福利拓展与残联组织正位——以北京市残疾人康复工作为例》，《学习与实践》2010 年第 2 期。

周黎安：《转型中的地方政府：官员激励与治理》（第二版），格致出版社、上海人民出版社，2012。

周林刚：《残疾人社会保障体系与公共服务体系建设研究》，《中国人口科学》2011 年第 2 期。

周林刚：《残疾人视野中的残联——一个评价组织福利工作的视角》，《学习与实践》2008 年第 2 期。

周沛、曲绍旭：《残疾人两个体系建设创新研究》，《西北大学学报》（哲学社会科学版）2011 年第 6 期。

周雪光：《中国国家治理的制度逻辑：一个组织学研究》，生活·读书·新知三联书店，2017。

朱健刚、陈安娜：《嵌入中的专业社会工作与街区权力关系——对一个政府购买服务项目的个案分析》，《社会学研究》2013 年第 1 期。

朱健刚：《慈善组织在我国公共服务体系建设中的参与路径——以残疾人社会组织为例》，《社会保障评论》2023 年第 5 期。

二 英文专著与论文

A. C. Brooks, (2000), "Is There a Dark Side to Government Support for Nonprofits?" *Public Administration Review* 60 (3): 211-218.

Adil Najam, (2000), "The Four-C's of Third Sector-Government Relations: Cooperation, Confrontation, Complementarity, and Co-optation," *Nonprofit Management & Leadership* 10 (4): 375-396.

A. Hudson, (2002), "Advocacy by UK-based Development NGOs," *Nonprofit and Voluntary Sector Quarterly* 31 (3): 402-418.

Ann Marie Thomson and James L. Perry, (2006), "Collaboration Processes: Inside the Black Box," *Public Administration Review* 66 (S1): 20-32.

Ansell, Chris, and Alison Gash, (2008), "Collaborative Governance in Theory and Practice," *Journal of Public Administration Research and Theory* 18 (4): 543-571.

Anthony J. Spires, Lin Tao, and Kin-man Chan, (2014), "Societal Support for China's Grassroots NGOs: Evidence from Yunnan, Guangdong, and Beijing," *The China Journal* 71: 65-90.

Arwin van Buuren, (2009), "Knowledge for Governance, Governance of Knowledge: Inclusive Knowledge Management in Collaborative Governance Processes," *International Public Management Journal* 12 (2): 208-235.

Barbara Levitt and James G. March, (1988), "Organizational Learning," *Annual Review of Sociology* 14: 319-340.

B. Gazley and J. L. Brudney, (2007), "The Purpose (and Perils) of Government-Nonprofit Partnership," *Nonprofit and Voluntary Sector Quarterly* 36 (3): 389-415.

B. Never and E. de Leon, (2014), "The Effect of Government Contracting on Nonprofit Human Service Organizations: Impacts of an Evolving Relationship," *Human Service Organizations: Management, Leadership & Governance* 38 (3): 258-270.

C. E. Nevitt, (1996), "Private Business Associations in China: Evidence of Civil Society or Local State Power?" *The China Journal* (36): 25-43.

Chris Ansell and Alison Gash, (2008), "Collaborative Governance in Theory and Practice," *Journal of Public Administration Research and Theory* 18 (4): 543-571.

Claudio M. Radaelli, (1995), "The Role of Knowledge in the Policy Process," *Journal of European Public Policy* 2 (2): 159–183.

David Horton Smith, *Grassroots Associations* (Thousand Oaks, CA: Sage Publications, 2000).

David Horton Smith, Robert A. Stebbins and Jurgen Grotz, eds., *The Palgrave Handbook of Volunteering, Civic Participation, and Nonprofit Associations* (Houndmills: Palgrave Macmillan, 2016).

David Horton Smith and Ting Zhao, (2016), "Review and Assessment of China's Nonprofit Sector After Mao: Emerging Civil Society?" *Voluntaristics Review: Brill Research Perspectives* 1 (6): 1–67.

David M. Van Slyke, (2007), "Agents or Stewards: Using Theory to Understand the Government-Nonprofit Social Service Contracting Relationship," *Journal of Public Administration Research and Theory* 17 (2): 157–187.

David M. Van Slyke, (2003), "The Mythology of Privatization in Contracting for Social Services," *Public Administration Review* 63 (3): 296–315.

Dennis R. Young, (2000), "Alternative Models of Government-Nonprofit Sector Relations: Theoretical and International Perspectives," *Nonprofit and Voluntary Sector Quarterly* 29 (1_suppl): 149–172.

E. Bloodgood and J. Tremblay-Boire, (2017), "Does Government Funding Depoliticize Non-Governmental Organizations? Examining Evidence from Europe," *European Political Science Review* 9 (3): 401–424.

E. E. Garrow, (2011), "Receipt of Government Revenue Among Nonprofit Human Service Organizations," *Journal of Public Administration Research and Theory* 21 (3): 445–471.

E. Kirk and T. Nabatchi, *Collaborative Governance Regimes* (Washington, D. C.: Georgetown University Press, 2015).

Elizabeth T. Boris and C. Eugene Steuerle, eds., *Nonprofits and Government: Collaboration and Conflict*, 2nd ed. (Washington, DC: Urban Institute Press, 2006).

E. S. Savas, *Privatization: The Key to Better Government* (Chatham, NJ: Chatham House, 1987).

Fengshi Wu and Kin-man Chan, (2012), "Graduated Control and Beyond: The Evolving Government-NGO Relations," *China Perspectives* 2012 (3): 9-17.

Gary Bess, (1998), "A First Stage Organization Life Cycle Study of Six Emerging Nonprofit Organizations in Los Angeles," *Administration in Social Work*, 22 (4).

H. A. Simon, (1946), "The Proverbs of Administration," *Public administration review* 6 (1): 53-67.

Helmut K. Anheier, *Nonprofit Organizations: Theory, Management, Policy* (London: Routledge, 2005).

H. S. Jang and R. C. Feiock, (2007), "Public Versus Private Funding of Nonprofit Organizations: Implications for Collaboration," *Public Performance & Management Review* 31 (2): 174-190.

Ichiro Tsukamoto and Mariko Nishimura, (2006), "The Emergence of Local Nonprofit-Government Partnerships and the Role of Intermediary Organizations in Japan," *Public Management Review* 8 (4): 567-581.

Jan Kooiman, *Governing as Governance* (London: SAGE Publications Ltd, 2003).

Jan Kooiman, (1999), "Social-Political Governance: Overview, Reflections and Design," *Public Management* 1 (1): 67-92.

Jean C. Oi, (1992), "Fiscal Reform and the Economic Foundations of Local State Corporatism in China," *World Politics* 45 (1): 99-126.

Jennifer C. Coats, (2002), "Applications of Principal-Agent Models to Government Contracting and Accountability Decision Making," *International Journal of Public Administration* 25 (4): 441-461.

Jennifer M. Brinkerhoff, (2002), "Government-Nonprofit Partnership: A Defining Framework," *Public Administration and Development* 22 (1): 19-30.

Jessica C. Teets, *Civil Society Under Authoritarianism: The China Model* (Cambridge: Cambridge University Press, 2014).

Jessica C. Teets, (2013), "Let Many Civil Societies Bloom: The Rise of Consultative Authoritarianism in China," *The China Quarterly* 213: 19-38.

J. G. Carman, (2010), "The Accountability Movement: What's Wrong with

This Theory of Change?" *Nonprofit and Voluntary Sector Quarterly* 39 (2): 256-274.

J. M. Coston, (1998), "A Model and Typology of Government-NGO Relationships," *Nonprofit and Voluntary Sector Quarterly* 27 (3): 358-382.

John Alford, (2014), "The Multiple Facets of Co-Production: Building on the Work of Elinor Ostrom," *Public Management Review* 16 (3): 299-316.

John M. Bryson, Barbara C. Crosby and Melissa Middleton Stone, (2015), "Designing and Implementation Cross-Sector Collaborations: Needed and Challenging," *Public Administration Review* 75 (5): 647-663.

John M. Bryson, Barbara C. Crosby and Melissa Middleton Stone, (2006), "The Design and Implementation of Cross-Sector Collaborations: Propositions from the Literature," *Public Administration Review* 66: 44-55.

J. Saltman, (1973), "Funding, Conflict, and Change in an Open Housing Group," *Journal of Voluntary Action Research* 2 (4): 216-223.

J. W. Meyer and B. Rowan, (1977), "Institutionalized Organizations: Formal Structure as Myth and Ceremony," *American Journal of Sociology* 83 (2): 340-363.

K. Akingbola, (2004), "Staffing, Retention, and Government Funding: A Case Study," *Nonprofit Management and Leadership*, 14 (4): 453-465.

Karen R. Fisher, Jing Li and Lei Fan, (2012), "Barrier to the Supply of Non-Government Disability Services in China," *Journal of Social Policy* 41 (1): 161-182.

Karen R. Fisher, Xiaoyuan Shang and Zhenggang Li, (2011), "Absent Role of the State: Analysis of Social Support to Older People with Disabilities in Rural China," *Social Policy & Administration* 45 (6): 633-648.

Kirk Emerson, Tina Nabatchi and Stephen Balogh, (2011), "An Integrative Framework for Collaborative Governance," *Journal of Public Administration Research and Theory* 22 (1): 1-29.

Kirsten A. Grønbjerg, *Understanding Nonprofit Funding: Managing Revenues in Social Services and Community Development Organizations* (San Francisco: Jossey-Bass, 1993).

K. Jung and M. J. Moon, (2007), "The Double-Edged Sword of Public-Resource Dependence: The Impact of Public Resources on Autonomy and Legitimacy in Korean Cultural Nonprofit Organizations," *Policy Studies Journal* 35 (2): 205–226.

K. Leroux and H. T. Goerdel, (2009), "Political Advocacy by Nonprofit Organizations: A Strategic Management Explanation," *Public Performance & Management Review* 32 (4): 514–536.

Larry E. Greiner, (1998), "Evolution and Revolution as Organizations Grow," *Harvard Business Review* 76 (3): 1–11.

Linda Wong, (1994), "Privatization of Social Welfare in Post-Mao China," *Asian Survey* 34 (4): 307–325.

L. M. Salamon, (1987), "Of Market Failure, Voluntary Failure, and Third-Party Government: Toward a Theory of Government-Nonprofit Relations in the Modern Welfare State," *Journal of Voluntary Action Tesearch* 16 (1–2): 29–49.

Lu Yiyi, *Non-Governmental Organisations in China: The Rise of Dependent Autonomy* (London: Routledge, 2009).

Lyndsay Rashman, Erin Withers and Jean Hartley, (2009), "Organizational Learning and Knowledge in Public Service Organizations: A Systematic Review of the Literature," *International Journal of Management Reviews* 11 (4): 463–494.

Matthew Kohrman, *Bodies of Difference: Experiences of Disability and Institutional Advocacy in the Making of Modern China* (Berkeley: University of California Press, 2005).

M. B. Jones, (2007), "The Multiple Sources of Mission Drift," *Nonprofit and Voluntary Sector Quarterly* 36 (2): 299–307.

Michael McGuire, (2006), "Collaborative Public Management: Assessing What We Know and How We Know It," *Public Administration Review* 66 (S1): 33–43.

M. Neumayr, et al. (2015), "Public Funding and Its Impact on Nonprofit Advocacy," *Nonprofit and Voluntary Sector Quarterly* 44 (2): 297–318.

N. P. Marwell and A. Gullickson, (2013), "Inequality in the Spatial Allocation of Social Services: Government Contracts to Nonprofit Organizations in New York City," *Social Service Review* 87 (2): 319-353.

P. Frumkin and J. Galaskiewicz, (2004), "Institutional Isomorphism and Public Sector Organizations," *Journal of Public Administration Research and Theory* 14 (3): 283-307.

P. J. DiMaggio and W. W. Powell, (1983), "The Iron Cage Revisited: Institutional Isomorphism and Collective Rationality in Organizational Fields," *American Sociological Review*: 147-160.

Ralph M. Kramer, *Voluntary Agencies in the Welfare State* (Berkeley: University of California Press, 1981).

R. Bennett and S. Savani, (2011), "Surviving Mission Drift: How Charities Can Turn Dependence on Government Contract Funding to Their Own Advantage," *Nonprofit Management and Leadership* 22 (2): 217-231.

Ruth H. DeHoog, (1990), "Competition, Negotiation, and Cooperation: Three Models for Service Contracting," *Administration & Society* 22 (3): 317-340.

Ruth H. DeHoog, *Contracting out for Human Services: Economic, Political, and Organizational Perspectives* (Albany: State University of New York Press, 1984).

S. R. Smith, (2008), "The Challenge of Strengthening Nonprofits and Civil society," *Public Administration Review* 68: S132-S145.

Stephen P. Osborne and Kirsty Strokosch, (2013), "It Takes Two to Tango? Understanding the Co-production of Public Services by Integrating the Services Management and Public Administration Perspectives," *British Journal of Management* 24 (S1): S31-S47.

Steven Rathgeb Smith and Judith Smyth, (1996), "Contracting for Services in a Decentralized System," *Journal of Public Administration Research and Theory* 6 (2): 277-296.

Steven Rathgeb Smith and Kirsten A. Grønbjerg, *The Nonprofit Sector: A Research Handbook*, 2nd ed., eds. Walter W. Powell and Richard Steinberg

(New Haven: Yale University Press, 2006).

Steven Rathgeb Smith and Michael Lipsky, *Nonprofits for Hire: The Welfare State in the Age of Contracting* (Cambridge, MA: Harvard University Press, 1993).

S. Verbruggen, et al., (2011), "Can Resource Dependence and Coercive Isomorphism Explain Nonprofit Organizations' Compliance with Reporting Standards?" *Nonprofit and Voluntary Sector Quarterly* 40 (1): 5-32.

S. W. Sokolowski, (2013), "Effects of Government Support of Nonprofit Institutions on Aggregate Private Philanthropy: Evidence from 40 Countries," *VOLUNTAS: International Journal of Voluntary and Nonprofit Organizations* 24 (2): 359-381.

Taco Brandsen and Victor Pestoff, eds., *New Public Governance, the Third Sector, and Co-Production* (London: Routledge, 2006).

T. A. Reiner, (1989), "Organizational Survival in an Environment of Austerity," *Nonprofit and Voluntary Sector Quarterly* 18 (3): 211-221.

T. Brown, T. Gong and Y. Jing, (2010), "Collaborative Governance in Mainland China and Hong Kong: Introductory Essay," *International Public Management Journal* 15: 393-404.

Timothy Hildebrandt, *Social Organizations and the Authoritarian State in China* (Cambridge: Cambridge University Press, 2013).

Ting Zhao and Jurgen Grotz, (2019), "The Changing Landscape of Public Service Delivery Systems for Disabled People in China: A Shanghai Case Study," *Disability & Society* 34 (3): 498-503.

Ting Zhao, Junao Yuan, Zhongsheng Wu and Dongsheng Xu, (2024), "Re Solving the Unintended Consequences of Collective Co-production Through Group Co-production: A Case study in Shanghai," *Humanities & Social Sciences Communications* 11 (1): 1-11.

Tom Kam Tong Chan, David Ip Fu Keung and Ava Lau Siu Mei, (2009), "Social Work Professionalization in China: The Case of Shenzhen," *China Journal of Social Work* 2 (2): 85-94.

Tony Bovaird, (2007), "Beyond Engagement and Participation: User and Community Coproduction of Public Services," *Public Administration Review* 67 (5): 846-860.

Victor Pestoff, Stephen P. Osborne and Taco Brandsen, (2006), "Patterns of Co-Production in Public Services," *Public Management Review* 8 (4): 591-595.

W. H. Voorberg, V. J. J. M. Bekkers and L. G. Tummers, (2015), "A Systematic Review of Co-Creation and Co-Production: Embarking on the Social Innovation Journey," *Public Management Review* 17 (9): 1333-1357.

W. Luksetich, (2008), "Government Funding and Nonprofit Organizations," *Nonprofit and Voluntary Sector Quarterly* 37 (3): 434-442.

Xiaoyuan Shang, Xiaoming Wu and Yue Wu, (2005), "Welfare Provision for Vulnerable Children: The Missing Role of the State," *The China Quarterly* 181: 122-136.

Xu Wang, (1999), "Mutual Empowerment of State and Society: Its Nature, Conditions, Mechanisms, and Limits," *Comparative Politics* 31 (2): 231-249.

Yang Zhong, *Local Government and Politics in China: Challenges from Below* (Armonk, NY: M. E. Sharpe, 2003).

Yijia Jing and Ting Gong, (2012), "Managed Social Innovation: The Case of Government-Sponsored Venture Philanthropy in Shanghai," *Australian Journal of Public Administration* 71 (2): 233-245.

Yijia Jing, (2012), "From Stewards to Agents? A Case of Intergovernmental Management of Public-Nonprofit Partnership in China," *Public Performance & Management Review* 36 (2): 230-252.

Yiyi Lu, (2007), "The Autonomy of Chinese NGOs: A New Perspective," *China: An International Journal* 5 (2): 173-203.

Y. Shi and Y. Cheng, (2021), "Nonprofit-As-Supplement: Examining the Link Between Nonprofit Financial Support and Public Service Quality," *VOLUNTAS: International Journal of Voluntary and Nonprofit Organizations* 32 (1): 28-44.

后 记

残障是社会政策领域的重要议题。电影《小小的我》中易烊千玺扮演的脑瘫患者的生活困境是多数残障者共同面临的，这是一个来自社会、家庭和身体的多重困境。2013 年，由于一次偶然的志愿服务经历，笔者开始深度参与上海一家助残社会组织的管理事务。由于当时主要关注上海正在进行的政府购买社会组织服务的改革，后来把研究领域定为政府和残联购买服务、助残社会组织发展。

本书是在笔者博士学位论文基础上修改而成的。案例讲述的是地方政府和残联培育助残社会组织并与其合作开展服务的故事，这在当时的上海是较为创新的做法。这项研究完成后，部分成果发表在 Disability & Society 等刊物，与此相关的研究也在几个场合分享过。2015 年 5 月，笔者在复旦大学举办的关于社会创新的国际会议上汇报过核心内容。2016 年 7 月，笔者在上海交通大学举办的关于政府购买服务与社会创新论坛上汇报过相关内容。2019 年 10 月，受英国东英吉利大学志愿服务中心秘书长 Jurgen Grotz 博士的邀请，笔者在该研究中心访问并与其合作举办工作坊，围绕残障、志愿服务、包容性议题进行了讨论。此外，联合国志愿人员组织（United Nations Volunteer）出版《2022 年世界志愿服务状况报告》，笔者提供了关于助残志愿服务的案例。

这项研究的完成离不开很多人的帮助。感谢业师徐家良教授，他的智慧、包容和行动力深深影响了我。笔者在攻读博士学位期间曾在美国亚利桑那州立大学进行访问，感谢王丽丽副教授的指导。感谢已故社会学家 David Horton Smith 教授，他让我对"志愿学"（Voluntaristics）以及如何度过学术生涯有了更多思考。感谢吴新叶教授、陈慧荣教授、汪锦军教授、周俊教授、范明林教授、邓金霞副研究员、袁君翱博士生对本书提供的修改建议,感谢徐东升、陈嘉玟、汪文悦提供技术支持。

感谢国家社科基金青年项目资助笔者学位论文完成后的相关研究。感谢华东政法大学上海市高水平地方大学建设项目的出版资助。感谢社会科学文献出版社编辑易卉和王楠楠的辛勤付出。

最后,感谢家人的陪伴!

图书在版编目(CIP)数据

助残服务社会化改革:合作治理的视角/赵挺著.
北京:社会科学文献出版社,2025.6.--ISBN 978-7
-5228-5618-6

Ⅰ.D669.69

中国国家版本馆 CIP 数据核字第 2025LH6938 号

助残服务社会化改革:合作治理的视角

著　　者／赵　挺

出 版 人／冀祥德
责任编辑／易　卉
文稿编辑／王楠楠
责任印制／岳　阳

出　　版／社会科学文献出版社
　　　　　地址:北京市北三环中路甲29号院华龙大厦　邮编:100029
　　　　　网址:www.ssap.com.cn
发　　行／社会科学文献出版社 (010) 59367028
印　　装／三河市尚艺印装有限公司

规　　格／开　本:787mm×1092mm　1/16
　　　　　印　张:13.25　字　数:219千字
版　　次／2025年6月第1版　2025年6月第1次印刷
书　　号／ISBN 978-7-5228-5618-6
定　　价／98.00元

读者服务电话:4008918866

版权所有 翻印必究